网络化治理下
公共体育服务
协同供给研究

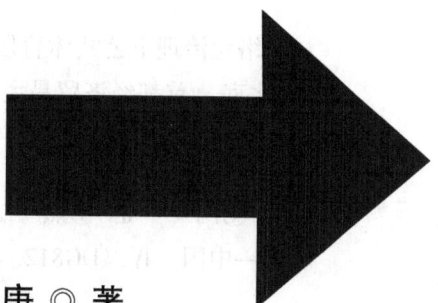

焦长庚 ◎ 著

RESEARCH ON COLLABORATIVE SUPPLY OF
PUBLIC SPORTS SERVICES UNDER NETWORK GOVERNANCE

首都经济贸易大学出版社
Capital University of Economics and Business Press
·北 京·

图书在版编目（CIP）数据

网络化治理下公共体育服务协同供给研究 / 焦长庚著.
-- 北京：首都经济贸易大学出版社，2022. 8
ISBN 978-7-5638-3359-7

Ⅰ. ①网…　Ⅱ. ①焦…　Ⅲ. ①群众体育—社会服务—研究—中国　Ⅳ. ①G812. 4

中国版本图书馆 CIP 数据核字（2022）第 081798 号

网络化治理下公共体育服务协同供给研究
焦长庚　著
WANGLUOHUA ZHILI XIA GONGGONG TIYU FUWU XIETONG GONGJI YANJIU

责任编辑　佟周红　胡　兰
封面设计　砚祥志远·激光照排 TEL：010-65976003
出版发行　首都经济贸易大学出版社
地　　址　北京市朝阳区红庙（邮编 100026）
电　　话　（010）65976483　65065761　65071505（传真）
网　　址　http://www.sjmcb.com
E- mail　publish@cueb.edu.cn
经　　销　全国新华书店
照　　排　北京砚祥志远激光照排技术有限公司
印　　刷　北京建宏印刷有限公司
成品尺寸　170 毫米×240 毫米　1/16
字　　数　242 千字
印　　张　16. 5
版　　次　2022 年 8 月第 1 版　2022 年 8 月第 1 次印刷
书　　号　ISBN 978-7-5638-3359-7
定　　价　58. 00 元

前 言

大众对健康的追求是人类发展的主流价值趋向，公共体育事业的发展关乎国计民生，健全与完善的公共体育服务体系更是满足人民日益增长的美好生活需要的基础条件。为更好满足大众逐渐增长的体育健身需求，解决公共体育服务领域效率与公平的问题，提升公共体育服务供给的品质，注重以“协同”加强公共体育服务供给主体之间的合作，优化公共体育资源配置，破除公共体育服务供给“碎片化”现象，避免多元供给的“内卷化”效应，本书提出在网络化治理下构建公共体育服务协同供给的创新模式，同时探究协同供给机制的运行规律，重构理论体系与实践路径，以促进公共体育服务体系持续健康发展。

本书研究公共体育服务供给，坚持以人民为中心的价值导向，以新公共服务理论、公共治理理论、制度变迁理论、协同学理论、多元福利主义理论等为研究的理论基础，以网络化治理作为研究的主线，对公共体育服务协同供给的多维逻辑进行分析，并结合公共体育服务供给的历史变迁及当前实际情况，探寻公共体育服务协同供给的发展思路，深入挖掘网络化治理下公共体育服务协同供给的影响因素，使得网络化治理强调的合作互动、平等互惠、信任互助、责任互利、和谐共生等理念嵌入公共体育服务协同供给中，构建协同供给的“自组织”弹性网络，发挥协同规则、协同意识、协同环境、协调关系、协同价值等效用机制，创新公共体育服务协同供给的思路与策略。主要内容有以下几个模块。

其一，本书对网络化治理、公共体育服务、公共服务协同等相关概念进行界定。网络化治理主要是以民主协商的形式深化公共体育服务供给，充分体现公共体育服务事业的弹性共治，尤其会促进同一层级的政府部门、市场企业、社会组织之间的良性互动，切实提升公共体育服务的供给效率。同时总结国内外关于公共服务网络治理、公共体育服务供给、公共服务协同创新等相关研究成果。

其二，本书从多个角度分析我国公共体育服务供给机制的演化与变迁历程，发现行政体制的管理改革、经济水平的快速提升、社会组织的发展壮大、不断增长的健身需求是公共体育服务提升的主要动力，阐明目前我国公共体育服务供给机制发生阻滞的缘由，思考协同供给方式的运作与发展，并分析发达国家公共体育服务协同供给的模式，总结出必要条件与共性特征，从而归纳出其对我国公共体育服务协同供给运行的启示。

其三，本书对公共体育服务协同供给的内在逻辑进行剖析，从条件性、必要性、可行性三方面寻找公共体育服务协同供给模式的形成理由，从而得出结论：协同供给主体之间的耦合行动与相互的默契是供给模式形成的基础条件；宏观政治、经济、科技、文化及微观目标导向、人员素养、保障体系等是影响供给模式的介质；组织协调、表达决策、沟通共享、监督评价、激励保障是实现公共体育服务协同供给的关键。

其四，本书重点对网络化治理下的公共体育服务协同供给模式的内涵、要素与机理予以探究，从结构的生成逻辑、机制的核心因素、主体的边界脉络维度分析协同供给模式的相关场域。对于网络化治理下公共体育服务协同供给的组织架构与规划设计，研究明确了协同供给模式的关键要素，并在协同的权责规定、协同的主观能动性与目标发展意识、协同要素的资源环境、协同的信任依赖性关系、协同的耦合利益与价值等五个领域进行了拓展。

其五，本书构建了网络化治理下公共体育服务协同供给的指标模型，指标体系由 5 个一级指标 22 个二级指标构成，并从动力引导、组织协调、评估管控、决策执行等四个方面对模型进行了效用分析。以上海市为例开展实证研究，采用层次分析法获得各个指标的权重分值，运用模糊综合评价法与三角白化权函数灰色评估法计算得出分值为 60. 173 98 与 3. 083 2，从而判断上海市公共体育服务协同供给为中等水平。

其六，本书以网络化治理为基本理论提出公共体育服务协同供给的创新发展路径，即在网络化治理下的一种权责分明、平等合作、互助互惠的弹性网络形态。从协同的管理规则、动机意识、资源环境、组织关系、多元价值五方面论述了协同供给的思路，并以沟通与信任、权责与标准、信息与资源、协作与选择、监督与评价等维度为切入点，全面升级协同供给的网络组织结构，促进公共体育服务协同供给的持续发展。

在本书写作过程中，戴健教授给予了笔者关键性的指导，上海师范大学体育学院、上海体育学院经济管理学院的领导与老师给予了笔者大力支持，首都经济贸易大学出版社的编辑为本书的出版竭智尽力，在此一并致谢！

公共体育服务供给的研究是对公共体育社会服务应用模式的摸索，本书正是围绕公共体育服务供给之间协同合作方面的初步研究，未来作者还会在此领域进行更深入地研究，鉴于个人水平有限，谬误之处在所难免，恳请各位读者批评指正！

焦长庚

2022 年 7 月于上海师范大学

目 录

1

绪　论

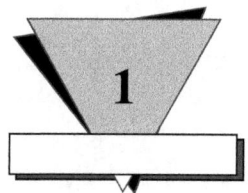

1.1 研究缘起与意义

1.1.1 研究背景

1.1.1.1 社会发展与社会矛盾促进公共服务管理制度的变革

人类社会发展呈现出波浪式前进与螺旋式上升的形态，从历史变迁角度来审视社会发展进程，管理模式的更替与组织制度的演化不断助推着社会文明的进步。“否定之否定”规律深刻阐释了社会矛盾的出现、被解决乃至新问题出现到再被化解的一系列过程①。纵观新中国成立以来的数十载变化与改革开放后全面快速发展的历程，虽然我国经济、政治等各方面取得了长足的进步，但社会矛盾依旧凸显。党的十九大报告提出目前我国社会主要矛盾已从原来的“人民日益增长的物质文化需要同落后的社会生产之间的矛盾”转化为“人民日益增长的美好生活需要和不平衡不充分的发展之间的矛盾”，新矛盾的出现将人们的视线再次聚焦在“效率与公平”的问题上②，社会民生关乎人民的生活质量，也是界定小康社会的重要指标。而公共服务是破解社会“效率与公平”问题的要素，在当前社会以政府部门为主导，其他主体参与公共服务的大背景下，从“传统公共管理”到“新型公共治理”模式的转变更加要适应新时代社会发展的新要求。目前我国正在全面深化管理体制改革，推进国家治理体系现代化建设，完善并发展中国特色社会主义制度，在全球化与信息化高度发展的条件下，治理体系变革的目的是为了更好地满足人民日益增长的公共服务需求，从而推动社会和谐及人类文明的持续前进。

---

① 科赫，谢裕伟．黑格尔逻辑学中否定的自关联［J］．世界哲学，2014（6）：26-42，160.

② 李慎明．正确认识和科学把握中国特色社会主义新时代社会主要矛盾：学习党的十九大报告的体会［J］．世界社会主义研究，2018，3（2）：4-15，94.

1.1.1.2 大众体育健身需求与公共体育服务供给

随着现代物质文明与科技的发展，我国综合国力显著增强，人民的物质需求得到相应满足，人民群众开始注重健康保健，开展体育锻炼运动。国务院印发的《关于加快发展体育产业促进体育消费的若干意见》将全民健身提升为国家战略，国家的重视与人民的热忱让公共体育事业发展进入快车道。广大群众对于体育健身的强烈诉求契合了新时代国家治理制度的转型，体育多元合作与运作方式也给公共体育服务治理模式提出了更高的要求。同时公共体育事业关乎人民的健康幸福，是我国体育事业发展的主要内容，更是我国全面建成小康社会的重要保证。早在2002年，中共中央、国务院出台了《关于进一步加强和改进新时期体育工作的意见》，其中明确提到要大力推进全民健身计划，构建多元化体育服务体系，引导政府支持与社会兴办相结合的模式发展公共体育服务①；2011年，国务院颁布的《全民健身计划(2011—2015年)》提到要扩大社会资源进入全民健身事业，积极鼓励社会力量参与体育事业发展，同时要加强公共体育服务资源的合理配置，逐步完善公共体育服务体系②；《体育“十三五”发展规划》点明当前我国的体育事业发展已经进入了攻坚克难的改革关键时期，多元化、多层次的体育需求与公共体育服务有效供给不足之间的矛盾依然较为突出，政府部门与社会力量协作进行体育供给的模式还有待健全③。在公共体育需求快速增长的背景下，公共体育供给资源的不平衡、不充分等问题逐渐显现出来。此外，当代体育的发展与经济、政治、社会、科技、文化等有着密不可分的联系。体育系统的发展理念是在整个国家治理模式背景下应运而生的，而公共体育服务作为国家公共服务实践的重要组成部分，是国家治理进程中的重要内容。因此，

---

① 王莉，孟亚峥，黄亚玲，等. 全民健身公共服务体系构成与标准化研究［J］. 北京体育大学学报，2015，38（3）：1-7.

② 刘红建，孙庆祝，陈家起. 改革开放以来我国城乡体育政策法规的变迁与启示：兼谈政策法规视角下城乡体育一体化发展［J］. 西安体育学院学报，2013，30（2）：144-149.

③ 朱亚成. 关于《体育发展“十三五”规划》的若干探讨［J］. 南京体育学院学报（社会科学版），2016，30（3）：85-92.

创新公共体育服务的供给模式、提高公共体育服务的质量、以治理结构优化方式破解公共体育服务供给的核心问题是体育事业发展所面临的重大课题。

1.1.1.3 公共体育服务应提高供给效率

目前，国家治理体系改革进一步深化，产业结构的升级壮大了市场与社会资本的运作实力。政府、市场、社会作为资源配置的三大主体，相辅相成、相互依赖与补充渗透①，但在公共体育服务领域，依旧以政府部门为主导进行资源供给。体育与社会合作机制尚未健全，公共体育服务的协同供给受到了一定的抑制；政府、市场、社会组织三方的权力边界问题比较突出，市场没能完全发挥其在资源配置中的决定性作用，社会组织的自身实力也难以支撑公共体育服务的主要供给，供给结构失衡与总量不足引发的“市场失灵”与“社会失灵”就此显现；加之在“自上而下”的管理体制下，政府部门承担了过多职责，监管的缺失又容易导致“政府失灵”现象，如此“碎片化”的公共体育服务供给方式大大削弱了有效供给，额外增加了不同主体运作的协调成本，最终导致公共体育服务的供给满足不了人们日益增长的体育健身需求②。虽然通过政府职能的转变与“服务型政府”概念的践行对公共体育服务供给效率有所提高，但政府、市场、社会组织各方协作的边界划分与功能定位尚不清晰，多元供给主体相互协同力量不足，供给主体间运行机制不够顺畅。若能解决公共体育服务协同供给的相关问题，政府、市场、社会协同供给的发展潜力将会十分巨大，由此需要在中国特色社会主义的发展背景下，提高体育治理的现代化水平，构建公共体育服务协同供给的创新模式。

1.1.1.4 公共体育服务协同供给需要新型治理模式保驾护航

《“健康中国2030”规划纲要》明确提出，要统筹建设全民健身公共服务

---

① 张红学．社会治理视域下我国公共体育服务发展模式与优化策略的研究［J］．沈阳体育学院学报，2016，35（4）：43-47.

② 王志文，沈克印．我国全民健身公共服务的整体性治理研究［J］．沈阳体育学院学报，2017，36（4）：19-24.

体系，预计到2030年要基本建成县、乡、村三级公共体育设施网络，不断加强全民健身组织的网络建设，丰富与完善全民健身公共服务体系①。从多方面可以看出，公共体育服务体系的发展须以整体性为架构、以协作性为支撑，强化供给侧的连接性，单纯地依靠政府部门进行公共体育服务供给已很难解决当前全民健身体系运作中的困难，需要更多的市场与社会组织等供给主体将公共体育服务承接起来。交错的供给节点由网络系统编织在一起，此阶段应采取合理的治理方式适应公共体育服务协同供给规律，使得“多边合作”成为供给创新的聚焦点，将公共体育服务中各供给主体嵌合，提高协同供给效率，所以要有新的治理模式作为运行基础。网络化治理认同多中心单位通过制度化的合作机制适配行动目标从而共同解决运行的内在困境，较为契合现行公共体育服务协同供给系统，强调有自上而下的纵向命令线同时也扩展横向网络供给合作线，真正将政府部门归为“引导管理者”的角色，协调各供给主体的合作力量②。网络化治理理论的提出对于公共体育服务内在运行机制而言具有催化作用，是未来处理复杂公共事务、创新公共事业发展的重要助推器。

综上所述，基于目前时代的发展背景，在适合社会发展模式的网络化治理情境下，对公共体育服务供给主体的协同发展进行创新研究，既是促进我国公共体育服务体系健康发展的重要前提，也是实现我国体育事业繁荣的内在要求，同时是达成和谐社会目标的客观需要，更是完善体育治理体系、构建体育现代化的坚实根基。

1.1.2 研究目的

本研究之目的是针对目前我国公共体育服务供给不平衡、不充分的现状，

---

① 高建玲.《“健康中国2030”规划纲要》起草背景及其群众体育社会效应解读［J］. 广州体育学院学报，2019，39（5）：1-6.

② 陶媛. 网络化治理视野下地方政府教育职能转变研究［D］. 上海：华东师范大学，2015：17-21.

及公共体育服务合作供给过程中存在的有关问题，结合协同供给的内在逻辑与实现环境，探究网络化治理下公共体育服务协同供给主体的内涵机理与协调要素，并建立公共体育服务协同供给的指标体系，提出协同供给的创新发展思路与策略，以网络化治理的理论视角构建公共体育服务协同供给模型，促进公共体育服务体系的可持续发展。

1.1.3 研究意义

公共体育服务作为国家公共服务体系的重要组成部分，是保障广大人民群众体育权益实现的途径，是推动大众健康幸福、社会和谐发展的关键抓手。在以人为本、促进社会公平正义的治理理念下，提升公共体育服务的有效供给水平，构建公共体育服务协同运行模式，可有效解决体育资源配置不均衡、供给不充分等问题，保障公共体育服务的效率与公平。因此，本书对公共体育服务协同供给机制进行了深入剖析，并以网络化治理理论为出发点，探索适合我国公共体育服务协同供给的新模式，以此推动公共体育服务体系的进步与完善，对我国公共体育服务供给机制的转变与发展有一定的理论意义与现实意义。

1.1.3.1 理论意义

第一，随着我国社会主义市场经济体制的确立，政府部门与社会资本以及社会组织之间的相互合作开始加深，传统的管理模式已不再适应新形势下的社会发展，所以网络化治理、多中心治理、协同治理等治理模式被广泛应用。本研究从政府、市场、社会组织相互协作的视角对公共体育服务的供给发展进行理论分析，建立网络化治理下公共体育服务发展的理论框架，拓宽体育治理领域的研究范围，丰富体育治理体系的研究内容，更好地促进了公共体育服务治理与治理现代化的理论研究。

第二，公共体育服务供给矛盾的出现需要改进供给思路。本研究深化了公共体育服务供给领域的研究与分析，基于协同学理论构建公共体育服务供给实现机制，弥补该领域理论研究的不足。同时本研究对公共体育服务协同供给过程中政府、市场与社会组织相互之间的功能职责进行定位与划分，将公共服务的相关经典理论运用在公共体育服务协同供给运行模式研究当中，力图探索公共体育服务协同发展的本质，寻求公共体育服务供给运行的规律，为实施公共体育服务协同供给的创新路径提供了坚实的理论基础。

1.1.3.2　现实意义

第一，根据体育事业发展的特殊属性，一直以来公共体育服务大多是以政府部门为主导来执行服务供给职责的。但随着时代发展，人民群众对公共体育服务的需求不断增加，公共体育服务供给缺失与不均衡情况时有发生，降低了公共体育服务供给质量，限制了公共体育服务供给的整体发展。本研究基于公共体育服务在我国体育事业发展中的重要作用，提出进一步加大服务供给主体间的协作力度，完善供给协作方式，公共体育服务协同供给模式的科学发展也将有利于增加供给，从供给侧改革的角度缓解当下公共体育服务供给不平衡与不充分的问题。

第二，现阶段，全民健身已经上升为国家战略，各级政府部门正逐步培养大众的体育健身与体育消费意识，扩大人均健身场地的面积，覆盖更为广泛的公共体育服务内容，努力打造真正意义上的体育强国，同时与之相匹配的则是不断提高体育治理水平，在政府部门的主导下，整合市场主体与社会组织等多方资源，通过协商、民主、共治的方式提供公共体育服务，满足大众多样化的体育健身需求。本研究正是基于这样的时代背景，从现实的视角出发，厘清公共体育服务过程中政府、市场、社会组织以及民众之间的相互关系，充分发挥公共体育服务各供给主体的协同作用，推进体育治理体系与治理现代化建设，消除公共体育事业发展的二元结构弊端，保证人民群众生活健康的质量与社会发展的和谐稳定。为达成共同的治理目标，要形成积极的社会治理共同体，以及高度弹性化的协同组织网络。

1.2 相关概念的界定

1.2.1 网络化治理

“治理”指的是个人、机构与单位等经营管理事物方式的总和，体现多方对冲突关系或者不同利益之间的调和作用，是采取联合行动且持续控制在相对稳定状态的一个过程①。进入21世纪后，一些社会问题与矛盾不断出现，传统治理模式已能很好适应社会发展的复杂情况，这些众多的社会问题不仅独立于单元部门的管辖范围，而且呈现出跨越管辖区、超出公共部门与私营部门相互界限的特征，因此多元“合作治理”的模式更加符合当下社会发展形势。本研究提出的网络化治理正是基于这样的社会背景而产生的，其是为了实现多元主体参与社会公共事务的目标，关联主体之间相互依存、相互合作，共同构成社会治理网络形态。当社会和经济等领域问题出现时，不再单纯依靠政府部门或市场及社会组织的某一方来解决，而是依托紧密的网络关系通过多元主体协商合作共同承担治理的责任，从社会发展的角度真正实现对公共事务与公共利益的保障和完善。

美国学者斯蒂芬·戈德史密斯（Stephen Goldsmith）与威廉·D. 埃格斯（William D. Eggers）所著的《网络化治理：公共部门的新形态》系统阐释了网络化治理的内涵，指出网络化治理是一种通过公共部门与私营部门、非营利组织、营利组织以及民众之间的相互合作参与的治理模式，也是从管理控制形式到资源协调形式的转变，其行政管理的方式更加趋于扁平化，冲破了原有的“命令—控制”层级制纵向思维习惯，建立起多元协同的良好横向合作关系②。

① 张洪巧，何子张，朱查松．基于空间治理的国土空间规划强制性内容思考：从城市总体规划强制性内容实效谈起［J］．规划师，2019，35（13）：21-27.

② 赵祖雪．网络化治理：公共部门的新形态：公共管理的新时代［J］．现代商贸工业，2018，39（28）：153-154.

网络化治理既不同于严格正式的科层治理模式，也不同于松散非正式的市场化治理模式，而是在两者之间（见表 1.1），通过网络关系强化各部门主体间的相互协作，以民主协商的形式进行合作治理，加强公共价值的黏合作用，充分实现对于公共事务的弹性共治，从而达到公共利益最优化的帕累托效应。网络化治理是在深厚的理论基础与实践积累上发展起来的，重视多元主体参与、增进公共利益，可有效整合公共体育资源，运用协同合作机制打破分割式供给局面，保证公共体育服务合作的供给，同时网络化治理也可为公共体育服务的健康发展提供理论与制度上的保障。

表 1.1　治理模式的比较

模式类别	行为体系排列	制度化	规则扩张机制
科层治理模式	垂直的：主导和从属关系	严格的、正式的	趋同
网络治理模式	水平的：平等合作伙伴关系	中等严格的、正式与非正式的	协商
市场治理模式	水平的：正式的平等伙伴关系	松散的、非正式的	竞争

1.2.2　公共体育服务

体育作为人类活动的重要内容，古希腊哲学家亚里士多德在《政治学》中强调“实践必须先于理论，身体的训练须在智力训练之先”，论证了体育在社会前进中的作用，并提及古希腊已有为加强人们的战斗力量而提供公共锻炼之处[①]。法国著名思想家卢梭也曾提出“教育应该回归自然本身，而体育是一切教育的基础”的主张[②]。现代奥林匹克运动的发起人、法国教育家顾拜旦指明，体育运动的初衷就是要全面发展公共体育活动[③]。参与体育运动是人的

① 唐永干，王正伦．古希腊体育的民主政治使命：读亚里士多德《政治学》有感［J］．体育文化导刊，2004（2）：73-75.

② 吴永金，陆小聪．扭曲的身体与自然的体育：卢梭体育教育观的整体面向［J］．体育学刊，2018，25（2）：1-8.

③ 李传奇，李海燕，张震．身体的觉醒与挺立：从尼采的身体哲学到顾拜旦的奥林匹克哲学［J］．体育学刊，2017，24（3）：1-5.

基本权利，公共体育服务就是为了满足整个社会及个人的体育需求。在我国，随着行政体制的变革与发展，公共体育服务的发展逐渐被国家、社会及人民群众所重视。1995 年《中华人民共和国体育法》的颁布确立了我国体育事业的重要地位，加上近些年来中央及各地方的“全民健身计划”纷纷出台，公共体育服务扮演了越来越重要的社会角色。简而言之，公共体育服务是为保障我国广大人民群众的体育权益而进行的公共服务。公共体育服务也直接关系到社会的民生，作为我国公共服务事业发展的重要组成部分，公共体育服务在激发社会活力、健全公共服务体系上发挥着重要的推动作用。

从公共体育服务核心概念与内涵出发，目前学术上有对“公共体育服务”与“体育公共服务”的词语辨析，但两者所表述的概念认知趋于相同，几乎都有公共属性，是为满足公众体育需要所提供的相关体育产品与服务，即体育在公共服务中的实践应用①。学界通常将公共体育服务划分为大众体育、学校体育、竞技体育三大领域。从特性上来说，公共体育服务分为非竞争性与非排他性的纯公共体育服务、具有竞争性与排他性的私人公共体育服务，以及介于纯公共服务与私人公共服务两者之间的准公共体育服务。然而在公共体育产品的消费上一般具有非竞争性与非排他性，容易造成“搭便车”现象的出现，会导致公共体育资源的匮乏、供给不足，损害整体社会的体育权益。不过通过市场及社会组织的合理介入进而实行公共体育服务的协作供给，可有效削减供给不平衡与不充分等问题，体现公共体育服务的多样性特征，满足大众日益增长的体育锻炼诉求②。本研究坚持“以人民为中心”的落脚点，针对大众体育发展的范畴，从大众体育需求的角度，致力于探究公共体育服务如何进行有效的供给，并基于供给侧提升公共体育服务供给的质量，在社会发展新背景下创新及完善公共体育服务的供给机制。

---

① 陈斌，韩会君．公共体育服务概念的科学认识：基于术语学的视阈［J］．广州体育学院学报，2015，35（2）：7-11.

② 金涛，张凤彪，周超．我国公共体育服务供给困境及原因分析［J］．北京体育大学学报，2013，36（12）：30-37.

1.2.3 公共服务协同供给

人类社会的进步归根结底还是要以人的发展为核心，公共服务是人类社会发展的重要内容。一个国家及地区的公共服务质量的高低反映出当地人民的生活幸福程度与社会保障水平，公共服务在某种程度上可以满足公民生存、生活、生产的直接需求，享受基础公共服务也是民众的一项基本公共权益①。公共服务是政府利用现有的公共资源与财政资金为社会民众提供基础设施建设，发展文化、教育、卫生、科技、体育等相关公共事业，是保证人民群众可以参与到政治、经济、社会活动中的重要途径。随着社会的变革、时代的进步，人们对美好事物的追求需要更高效的公共服务供给体系作为保障。传统单一的公共服务供给模式难以逾越“政府失灵”与“市场失灵”的鸿沟，公共服务供给主体之间的信息不对称以及缺乏相应的协调机制也容易使公共服务供给行为趋于“碎片化”。为了避免公共资源的浪费与公共服务成本的增加，公共服务协同供给将各供给主体之间由原来的相互竞争关系转变为共同合作的伙伴关系，科学合理的公共服务协同供给可有效整合社会公共资源，助推政府、市场、社会组织之间形成良好的合作机制，切实应对当下日益复杂化、多元化、层次化的公共服务需求。

协同，原意是指不同的组织主体为了一致的目标而进行的联合协作行为，以及系统内部的关联要素组成共同的协调状态②。对于公共服务而言，公共服务协同主要包括：公共服务政策的协同、公共服务供给的协同、公共服务财政的协同、公共服务组织的协同以及公共服务监督评价的协同。而公共服务供给的协同又可分为：公共服务供给区域之间的协同、公共服务供给参与主体之间的协同、公共服务供给层级部门之间的协同。一般来说，公共服务协

① 姜晓萍，吴菁．国内外基本公共服务均等化研究述评［J］．上海行政学院学报，2012，13（5）：4-16.

② 刘有升，陈笃彬．基于复合系统协同度模型的跨境电商与现代物流协同评价分析［J］．中国流通经济，2016，30（5）：106-114.

同供给是以人民群众的现实需求为导向，政府部门、市场与社会组织通过相互的行为协作、优势互补、信息畅通共同进行公共服务供给的过程，是公共服务供给的有效形式。公共服务协同供给通常有以下三个特征：一是参与公共体育服务协同供给必须是两个或多个供给主体，而非单一的供给主体；二是在公共服务协同供给的过程中，供给主体之间的相互关系是紧密的，不是隶属关系而是业务上的合作伙伴关系；三是公共服务协同供给是在一种正式制度约束下所建立的协调体系，需要实现信息互通、资源共享的互联互信机制。本研究主要针对大众体育即以全民健身公共服务为主要供给内容的政府、市场、社会组织之间的相互协同，而且是相对同一层级的横向合作内容，致力于对公共服务供给的组织机制与合作形式进行深化和完善，构建网络协同供给的新模式，力争达成“1+1>2”的公共服务供给倍增目标，促进我国公共服务协同供给的高效发展。

1.3 研究思路、内容与方法

1.3.1 研究思路与技术路线

本书在当今社会供需矛盾逐渐凸显的背景下，以人民群众的现实需求为中心，网络化治理为主线，将公共体育服务供给作为研究对象，以协同学等理论为研究的理论支撑，对国内外相关研究进行梳理与评述，分析我国公共体育服务供给机制的演化特征与变迁历程，找出目前公共体育服务供给的不足与困境，探讨公共体育服务供给机制的趋势与发展。同时，借鉴发达国家公共体育服务协同供给的经验，归纳出对我国公共体育服务协同供给运作的启示，随后从多个层面剖析公共体育服务协同供给的实现机制，深入挖掘网络化治理下公共体育服务协同供给的影响因素，构建网络化治理下公共体育服务协同供给的指标模型，并以上海市为例，针对目前公共体育服务协同供给的发展情况进行识别与评价，在网络化治理情境下创新与完善公共体育服务协同供给的模式。本书的研究总框架如图 1.1 所示：

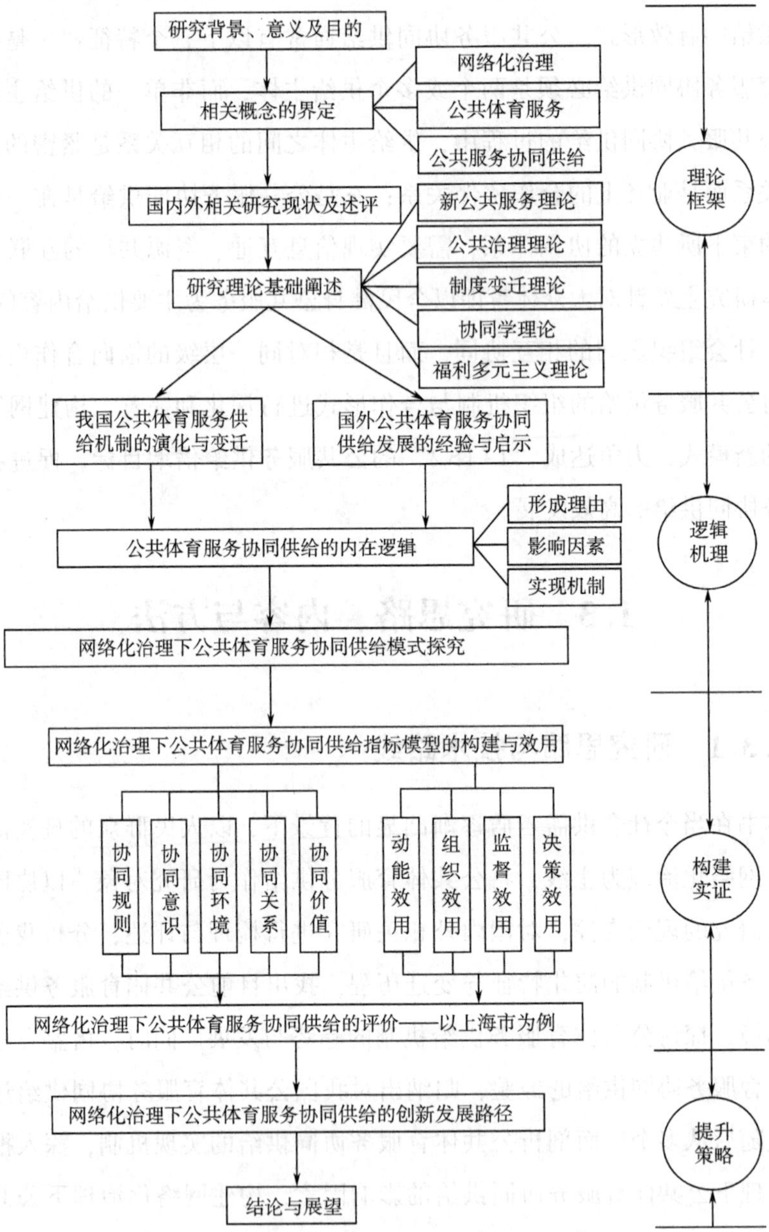
研究背景、意义及目的
相关概念的界定
网络化治理
公共体育服务
公共服务协同供给
国内外相关研究现状及述评
新公共服务理论
公共治理理论
研究理论基础阐述
制度变迁理论
协同学理论
福利多元主义理论
理论框架
我国公共体育服务供给机制的演化与变迁
国外公共体育服务协同供给发展的经验与启示
形成理由
影响因素
实现机制
公共体育服务协同供给的内在逻辑
逻辑机理
网络化治理下公共体育服务协同供给模式探究
网络化治理下公共体育服务协同供给指标模型的构建与效用
协同规则
协同意识
协同环境
协同关系
协同价值
动能效用
组织效用
监督效用
决策效用
构建实证
网络化治理下公共体育服务协同供给的评价——以上海市为例
网络化治理下公共体育服务协同供给的创新发展路径
提升策略
结论与展望

图 1.1　研究的技术路线

1.3.2 研究内容

本书的研究内容一共分成十章。

第 1 章是绪论部分。本章阐述了网络化治理下公共体育服务协同供给发展研究的背景以及意义，指明了研究的目的和方向，并对研究所涉及的“网络化治理”“公共体育服务”“公共服务协同供给”等概念进行了界定，概述了研究的思路与方法。

第 2 章是文献综述与理论基础。本章对国内外学者关于网络化治理、公共体育服务协同供给发展等研究进行全面的整理、评述，并对本研究所运用到的新公共服务、公共治理、制度变迁、协同学、多元福利主义等相关理论进行了解释论述。

第 3 章对我国公共体育服务供给机制的演化与变迁进行分析。以公共体育服务供给模式发展的特征与动力为研究切入点，分析我国公共体育服务供给机制由单一供给到多元供给的变迁历程，探讨公共体育服务供给的发展趋势并找出我国公共体育服务供给机制存在的问题，以此为公共体育服务协同供给的研究做好铺垫。

第 4 章针对发达国家的公共体育服务协同供给进行研究。主要以美国、英国、日本、澳大利亚等公共体育服务协同供给机制运行较好的国家为例，分析其公共体育服务协同供给所采取的模式，探讨公共体育服务的必要条件与共性特征，为我国公共体育服务协同供给的运作发展提供参考借鉴。

第 5 章对公共体育服务协同供给的内在逻辑进行深入剖析。首先从条件性、必要性、可行性三方面说明公共体育服务协同供给的形成理由，其次从宏、微观两个层面对影响公共体育服务协同供给的因素进行分析，最后解析公共体育服务协同供给的实现机制，为探究网络化治理下公共体育服务协同供给的要义进行铺陈。

第 6 章论述网络化治理下公共体育服务协同供给模式的内涵、要素与机理。本章以协同供给的内涵与意义为出发点，探明网络化治理理论在公共体育服务协同供给中的运行思路，分别从生成逻辑、核心因素、边界脉络等维度进行深入分析，借助 SWOT 分析法对其相关要素进行剖析，明晰网络化治理协同供给的运作规律，并对网络化治理下公共体育服务协同供给的模式进行探讨，开展具体的规划设计。

第 7 章构建网络化治理下公共体育服务协同供给的指标模型。以系统性与相关性、创新性与引导性、独立性与可比性、有效性与操作性等多项相关原则为基础，采用德尔菲法对初设的指标进行筛选，从协同规则、协同意识、协同环境、协同关系、协同价值等五个方面构架网络化治理下公共体育服务协同供给的指标体系，并基于所构架的指标体系建立模型，同时进行效用分析。

第 8 章以上海市为例对公共体育服务协同供给的现状进行分析与评价。首先对上海市公共体育服务协同供给的参与主体进行分析，并说明评价思路和数据来源；其次对收集的数据采用层次分析法、模糊综合评价法、三角白化权函数灰色评估法进行处理与评价；最后对评价层级的结果进行分析与评述，为提出网络化治理下公共体育服务协同供给创新的发展路径提供可靠的思路参照。

第 9 章提出网络化治理下公共体育服务协同供给的创新发展路径。从系统模式创新的理念出发，分析网络化治理下公共体育服务协同供给的目标与原则、外延与形态，从政府、市场、社会等维度明确创新发展的核心要素，从规则、意识、环境、关系、价值等方面推行创新发展思路，分别从理念、制度、渠道、能力、保障等层面提出适合我国公共体育服务协同供给的具体发展策略。

第 10 章对本书的研究结论进行概括归纳，并说明本研究的不足之处，同时表达对未来研究的展望。

1.3.3 研究方法及细则

1.3.3.1 研究方法

全书的整体写作结构是先提出问题、分析问题，再到解决问题的思路，并采用了多种研究方法进行有针对性的探究工作，包括：

（1）规范研究与实证研究相结合。运用规范研究原则，对网络化治理下我国公共体育服务协同供给模式研究中所涉及的基础定义、相关理论进行规范的解释分析，使得文章整体具有科学性与客观性，同时在规范研究的基础之上，重视对公共体育服务协同发展的实证分析研究，对地方公共体育服务供给的调查数据进行采集与处理。

（2）文献资料与实地调研相结合。针对研究内容，检索网站与系列丛书与文献材料，并对搜集的资料进行有效的整理、归纳、分析。同时为了解公共体育服务协同供给的实践情况，对所研究的部分地域进行实地走访调研，深入基层了解当地公共体育服务供给的发展环境，并进一步分析公共体育服务协同供给的内在机理。

（3）系统分析与逻辑演绎相结合。采取系统分析法对我国公共体育服务供给机制的发展进行梳理，以此对供给演化的脉络与供给现状进一步探讨。同时，从形成理由、影响因素与实现机制等角度对公共体育服务协同供给的内在逻辑进行分析，基于此构建出网络化治理下公共体育服务协同供给的指标体系。

（4）定性分析与定量分析相结合。本书通过对网络化治理、公共体育服务、协同创新发展等相关理论进行定性并深入研究，厘清了治理体系与治理现代化发展的趋势以及公共体育服务协同供给的内在含义，解析了公共体育服务供给发展的困境。本研究借助 SPSS 与 YAAHP 以及 MATLAB 等软件，采用层次分析法、模糊综合评价法、三角白化权函数灰色评估法对公共体育服务协同供给的评价数据进行定量分析，以检验所构建的协同供给指标模型的合理性。

（5）案例分析与专家访谈相结合。采用案例分析法对公共体育服务协同供给较好的地区及有关部门进行梳理，探究供给运作的内在模式，阐述公共体育服务协同供给的运行规律，并以上海市为例，对上海公共体育服务协同供给的相关情况进行识别与评价，同时，运用了德尔菲法对专家进行了几轮问卷调查与访谈以确立协同供给的指标体系，提升研究的精确度。

1.3.3.2 具体操作细则

在研究方法的使用上，为符合研究的需要，具体的操作细则有：

（1）文献收集归纳。收集体育学、经济学、管理学、社会学的相关大量文献基础材料，注重对体育管理学、体育社会学、制度经济学、政治经济学、福利经济学、公共管理学、项目管理学、管理科学与工程等专业方向上理论与资料的归纳分析，同时以互联网、图书馆等为文献检索途径，对以“网络化治理”“公共体育服务”“公共服务协同供给”“协同创新供给模式”等为关键字的电子资源与纸质资源进行统计、整理，总结出公共体育服务供给的实践经验，界定了网络化治理的范畴，提出了公共体育服务协同供给的创新思路，为构建网络化治理下公共体育服务协同供给模式奠定理论基础。

（2）访谈整理汇总。为进一步获得较为可靠的实践数据同时为契合研究内容，笔者详细列出对应的访谈提纲，访谈包括研究中所涉及的公共体育服务供给的机制环境与影响因素、协同供给过程中可能会遇到的困难瓶颈、公共体育服务协同供给的标准、实现公共体育服务协同供给顺畅运行的必要条件及创新发展模式等有关问题。调研采取面对面、电话、网络交流等形式对政府行政单位的主要领导及工作人员、市场企业与社会组织的相关负责人以及此研究领域的有关专家学者等进行了深入访谈，了解在不同主体视角下对公共体育服务协同供给的看法与建议，为研究提供参考。

（3）实地调研考察。研究对我国部分地市的公共体育服务供给情况进行实地走访调研，深入到区、县、街道探索公共体育服务协同供给的内涵与运作模式，尤其是对上海市一些公共体育服务协同供给发展较为突出的区域进行了实地考察，了解当地公共体育服务协同供给的运行情况。本书从不同参与主体的角度探究协同供给的宏微观影响因素，并就相关问题组织了几轮的小型座谈会听取各方意见与发展建议。

（4）问卷调查评价。在对上海市公共体育服务协同发展状况进行识别与评价时，采取问卷调查法对公共体育服务协同供给参与主体的政府部门、市场、社会组织进行协同供给情况的模糊评价，主要包括协同规则、协同意识、协同环境、协同关系、协同价值等维度。在上海市各区域随机发放问卷共900份，其中对政府管理部门为代表的体育局、街道行政单位发放问卷300份，对参与公共体育服务供给运作的企业单位发放问卷300份，对各层级的体育社会组织及相关机构发放问卷300份。在问卷发放之前不断征询相关专家和体育政府部门管理者的相关意见，并依据意见对问卷进行修改完善。

（5）深入分析案例。本书选取国内与国外公共体育服务协同供给运作较为成熟的案例作为分析对象，对其协同供给模式进行剖析，从协同的功能角度入手，明确各参与主体间信息反馈、互动、合作的共性特征，探析公共体育服务协同供给运行的参与机制、支撑机制、整合机制、合作机制、约束保障机制等规律。在此基础上本书厘清了公共体育服务协同供给的内涵与机理，为提出网络化治理下公共体育服务协同供给的模式与创新发展路径提供依据。

（6）数理统计运算。本研究构建了网络化治理下公共体育服务协同供给的指标模型，为保证相关数据的统计及评价的科学性、客观性，采用数理统计运算方法，从而提高公共体育服务协同供给研究的精度与深度，以及协同供给指数的评估水平。其中涉及的具体操作方法包括：①德尔菲法。本研究在公共体育服务协同供给相关指标的选择上采用此方法，对若干权威人士进行了两轮以上的专家咨询，计算每一指标的算术平均、满分频率、变异系数等要素，通过计算筛选出相应的指标体系框架。②层次分析法。依据公共体育服务协同供给的相关问题，依次将协同供给评价分为目标层、准则层、方案层三个维度，构建层次结构模型，形成判断矩阵，进行两两比较，随后进行层次单排序与总排序以及一致性检验，确定权重向量。③模糊综合评价法。采用模糊综合评价法确定协同供给评价因素集合与等级标准，选取适合的因子对其进行合成，确立隶属度矩阵进行模糊综合协同评价，并对结果向量进行解释分析。④三角白化权函数灰色评估法。为了克服模糊评价的信度不高的缺陷，同时采用三角白化权函数灰色评估进行边界问题的验证性评价，将层次分析运算的取值范围视为灰数的边界，并将指标划分为若干个灰类，计算评估对象关于灰类的隶属度，通过运算得出结论并分析协同供给的总体情况。

1.4 研究创新之处

本书的创新之处体现在以下三个方面：

第一，在研究视角上，本书基于目前社会治理的发展及人民群众的现实需求，以网络化治理理论为研究视角，将其放至公共体育服务协同供给的发展模式当中，可体现研究的时代性、创新性等特征，丰富了体育治理理论研究的内容，拓宽了公共体育服务研究的视野，探讨了公共体育服务协同供给中各参与主体的协同关系和合作网络，为公共体育服务体系建设提供了一个新的思路与方向。

第二，在研究方法上，本书从协同规则、协同意识、协同环境、协同关系、协同价值五个维度构架出网络化治理下公共体育服务协同供给的指标体系，同时建立协同供给模型并分析其效用价值，并以上海市为例，根据地区公共体育服务发展情况，采用层次分析并结合模糊综合评价以及三角白化权函数灰色评估的方式对其进行公共体育服务协同供给的评价。

第三，在研究内容上，依据我国公共体育服务供给机制的演化特征与变迁历程以及国外发达地区公共体育服务协同供给发展模式的经验，深入分析公共体育服务协同供给的内在逻辑。为增强协同供给的可操作性与适应性，构建网络化治理下公共体育服务协同供给模型，从而提出创新发展思路，以期满足大众对于公共体育服务的需求，促进公共体育服务协同供给机制的持续发展。

1.5 本章小结

本章作为全书的绪论，首先介绍了公共体育服务协同供给研究的背景、目的与意义，明确本书的研究对象及方向，其次对研究中所涉及的专业概念进行界定，最后阐述了整体研究思路与内容，以及所运用到的研究方法，同时对本研究的创新之处予以说明。本章作为全书的框架说明，为梳理研究脉络、明确研究重点起指导作用。

2

研究综述与理论基础

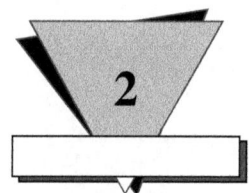

2.1 国内外相关研究现状及其述评

2.1.1 关于公共服务网络治理的研究现状

“治理”源于古希腊词汇“引领与掌舵”（steering），原意是指在特定的范围及框架下使用权威、引导控制相应的计划和策略。治理是一个较为复杂的理论体系，公共治理是治理体系中重要的组成部分，在公共事务领域中，众多不同的利益参与主体通过共同的相互合作策略达成一致的治理目标。目前西方公共治理理论中以网络治理理论、数字治理理论、整体治理理论、新公共服务理论、公共价值管理理论为研究代表。公共治理一直是公共服务领域学术研究的热点话题，纵观近一个世纪时代的思潮变迁，从公共行政管理范畴的反思、交织、重构所生成的新公共管理理论是学术争论的焦点，而英国著名学者斯蒂芬·奥斯本（Stephen P. Osborne）所提出的新公共治理理论，其思想来源是由社会—政治治理、网络治理、合同治理、行政治理、公共政策治理等几方面组成的①。随着公共服务多元化、层次化发展，新公共治理与传统公共行政、新公共管理相比，更为看重推动碎片资源的耦合效果，加之世界行政管理体制的逐步变革与政府职能的转型，公共治理的路径也在不断提升与创新。契合时代发展的新兴治理模式在公共事务领域中愈发重要，整体治理模式与网络治理模式在公共事务发展的背景下应运而生；前者以主体内部的纵向或横向资源整合为切入点进行合作治理，后者则通过主体间的跨界协同合作为切入点进行共同治理。公共服务网络治理是在一定的经济发展基础之上出现的，“网络”是基于科层制与市场化之间的多元组织治理形式，网络治理以信任与协商为主要运作机理，在处理公共服务主体合作、资源整合、权责关系方面有较强的效用。

---

① OSBORNE S P. 新公共治理?：公共治理理论和实践方面的新观点［M］. 包国宪，赵晓军，等译. 北京：科学出版社，2016.

2.1.1.1 国外公共服务网络治理研究现状

当前对公共服务网络治理的研究较为广泛，公共服务网络治理理论最早源于西方国家，由美国印第安纳波利斯市前市长斯蒂芬·戈德史密斯与威廉·埃格斯在《网络化治理：公共部门的新形态》中率先提出，他们认为，在公共事务领域中，无须过多依赖传统意义上的公共部门所提供的公共服务，而是要通过合作伙伴关系、多元协作或组成同盟等形成的弹性网络组织，促使私营部门、非营利组织等机构广泛加入公共服务的运作机制中；在此公共服务的新形态下，政府会从行使操纵控制职能转变到提供资源协调服务，参与公共服务的部门将会增多，行政管理的方式更加趋于扁平化①。卡林顿（Carrington）等认为，网络治理是政府部门在进行公共服务时，以公共行政部门、企业等私营部门、社会组织以及公民相互合作共同解决复杂公共事务的过程，在实现公共事务目标的过程中，不是完全依赖于科层制的自上而下命令方式，而更多的是在协商与信任机制基础上寻求公共多元主体协作②。摩尔（M. Moore）指出，公共服务网络治理是在公共价值理论的引导下为社会创造更多的公共利益价值，在人民日益增长的物质文化需求下，单中心治理模式已不再适应公共服务的供给运作，多中心治理及网络化治理比较符合公共服务多元混合的运作模式，可以更好解决公共服务主体之间的功能定位与权责划分等问题③。

从结构功能主义视角来看，奥斯特罗姆（E. Ostrom）提出，公共服务网络治理是在对应治理结构中进行的，在相互依赖、信任及互惠的机制条件下

① GOLDSMITH S，EGGERS W D. Governing by Network：The New Shape of the Public Sector，by Harvard University Kennedy School of Government［M］. Boston：Harvard University Press，2004：32-37.

② SCOTT S，WASSERMAN. Models and Methods in Social Network Analysis［J］. New York：Cambridge University Press，2005：19-23.

③ MOORE M. Public Value as the Focus of Strategy［J］. Australian Journal of Public Administration，1994（3）：296-303.

产生的联合行动与决策行为，且要明确行动的具体相关信息与所承担的职责任务①。学者普罗文（K. G. Provan）和凯文（P. Kenis）共同提出，在公共事务领域中，网络治理可分成领导组织、共享治理、网络行政组织三个基本的治理结构，其中领导组织结构所体现的是由参与公共服务的一方形成主导进行的协商合作决策行为，拥有相对的不平等权利，属于集权化结构现象；共享治理结构体现在参与主体拥有平等的决策权利，没有单一的参与主体可代表整体，属于纯扁平化的结构现象；网络行政组织结构则体现在公共服务各参与主体间的关键调节作用，其属于前两者结构的中间地带②。多纳尔（K. Donal）与詹姆斯（S. James）将公共服务网络分成政府导向、协会导向、市场导向、专业导向四种类型的组织结构，认为各导向之间的张力结构会相互作用，网络治理形式的运用将会在特定情境下影响公共服务的供给效果，且在不同的张力尺度结构下，公共服务的供给效果也会有较大差异③。

从网络治理运行的机制视角来看，诺曼·弗林（Norman Flynn）认为，公共服务网络治理是公共价值的体现，需要政府部门的介入来提供公共集体需求偏好，涉及协同主体共同实现公共服务目标，在公共管理绩效的基础上，更加重视协商、信任与公平机制④。图尔（O'Toole）等分析了公共服务网络治理的绩效机制，认为可以从供给服务质量、受用者反馈、网络学习三个维度对其进行探讨，同时指出了公共服务网络治理的影响因素，各参与主体相互之间的信任与学习机制以及交易成本与网络治理效果密切关联，主体规模、

① OSTROM E. A Behavioral Approach to the Rational Choice Theory of Collective Action [J]. American Political Science Review, 1998 (1): 1- 22.

② PROVAN K G, KENIS P. Modes of Network Governance: Structure, Management and Effectiveness [J]. Journal of Public Administration Research and Theory, 2008, 18 (2): 229- 252.

③ DONAL K. CASEY, JAMES S. Lawless. The parable of the poisoned pork: Network governance and the 2008 Irish pork dioxin contamination [J]. Regulation & Governance 2011, 5 (3): 333.

④ FLYNN N. Public Sector Management: Performance Management and Public Satisfaction in the Public Sector in the United Kingdom (The Fifth edition) [M]. Upper Saddle River: Prentice Hall UK imited, 2002: 53-59.

相互认可、清晰目标、任务性质是治理的关键要素，网络层次与制度手段对改善网络治理的运行机制也有着重要作用①。信任机制是实行网络治理的首要条件，艾德伦博斯（J. Edelenbos）与克利金（E-H. Klijin）着重对公共服务网络治理中的信任机制进行了深入分析，指出在参与主体共同提供公共服务的过程中，由于充斥着多重风险因素，信任机制的建立会适当削减风险所带来的合作矛盾。当信任机制成型时，公共服务参与主体将相互顾及彼此的利益，促成资源信息互通共享，也将避免机会主义行为，增加协同合作的有效期望值②。

2.1.1.2 国内公共服务网络治理研究现状

21世纪之前，国内对于网络治理的研究较为滞后，但随着近些年我国政治、经济体制改革的深入以及服务型政府概念的提出，对公共服务网络治理的研究逐渐扩展。朱德米归纳、分析、总结了国际上关于治理理论的研究成果，提出了由多层治理与合作伙伴治理所组成的网络状公共治理假说，描绘了网络组织之间的密度与关联程度，认为在行使公共事务相应权力的过程中，政府部门作为关联主体同企业、社会组织、公民等参与方形成了“多边关系”，其中关键要素就是共治过程中网络节点的合作，并预测了网络治理是未来公共治理的发展趋势③。诸大建、李中政对网络治理在公共服务中的应用进行了界定，主要是通过政府部门与私营部门以及非营利组织所组成的网络联盟合作框架以进行公共服务供给，指出政府部门的职能角色从“掌舵加划桨”转变为“掌舵”，由原先的管控与操作变为对公共资源的协调与整合，以此提高政府部门的运作效率，降低财政负担、增加公民的社会满意度，并建议从

① LAURENCE J, O' TOOLE JR., KENNETH J. MEIER. Public Management in Intergovernmental Networks: Matching Structural Networks and Managerial Networking [J]. Journal of Public Administration Research and Theory, 2004, 14 (4): 469.

② EDELENBOS J, KLIJIN E-H. Trust in Complex Decision-making Networks: A Theoretical and Empirical Exploration [J]. Administration& Society, 2007 (1): 25-49.

③ 朱德米. 网络状公共治理：合作与共治 [J]. 华中师范大学学报（人文社会科学版），2004 (2): 5-13.

优化审批流程、增强部门间协同办公、中介服务社会化、完善政府购买服务、搭建协作网络平台等方面提升公共服务网络治理的有效性①。

网络化治理模式的提出对我国公共服务体系建设有较强的推动作用。姚引良等指出，在目前我国政治、经济体制改革背景下，为适应社会发展的新形势，网络化治理模式的应用是对我国政府行政部门转型的必然要求，同时点明了地方政府部门的网络化治理目标是更好地提供公共服务，共同打造和谐社会，致力于当下服务型政府的构建，以此树立起公共服务多元协同机制。鼓励市场与社会力量参与到科技、卫生、体育、文化、教育等公共服务运行系统当中，倡导地方政府网络治理要促使参与主体、层次、类型以及实现途径更加多元化②。周悦解释了中国特色社会主义由“管理”走向“治理”的缘由，在网络化治理理论的基础上，先进行了公共服务网络化治理的契合度分析，指出公共服务网络化治理以政府元治理为前提条件、合作机制为基础条件、信任机制为核心条件、责任机制为重要条件、监督机制为保障条件。公共服务网络化治理的模型也由原先的简单到复杂、单一到多元、双向到全面衍变，再分别从政府主导、社会主导、市场主导的公共服务网络化治理模型出发解析了模型的运作机理，以沟通度、信任度、透明度、权变能力这四个维度进行效率衡量，提出从目标、组织、执行、保障等层面进行公共服务网络化治理的实施路径③。

公共服务的体系建设是一个较为复杂的过程，而公共服务的内外部系统有效运行是以供给系统为起点的，众多学者对网络化治理下的公共服务供给机制做了相应的探讨与研究。娄成武、谷民崇认为，要想合理解决公共服务体系建设中的相关问题，主要应厘清公共服务供给主体之间的关系，并强调

① 诸大建，李中政．网络治理视角下的公共服务整合初探［J］．中国行政管理，2007（8）：34-36.

② 姚引良，刘波，汪应洛．地方政府网络治理与和谐社会构建的理论探讨［J］．中国行政管理，2009（11）：91-94.

③ 周悦．我国公共服务的网络治理研究［J］．管理观察，2015（24）：52-70.

在公共服务治理工具的选择上，网络化治理模式可以通过多元主体间的信任与协商机制促成公共服务供给系统的良性发展，且将政府部门、市场、社会组织、公民作为网络化治理的主体，其在能力、支持、价值中相互作用，建立起“三圈网络治理”模型，实现公共服务体系的健康运转①。于翠平、曹文杰共同指出，在传统社会管理模式下，公共服务一般是通过政府部门采取纵向垂直命令或横向水平合作的方式来提供的，但随着人民生活水平与物质文化需求的日益增加，单靠政府部门的力量难以支撑公共服务体系的整体运行。由此网络化治理的提出可以促使公共服务参与主体更好地合作供给，同时结合目前我国公共服务供给模式发展的情况，明确了网络化治理是现阶段政府提高公共服务供给效率的有效治理途径与手段，也明确了网络化治理中政府部门要发挥领导与组织作用，在信任的前提下增加公共服务供给的公民选择性，创新网络化治理公共服务的供给机制②。

此外，一些学者基于网络化治理理论，对我国地方政府的公共服务运作提出了相关建议。崔莉等指出，目前一些地方政府公共服务的能力不足主要体现在政府部门职能转换不充分、公共服务供给主体较为单一、部门间协同供给公共服务效率低下、公民参与公共服务力量薄弱、不能全面满足人民日益增长的公共服务需求等，所以建议以网络化治理的方式创建起公共服务协同供给模式，提高公共服务的供给效率，强化政府部门的职能转化，增加公民对于公共服务的参与程度，保障公共服务运行体制的监督，努力改善地方政府的公共服务供给能力③。刘波等认为，网络化治理是多元供给主体协调合作提供公共服务的有效治理模式，在地方政府部门向社会购买公共服务的过程中，各参与主体之间所形成的治理网络相互依赖、相辅相成，并对地方政

① 娄成武，谷民崇．基于“三圈网络治理”模型的公共服务体系复杂性分析［J］．行政论坛，2014，21（3）：16-21.

② 于翠平，曹文杰．网络治理视角下公共服务供给模式研究［J］．理论观察，2013（6）：21-24.

③ 崔莉，李洪山，李静．网络治理视角下地方政府公共服务能力研究［J］．商业时代，2012（7）：99-100.

府、市场、社会组织等主体合作行为展开博弈分析，以此提出从健全监督机制、信任机制、收益分配机制、信息披露与共享机制等方面提高地方政府治理公共服务的能力①。许莉、万春以网络化治理理论对小城镇公共服务供给主体进行合作网络的探讨，同时以江西省抚州市南丰县某小城镇的村组道路修建项目为研究案例，对其进行网络运行机制的分析及检验，并提议可从创造合作网络参与主体、制定合作网络运行规则、重视合作网络评估绩效这三个方面采取措施提升小城镇公共服务供给的水平，助推网络化治理目标的实现②。

随着网络化治理研究的逐步深入，目前也有部分学者将网络化治理理论融入文化、卫生、教育、社会治安等公共服务建设方面的分析中。罗云川、阮平南认为，网络化治理是对组织体系与运行结构的一个重塑过程，由此可在公共文化服务的决策机制、沟通形式、关系结构以及评价标准等方面进行改善，并从网络组织关系与行为互动关系角度分析了政府部门、企业、社会组织、公民相互间的角色定位和关联形态，将传统公共文化服务管理模式与网络化治理模式进行比较，得出在当今复杂多样的公共文化服务需求下，多元互动、协商平等的网络化治理合作模式将是公共文化服务发展的必然方向③。唐鸣、陈鹏指出，政社合作是社区公共服务供给模式发展的共性选择，网络化治理的实践与创新为社区公共服务合作供给的研究提供了新思路，但在具体实践中依旧存在供给结构倾斜、社会力量对行政的依赖、政社合作的契约精神缺失等问题，因此建议从强化供给侧结构性改革、完善支撑保障系

① 刘波，李科，杨阳．基于网络治理视角的地方政府购买公共服务研究［J］．经济与管理研究，2014（12）：88-95.

② 许莉，万春．基于网络治理理论的小城镇公共服务供给研究［J］．金融教育研究，2017，30（5）：59-65.

③ 罗云川，阮平南．公共文化服务网络治理：主体、关系与模式［J］．图书馆建设，2016（1）：28-32，38.

统、健全“三社联动”服务制度等方面促进社区公共服务的科学有效发展①。吴春梅、张彬彬将信任、协商、维护确立为网络化治理理论中的核心机制，并认为健全网络治理核心机制能从提升多元合作主体供给能力的角度增加农村公共服务供给的有效性。他们首先建议基于市场前提、制度基础、组织保障等向度完善网络信任机制，提高参与主体的合作意识；其次建议从价值目标、资源共享、创新动力等向度增进网络协调机制，推动参与主体的合作共识；最后建议从法律范畴、技术平台、人才保障等维度建立网络维护机制，促成参与主体的合作承诺，以此提高农村公共服务供给的协同合作效率②。

2.1.2 关于公共体育服务供给的研究现状

公共体育服务供给一直是学术界对建设公共体育服务体系研究的重要内容，尤其在目前供给侧结构性改革、政府职能转变、构建服务型政府的发展背景下，如何提高公共体育服务的有效供给成为热点研究话题。学术上对公共体育服务的全面研究是在2004年中共中央党校关于“树立和落实科学发展观”专题研究结业报告之后。有学者对公共体育服务的定义是为了满足大众的体育需求所提供各类体育服务产品与行为活动的总称，同时将公共体育服务按类别细化为公共体育设施服务、公共体育教育服务、公共体育组织服务、公共体育指导服务、国民体质监测服务、公共体育制度服务、公共体育信息服务、奥运（全运）争光服务等几大方面③。与此同时，众多学者开始深入对公共体育服务体系建设的研究，并从公共体育服务供给、公共体育服务治理、公共体育服务绩效等几个维度进行分析。肖林鹏以公共体育服务供给问

① 唐鸣，陈鹏．网络化治理背景下社区公共服务供给探究［J］．新疆师范大学学报（哲学社会科学版），2017，38（3）：82-88，2.

② 吴春梅，张彬彬．网络治理机制与农村公共服务多元供给主体的合作研究［J］．求实，2012（10）：93-96.

③ 郇昌店，张琮．我国公共体育服务概念的辨析：兼与范冬云先生商榷［J］．西安体育学院学报，2011，28（3）：305-308.

题为视角，分别从供给结构、供给内容、供给过程三个层面提出了由谁来供给、供给什么、如何供给三个问题，并基于理论与实践进行深入分析，得出结论：相关的体育行政部门、准政府组织、非政府组织、市场部门、社会组织、个人都可作为公共体育服务供给的主体；公共体育服务供给的内容也是由大众的体育需求所决定；政府供给、市场供给以及志愿供给三种方式是公共体育服务供给的主要方式①。

2.1.2.1 国外公共体育服务供给研究现状

相对于国内学者对于公共体育服务供给的众多研究，国外学者的研究集中在对大众体育政策制定、公共体育管理职能等方面。仅对于“公共服务供给”而言，其历史可追溯到 18 世纪。当时为了解决社会的养老、医疗、教育、就业等基本公共问题，亚当·斯密在《国富论》中提及有关公共服务的各个产品，表明政府在社会发展中对经济运行要起到维护作用，并不干扰市场经济规律的运行②。法国公学家莱昂狄骥（Leon Duguit）把公共服务描述为促进社会团结所必须要由政府部门对其加以约束规范的活动③。随着西方社会的不断发展，20 世纪初英国剑桥学派代表庇古（Pigou）提出社会资本配置化的福利经济学理论应用于公共服务供给，并提议对有正外部性的行为活动进行相应财政补贴④。在此之后，萨缪尔森（Samuelson）阐述了由于“市场失灵”的存在，所以在市场出现无效率的情况下，政府应提供公共产品或公共服务适时调节经济运行，同时以“非排他性”与“非竞争性”对其进行解释⑤。随后奥茨（Gates）也对政府部门在公共服务过程中的角色进行定位分

① 肖林鹏．论我国公共体育服务供给的基本问题［J］．体育文化导刊，2008（1）：10-12.

② 斯密．国民财富的性质和原因的研究：下册［M］．郭大力，王亚南译，北京：商务印书馆，1972：251-254.

③ 狄骥．公法的变迁：法律与国家［M］．郑戈，译．沈阳：春风文艺出版社，1999：53.

④ 庇古．福利经济学［M］．北京：华夏出版社，1999：127-659.

⑤ SAMUELSON P A. The pure theory of public expenditure［J］. The review of economics and statistics，1954：387-389.

析，认为政府应作为管理者而不是实施者[①]。总结国外公共服务供给主要有四个方面，分别是政府部门的责令管理模式，以霍布斯（Hobbes）提出的国家学说与凯恩斯（Keynes）的国家干预理论为代表，主张国家政府部门采用有效干预的手段满足基本公共服务的需求[②]；由于市场并不能达到完全的资源公平分配，所以在理论角度上政府对公共服务的供给是较好的方式；不过在公共服务供给的过程中，政府失灵现象也会存在。美国学者福尔德瓦里（Fordvari）主张采用市场化供给机制解决公共服务产品供给的外部性等问题[③]；随着社会的变迁与发展，公共服务的自愿式供给模式逐步显现，打破了由政府部门与市场两方供给的模式。美国学者萨拉蒙（Salamon）提出公共服务的"第三方"供给模式，点明了社会中非营利组织参与公共服务供给的优势[④]；接着西方国家经济滞涨和过度建设所导致的经济问题开始出现，由此引发了较为严重的财政危机。目前西方国家出现较多的是公共服务混合供给模式，可缓解政府部门的财政负担，以契约合作为框架进行公共服务供给，尤其是在服务方式上将相关的决策权与执行权分开，防止政府部门权力垄断行为发生，推动采用公私合作模式进行公共服务的供给[⑤]。

经过长期的资本主义演变，西方国家日趋健全的市场经济体系与福利保障制度为其公共体育、大众体育的成长奠定了良好的基础，但由于各个国家的政治意识、经济水平、文化传统各不相同，所以各国提供公共体育服务的模式与内容也有所差距。英国较为注重对公共体育场地设施的管理与维护，英国地方政府与具有专业管理技术能力的运作机构都可以是公共体育场地的供给责任主体。同时英国公共体育设施的管理主体呈现多样化，分别包含政

① GATES. Fiscal federalism [J]. New York: Harcourt Brace Jovanovich, 1972: 35.

② HOBSON J A. The Crisis of Liberalism: New Issues of Democracy. P. S. King & Son, 1909, P. 173-175.

③ 福尔德瓦里. 公共物品与私人区 [M]. 郑秉文，译. 北京：经济管理出版社，2011.

④ BEŽOVAN G, GIDRON B, SALAMON L M, et al. Government and the Third Sector- Emerging Relationships in Welfare States [J]. Croatian Journal of Social Policy, 1995, 22.

⑤ 萨瓦斯. 民营化与公司部门的伙伴关系 [M]. 北京：中国人民大学出版社，2002: 69.

府管理、私营管理与基金管理等[1]，并且在早些年英国相关部门就发布了《体育与娱乐》白皮书，明确将体育服务作为公民福利的一部分，建议政府加大对公共体育事业的投入力度，提供给民众公共体育服务活动[2]，此外在后期英国出台的《游戏计划》（*Game Plan*）强调了体育事业的协同发展，将体育与其他相关政策及部门相连接以合作提供公共体育服务。英格兰体育委员会也在地方政府的公共体育服务协作比例和供给质量上制定了清晰的考核标准[3]，促进英国公共体育服务供给的改革创新。美国在 20 世纪 70 年代就曾提出“健康公民计划”，并以 10 年为一个计划周期，明确提到美国政府的职责是要为大众提供全面的体育服务，以及促进体育场地设施建设达到相应目标，满足公民的健身需求[4]。在 2010 年美国发布的《国民体力活动计划》（NPAP）中，依据种族与文化的多样性制定相关方案，采用跨部门伙伴联盟的方式实施公共健康服务供给，实行体育资源共享，保障公民的健身需求[5]。美国学者斯托尔特等对当地公共体育产品的供给进行调研后，发现众多以民间体育组织为代表的非营利机构通常会采用慈善活动等方式为社区民众提供公共体育服务，其中包括组织青少年参与志愿体育活动、向社会发放消费券与资金补助等[6]。日本也早在 20 世纪 60 年代东京奥运会举办前夕颁布了《体育振兴法》，为日本公共体育后期的蓬勃发展奠定了良好法律基础[7]，进入 21 世纪日

① AUDIT COMMISSION. Public Sports and Recreation Facilities: Making them fit for the future [R]. London: Audit Commission, 2006.

② 希尔顿 . 体育发展：政策、过程与实践 [M]. 北京：北京体育大学出版社，2007：71-73.

③ SPORT ENGLAND. Performance measurement for the development of sport-A good practice guide for local authorities [M]. London: 2001.

④ 周兰君 . 美国大众体育管理方式管窥 [J]. 体育学刊，2010，17（9）：45-49.

⑤ 岳建军 . 美国《国民体力活动计划》研究及启示 [J]. 中国体育科技，2015，51（2）：126-134.

⑥ 斯托尔特，迪特默，布兰韦尔 . 体育公共关系组织传播管理 [M]. 易剑东，王晓禹，谢敏，等译 . 沈阳：辽宁科学技术出版社，2008：51.

⑦ 周爱光 . 日本体育政策的新动向：《体育振兴基本计划》解析 [J]. 体育学刊，2007（2）：16-19.

本出台了《体育振兴基本计划》，提出要努力将民间体育主体以及接受体育服务的民众与运动员等客体共同协作完善体育活动机制的运作，以此进一步振兴日本体育与社会的发展①。

2.1.2.2 国内公共体育服务供给研究现状

目前国内针对公共体育服务供给的研究较为普遍，总体来看较多的学者从公共体育服务供给的制度与模式、主体与内容、绩效与监管、发展路径等角度进行探究。

首先，在公共体育供给的制度与模式方面，随着我国改革开放后政治、经济体制的改革发展，相应地，公共体育运行机制与模式也发生了一系列的转变。戴健（2015）指出，随着时代的变迁、科技的进步与人民生活水平的逐渐提升，公众对于体育健身的需求呈现多样化的增长趋势，所以要优化我国公共体育服务的治理结构。应根据制度变迁推动我国公共体育服务供给模式的创新，激发多元力量参与到公共服务的供给中来，同时他阐述了当下我国在公共体育服务供给中的相关问题，其中包括顶层设计较为薄弱，多部门协调、统筹公共体育服务供给的导向有偏差，政府机构、市场与社会组织协同进行公共体育服务的供给相对乏力等瓶颈，此外公共体育服务法律政策的不健全也容易造成供给机制的运行不畅。为更好解决公共体育系统内部公平与效率的结构性等问题，他提出要依据社会治理匹配的原则对政府、市场、社会组织等参与主体进行整合与重构，促进政府部门的制度创新以提高体育资源的利用率，引导市场与社会组织合理地加入到公共体育服务的供给中来，构建起公共体育服务协同供给的治理机制②。武东海（2013）表示，在传统的单一中心治理的模式下，公共体育服务的供给机制容易引发政府部门财政负担过重、供给服务效率低下以及寻租腐败等相关问题，所以他主张采用多

---

① 日本体育指导实务研究会监修．体育振兴基本计划．体育指导实务必携［M］．东京：行政出版社，2002.

② 戴健，张盛，唐炎，等．治理语境下公共体育服务制度创新的价值导向与路径选择［J］．体育科学，2015，35（11）：3-12，51.

中心治理的方式提高公共体育服务供给的效率，提倡政府、市场以及多方社会力量参与到公共体育服务的供给，缓解政府部门的财政压力、满足大众对体育健身的多元需求，并依据多中心治理理念从治理、决策、监督三方面创新公共体育服务的供给模式，以增加公共体育产品的数量与质量，促进公共体育服务多元供给机制的完善，推动我国群众体育协调繁荣发展①。

其次，在公共体育服务供给主体与内容方面，我国政府部门依旧是公共体育服务供给的重要主体，但市场与社会组织也在发展壮大，供给的层次与内容更加多元多样。张宏（2013）将公共体育服务供给的结构分为核心层、产品层、保障层三个层次，这三个层次共包含了十种要素，他将体育场地设施供给归为核心层，组织、活动、信息、培训指导、体质监测归为产品层，资金、供给主体、管理职能、法规政策归为保障层，据此分别理清政府、市场、非营利组织三方供给主体在公共体育服务供给过程中的角色定位与功能职责，认为政府部门的职责应该是完善公共体育服务供给的目标与标准、组织与协调、控制与监督；市场组织的职责应该为提高公共体育服务的供给质量、提升供给服务的效率与专业化水平；非营利组织的职责应该是开展丰富的基层公共体育活动、运作专业的体育社团组织、宣传正确的体育精神与思想②。程华（2017）深入到长三角具有代表性的九个地区，对当地社区与农村公共体育服务供给内容开展较为详细的调查，并依次从供给的场地设施现状、组织服务现状、活动开展现状、指导服务现状、信息服务现状、体质监测服务现状等六个方面进行分析，得出长三角地区公共体育服务供给存在供给种类单一、决策交流互动不足、资源配置趋于行政化、服务不便捷与公益性较低等结论，从而提出长三角地区公共体育服务分层供给的有关设想③。

---

① 武东海．多中心治理视阈下创新公共体育服务供给模式研究［J］．武汉体育学院学报，2013，47（5）：36-40.

② 张宏，陈琦．我国公共体育服务不同供给主体的职责划分［J］．广州体育学院学报，2013，33（2）：4-7.

③ 程华，戴健．长三角地区公共体育服务的分层供给［J］．体育学刊，2017，24（2）：57-63.

再次，从公共体育服务供给绩效、监管的视角来看，健全的公共体育服务供给监管绩效体系有利于供给主体提供高质量的体育产品，保障大众的公共体育权益。史小强（2018）结合文献与质性访谈等研究方法，提出了以全民健身公共服务的供给效率、质量、回应性与民主性为绩效指标的评价基准，对我国12个省份中的30个市县（区）全民健身公共服务供给状况进行了实证检验，研究发现服务民主性对全民健身公共服务的影响最大，并建议树立以人民为中心的绩效观念，采取建立部门协同机制、推进资源均衡配置、开发信息技术、加大政策执行力度等方式强化绩效测量的科学性与精准性①。蒋宏宇（2018）指出，在我国全面深化行政体制改革与建设服务型政府的背景下，公共体育服务供给监管模式也应进行相应调整；尤其在公共体育服务向着多元化供给的转变过程中，有关政府部门需要对供给进行有效监管，并适时引导与调动各方供给主体合理参与到公共体育服务的运行机制当中，助推责任机构厘清相互之间的权责关系。同时，政府部门作为公共体育服务供给的最终责任主体，应科学适当地运用公共权力对多元参与主体的行为予以监管，也可委托第三方专业机构进行公共体育服务供给效果的评价与监督，扩大公共体育服务供给的监管主体范围。政府部门应从多方完善服务供给的监管内容，将定性评估与定量评估相结合，建立完善的公共体育服务供给监管问责机制②。

最后，在公共体育服务供给发展路径的研究上，众多国内学者依据目前公共体育服务供给的结构提出了具有建设性意义的优化策略。姜同仁（2015）表示，城乡人口的爆发式结构性变化造成了我国公共体育服务供给领域的供需矛盾进一步加深，供给的结构性失衡趋于严重，为此以大众体育服务需求的范围为研究切入点，确立了公共体育服务供给包括财政、设施、指导、组

① 史小强，戴健．新时代全民健身公共服务绩效结构模型的构建与实证研究：基于“以人民为中心”价值取向的量度［J］．体育科学，2018，38（3）：12-26.

② 蒋宏宇，李理．公共体育服务多元供给中的政府责任及其实现路径［J］．湖南科技大学学报（社会科学版），2018，21（4）：165-171.

织、体质监测这5方面内容，总结得出目前我国的公共体育服务供给存在占国家财政支出的比重逐年下降、体育设施实际面积占有率较低、服务指导承载力欠缺、体育社会组织机构能力不足、体质监测站点服务范围过小等问题，并提出以下发展路径：以供需平衡为立足点，积极建立起公共体育服务供给一体化的模式；以改善民生为出发点，逐渐实现公共体育服务供给均衡化的模式；以机制创新为落脚点，努力促成公共体育服务供给运作稳定化的模式[①]。李新文（2018）认为，在全球科技信息技术快速发展的背景下，大数据是提高公共体育服务供给效率与精准度的有效手段，并以公共体育服务供给主体协同化、供给内容清单化、供给方式智能化、供给监管精准化为改革的向度，提出相应的公共体育服务供给优化路径，其中包括：建立资源共享的信息平台，扩宽服务供给渠道；健全基层体育场地设施，促进服务供给的部门协同性；完善体育需求导向制度，强化服务供给的准确性；构建全面的法规体系，保障服务供给的可持续性[②]。

2.1.3 关于公共服务协同创新的研究现状

美国著名政治经济学家约瑟夫·熊彼特在《经济发展理论》（1912）中首次诠释了创新的本质，即将新的生产要素执行整合，促进经济内涵模式的发展，并明确了“创新”在经济发展中的重大作用[③]。而“协同”概念最先是在哈肯所提出的协同学理论中出现，认为在一定的条件下事物会存在能量无序混沌与有序协同之间的转化，在系统内部各要素之间相互协同所产生的集聚功能会超越原先各自子要素功能的总和，以发挥整体性作用[④]。“协同”

---

① 姜同仁．我国公共体育服务供给现状与结构优化对策［J］．上海体育学院学报，2015，39（3）：1-7.

② 李新文，陈清，向剑锋．大数据时代体育公共服务供给的改革向度与路径之选［J］．武汉体育学院学报，2018，52（8）：20-24.

③ 熊彼特．经济发展理论：对于利润、资本、信贷、利息和经济周期的考察［M］．何谓，易家详，译．北京：商务印书馆，1991.

④ HAKEN，H. 1983，synergetics，1978. Haken，13synergetics1978，13.

概念在我国古代就曾出现过，在《说解文字》中，“协”为众之同和也，“同”为合会也，表示谐调一致，和合共同①。在“协同”的内涵意义上，国外学者汉森（Hanson）认为，与“合作”一词相比，“协同”更加注重各元素鉴于知识与经验以共同创造趋于目标的解决方案②。此外在“协同”与“创新”的概念整合下，有学者将协同创新定义为一种较为复杂的组织结构方式，是系统内部各要素之间形成的资源共享机制，在相对独立的创新主体所组成的运作体系下拥有一致行动目标，进行多元多样深度合作，将多方资源与要素有效地汇集③。

在长期的社会发展历程中，为了应对社会矛盾的日益加深以及政府部门财政赤字等弊端，政府、市场、社会组织等机构的跨部门协同合作开始在一些国家及地区逐渐得到广泛的实践创新。多元主体间的协同创新发展顺应了公共服务体系建设的内在要求，也是提高供给功效的必然选择，可增进公共服务系统内部协同的适应性，发挥多元主体互补的优势，最终实现公共资源的优化配置④。西方众多学者围绕协同创新在社会应用等方面展开了大量论述，并与民主思想、管理制度变革、可持续发展的理念紧密关联。我国提出社会公共领域协同发展可追溯到2004年十六届四中全会，会议指出要健全党委领导、政府负责、社会协同、公众参与的社会管理新格局；十八大报告提出要进一步加快社会管理体制的健全；十九大报告要求社会治理体系更加完善。由原先政府全面操作的管控模式到法律制度保障下的政府部门主导、市场与社会多元主体协同参与的社会治理模式，促进国家公共服务体系的实践

① 马捷，张云开，蒲泓宇．信息协同：内涵、概念与研究进展［J］．情报理论与实践，2018，41（11）：12-19.

② HANSEN P，WIDÉN G. The embeddedness of collaborative information seeking in information culture［J］. Journal of Information Science，2017.

③ NARDONE A M G. The determinants of university-industry collaboration in food science in Italy［J］. Food Policy，2012，37（6）：710-718.

④ 马雪松．结构、资源、主体：基本公共服务协同治理［J］．中国行政管理，2016（7）：52-56.

创新发展，推动了学术界对于公共服务协同的相关理论探究①。

2.1.3.1 国外公共服务协同创新的研究现状

西方学者主要是从协同基础理论视角进行研究。雷德斯多夫（Leydesdroff）依据协同学理论提出“三重螺旋系统”，并指出在系统中创新要素越复杂就会带来较多的不确定性因素。“三重螺旋系统”的应用是基于三个子系统之间信息的相互转化过程，可有效克服系统的摇摆性，并提出系统自组织形式是构建协同创新理论的基础观点②。阿本德（Abend）将观念要素、过程要素、人群要素、组织要素作为协同管理的重要组成部分，依次论证了各要素之间的内涵，分析了其对系统内部的影响③。彼得（Peter）则认为协同创新是由一部分有着共同目标的人员所形成的行动小组，借用网络等相关辅助工具进行工作交流、信息反馈、资源共享等协同合作④。还有一部分学者以协同的机制要素切入，从协同的知识创造机制、利益分配机制、风险决策机制以及监督管理机制等不同的角度进行了探究。哈里森（Harrison）采用仿真模型结合博弈论分析方法，分析了在协同过程中参与主体间的利益分配等相关问题，得出责任主体的比重与利益分配额度之间应呈现正相关关系⑤。古普塔（Gupta）以深度访谈的研究方式，结合网络理论对协同合作过程中的知识扩散行为进行了分析，认为知识扩散与溢出效应促使知识协同创新机制的形成，产生不同主体间的集群优势，可弥补协同知识性缺口，更有

① 田培杰．协同治理概念考辨［J］．上海大学学报（社会科学版），2014，31（1）：124-140.

② LEYDESDROFF L. The mutual information of University-Industry-government Relations：An Indicator of the triple helix dynamics［J］. Scientmetrics，2003（58）：445-467.

③ ABEND C. JOSHUA. Innovation Management：The Missing Link in Productivity［J］. Management Review，1979，68（6）：25-30.

④ PETER A. GLOOR. Swarm Creativity：Competitive Advantage through Collaborative Innovation Networks［M］. New York：Oxford University Press，2006.

⑤ HARRISON F. Exploring the effects of working for endowments on behavior in standard economic games［J］. Plos One，2011，6（16）：23-41.

利于完善协同主体间的风险分担与权责配置[①]。此外有学者从协同绩效的角度进行分析。吉尔辛（Gilsing）等指出，参与主体的合作关系、外部联系的强弱对协同效果产生影响，其中信息沟通、风险分担、知识传递是影响协同绩效的主要因素[②]。德雷杰（Drejer）针对知识共享的协同效应展开分析，进行了内外部协同度的测量，认为各个参与主体的内部协同可驱动系统的整体协同，提高协同运作效率[③]。

公共服务的协同源起于德国经济学家弗里德里希（Friedrich）的国民整体体系思想，提倡建立统一的同盟机制[④]，为后期西方学者探索国家的系统协同规律奠定研究基础。随着新公共管理理论影响的不断扩大，近几十年来协同创新在一些西方发达国家已经成为公共部门运作管理的新模式，不过公共服务的协同并不是将政府部门、市场与社会组织、民众等参与主体等相关因素简单地重叠融合在一起。布洛克（Bloch）认为，公共部门的协同要经得起实践，而不是在原先制度上的改良，是一个运用新的创意去解决公共部门有关问题的过程[⑤]。罗宾（Robyn）等指出，公共领域的合作是组织和部门之间所进行的知识、信息资源的共享与互通交换活动，是以解决公共领域相关问题为目标，两个及多个参与主体采取跨组织边界的方式实施持续互动的过程[⑥]。特拉维斯（Travis）等对公共政策制定与公共服务供给领域中的协同进行了扩

① GUPTA S, MALTZ E. Interdependency, dynamism, and variety network modeling to explain knowledge diffusion at the fuzzy front end of innovation [J]. Journal of Business Research, 2015 (3): 1-14.

② GILSING V, BEKKERS R, BODAS FREITAS, et al. Differences in technology transfer between science based and development based industries: Transfer mechanisms and barriers [J]. Tenchnovation, 2011, 31 (12): 638-647.

③ DREJER A. How Can We Define and Understand Competencies and Their Development? [J]. Technovation, 2001, 45 (21): 135-146.

④ 李斯特. 政治经济学的国民体系 [M]. 北京: 商务印书馆, 1997: 23.

⑤ BLOCH C, BUGGE M M. Public sector innovation: From theory to measurement [J]. Structural change and economic dynamics, 2013, 27 (6): 133-145.

⑥ KEAST R, BROWN K, MANDELL M. Getting the right mix: Unpacking integration meanings and strategies [J]. International Public Management Journal, 2007, 10 (1): 9-33.

展研究，认为除了关系网络合作方式之外还存在培育、复制、开源等方式①。舒尔茨（Schulze）等在系列研究后得出信任关系的强弱与协同效果大小呈正比例关系，认为在协同创新主体之间建立良好的信任机制可推动知识的共享，实现公共领域创新价值的创造②。接着学界逐步深化了关于公共服务供给主体相互协同的研究。尼古拉（Nicholas）探讨了公共服务私有化模式的局限与不足，认为公私合作制模式将代替单一化的部门运作，多元参与公共管理的主体优势以此相结合，提升公共部门运行的效率③。马克（Mark）提出要增加公共部门的投资渠道，通过更多社会融资拓展公共服务的规模效应，为公众提供多元化的公共服务保障④。

2.1.3.2 国内公共服务协同创新的研究现状

国内众多学者主要对于公共服务协同创新的含义与机制进行了相关的研究。程鹏、栾峰针对当前新型城镇化发展的背景下特大型城市公共设施服务的多重要素，建立起协同创新的五维模型，即目标协同、主体协同、要素协同、空间协同、组织协同这五大协同模块，并对公共服务的协同机制进行了解析，得出从沟通到协调再到合作直至协同的全部过程，其中的运作包含了自组织机制与耦合机制以及协调机制等，以此验证了协同创新的五维模型，提出了公共服务协同运行的优化策略与发展路径⑤。李映辉、黄蕾认为，当今社区公共服务供给难以满足现实需求，并且社区服务的发展出现非均衡现象，

---

① BLAND T, BRUK B, KIM D, et al. Enhancing Public Sector Innovation: Examining the Network-Innovation Relationship [J]. Public Sector Innovation Journal, 2010, 15 (3): 1-25.

② SCHULZE A, BROJERDI G J C. The Effect of the Distance between Partners' Knowledge Components on Collaborative Innovation [J]. European Management Review, 2012, 9 (2): 85-98.

③ NICHOLAS HENRY. Is Privatization Passé? The Case for Competition and the Emergence of Intersectoral Administration [J]. Public Administrative Review, 2002, 62: 374-378.

④ MARK F. Public Law and Private Finance: Placing the Private Finance Initiative in a Public Law Frame [M]. Oxford: Clarendon Press, 1999: 145-168.

⑤ 程鹏，栾峰．提升特大城市公共基础设施服务水平策略研究：基于协同创新五维模型 [J]．现代城市研究，2016 (11): 71-76, 116.

公共服务主体也欠缺有机融合，需要加强对于社区公共服务协同机制的构建，提出以信息共享、资源互通、服务协同等模式打造社区公共服务的协同网络①。赵曼丽认为，公共服务协同供给模式是提高服务质量与效率的必然选择，并采用共生理论对公共服务协同供给机制进行了探索分析，重点阐述了协同供给的必要性与可行性，以公共服务协同供给的准入机制、运行机制、监管机制为切入点，提出公共服务主体协同共生的组织行为路径②。

此外国内学者对于公共服务的区域协同发展也进行了深入研究。毛汉英以机制创新与区域政策为视角，对于京津冀地区公共服务协同进行了相关论述，强调要处理好公平与效率的关系，且要充分调动区域间的优势公共服务资源，完善公共服务集聚协同从而产生辐射带动作用，促进区域公共服务的共建共享创新模式③。段铸从京津冀地区的协同发展切入，对区域间公共服务的具体协同问题进行探究，指出区域间公共服务呈“阶梯型”特征，资源配置有效性较低，合作落差较为明显，建议以制度创新、机制创新、模式创新为思路建立大范畴下的区域协同发展目标④。叶春森等认为，云计算与大数据将会推动服务型社会发展，为公共服务协同创新提供技术支持与再造平台，并指出公共服务的内容创新、能力创新、价值创新依赖于社会资源关系和网络协同合作，提议从技术、服务、资源、内容、文化、人才等方向上定位公共服务的区域协同战略目标⑤。

针对体育领域的公共服务协同研究也被一部分学者所关注。郝利玲指出，

---

① 李映辉，黄蕾．社会网络的社区服务协同创新机制建构与运行［J］．东南学术，2016（1）：103-109.

② 赵曼丽．公共服务协同供给研究：基于共生理论的分析框架［J］．学术论坛，2012，35（12）：38-41.

③ 毛汉英．京津冀协同发展的机制创新与区域政策研究［J］．地理科学进展，2017，36（1）：2-14.

④ 段铸．创新驱动下京津冀协同发展研究［J］．经营与管理，2018（6）：98-100.

⑤ 叶春森．云计算和大数据环境下社会公共服务的区域协同战略［A］．中国软科学研究会．第十一届中国软科学学术年会论文集（上）［C］．中国软科学研究会：中国软科学研究会，2015：6.

当前我国公共体育服务的发展存在政府、市场、社会三方失灵等现象，并且公共体育服务的合作供给没有完全形成，供给参与主体的力量严重失衡，资源互补不足、权责划分不清，欠缺战略协同发展意识；建议加强公共体育服务供给主体的培育工作，推进参与主体的优势整合与战略协同，完善政府、市场、社会组织的合作关系，优化公共体育服务的协同创新机制①。朱毅然认为，协同创新是促进农村公共体育服务快速发展的有效途径，应以农民的现实需求为导向，冲破传统的行政管理模式束缚，基于协同运行机制构建农村公共服务“机制协同—主体协同—时空协同”的多维协同网络模式，更新服务理念、制度、内容，推动市场与社会的融入，不断创新农村公共体育服务供给的技术选择②。郑娟、郑志强采用演化博弈理论模型对公共体育服务协同供给展开讨论与分析，指出协同创新是摆脱供给碎片化困境的必然选择，在协同过程中任意一方调整策略都会改变协同供给发展的最终状态，提出要加强信任机制与自组织能力，明确各参与主体间的利益分配与权责划分，以促进公共体育服务供给的有效协同③。

国内学者对于公共服务的协同绩效也进行了探究，认为科学合理的协同绩效评价反映协同效果，可助推公共服务协同创新向着正确方向前进。何继新等对多个城市社区展开实地调研，提出相关假设，采用多元有序 logistic 回归模型分析了影响社区公共物品协同供给的因素，得出业务流程、信息反馈与互信关系等因素与多元主体协同供给效能关联较大的结论④。刘卫平从城乡统筹一体化视角对公共服务协同治理能力的绩效评价进行了分析，采用问卷

① 郝利玲．我国公共体育服务多元供给的协同创新模式及推进路径［J］．上海体育学院学报，2017，41（6）：54-58，65.

② 朱毅然．协同创新：我国农村公共体育服务供给模式新发展［J］．阜阳师范学院学报（自然科学版），2014，31（1）：63-71.

③ 郑娟，郑志强．公共体育服务协同供给：基于演化博弈的分析框架［J］．中国体育科技，2017，53（2）：100-106.

④ 何继新，杨鹏，高亚君．城市社区公共物品多主体协同供给影响因素分析：基于 626 例样本的实证研究［J］．广州大学学报（社会科学版），2015，14（11）：40-49.

调查与专家访谈方法进行实践调研，构建相关的指标体系，以公共服务协同供给、社会矛盾协同预防与化解、社会公共安全协同保障为一级指标，并分出8个二级指标与13个三级指标，对相关数据进行计算评价，解析出协同的程度与效果①。艾晓玉以协同创新为目标对科技公共服务的供给机制进行深入研究，同时对科技服务的协同供给效应展开实证分析，分别从协同度和协同剩余价值两个维度实施协同绩效的测量与评价，并依据测评结果提出了科技服务协同供给效率提升的系统策略②。

在相关的研究中也不乏部分学者以地区、城市为研究对象，由此展开对区域公共服务协同供给的分析。陈世海、戴珩将江苏省张家港市作为研究样本，通过对当地公共文化服务的协同机制分析，从动能基础、思路框架、典型案例等方面进行深入探讨，点明了张家港市公共文化服务协同运作所取得的成效与经验，由此得出县域公共文化服务协同创新的启示③。万伟针对贵州省坡地经济发展中的公共服务供给模式进行分析，分别介绍了各类供给模式的优缺点，探索地区公共服务供给机制问题产生的缘由，并建议采用协同供给模式，以转变协作理念、健全财政保障、拓宽协同渠道、搭建协同平台等方式加强地区公共服务协同供给的创新发展④。程婷在城乡发展一体化的背景下对江西省上饶市农村公共服务的供给现状展开调查，深入分析了供给问题存在的原因，并将协同理念导入农村公共服务供给机制当中，同时依据国外农村公共服务供给的经验，以协同学理论对我国农村公共服务供给提出相关

---

① 刘卫平．城乡统筹发展中社会协同治理能力与绩效评价：基于湖南长沙、邵阳两市城乡社会协同治理的实证分析［J］．邵阳学院学报（社会科学版），2016，15（4）：25-37.

② 艾晓玉．科技服务供给协同效应研究［D］．南昌：南昌大学，2016.

③ 陈世海，戴珩．县域公共文化服务协同创新研究：以江苏省张家港市为例［J］．上海文化，2014（8）：20-30.

④ 万伟．多元协同视角下贵州坡地经济发展中的公共服务供给模式研究［D］．贵阳：贵州大学，2015.

优化路径①。

2.1.4 国内外研究现状的评述

通过对国内外相关学者研究的文献进行整理、归纳、分析，总体来看，有关网络化治理、公共体育服务、公共服务协同创新发展等研究成果较为丰富，且不乏具有代表性的研究成果，这为本书的研究调查工作提供了重要的参考资料，但当前的研究依然存在一些不足。

首先，网络化治理理论起源于西方国家，在新公共管理日益兴起的背景下，为了避免政府失灵与市场失灵，网络化治理作为一种新型治理模式，有助于强化各公共事务参与主体间的合作性，实现公共资源与利益的优化配置，提高公共服务的有效供给水平。国外的网络化治理研究是在西方社会发展的过程中发展起来的，而我国社会主义市场经济的体制环境与西方国家的政治、经济、社会运行模式具有一定的差异，尤其是公共体育服务发展带有自身特有的属性，因此更加要注重理论与实践的适应性和可操作性，同时也要符合各地区的不同特征，适时地开发利用协同创新机制。在现有的研究当中，较少从社会自身发展的特点、以治理体系创新的视角出发，对目前公共体育服务供给主体间的协同进行分析。为突破区域研究限制，要按照不同地区的发展状况，加强治理理论创新的研究，在适应社会现实发展情境下，为公共体育服务协同供给的创新发展提供理论与实践的经验。

其次，在公共体育服务供给机制的研究视角上，我国学者对供给内容、供给模式、供给主体、供给绩效与供给发展路径等方面都进行了较为广泛的调研分析，但大多集中在供给内容的不全面、供给模式的单一化、供给主体的定位不明、供给绩效的有效性不足、供给发展路径等问题上，很少从系统角度全面地分析公共体育服务供给的阻滞因素，对于未来公共体育服务协同

① 程婷．城乡一体化背景下的县域农村公共服务协同供给机制研究［D］．南昌：江西财经大学，2015.

供给的创新发展思路也缺少系统考量与理性分析。此外，在公共体育服务多元合作供给的研究上，有学者鼓励引入市场与社会组织参与供给机制，让政府部门从执行者转变为服务监管者。这些建议是值得肯定与推崇的，不过研究多数只停留在建议的表层，并没有深入剖析其内在的运行体系，所以有必要继续在公共体育服务协同供给机制等问题上进行细致探讨。

再次，科学合理的绩效评价是反映公共体育服务协同供给效率高低的必要手段。目前对于公共体育服务协同绩效评价的研究较为欠缺，在公共服务协同效应评价的研究上，更多的学者是对协同效应本身进行理论论述，较少有通过系统全面的论证来构建完善的评价指标体系，所采用的评价方法也缺乏针对性，容易与评价对象的实际状况产生偏差。在公共体育服务协同供给的评价内容上，现有研究只是反映了协同供给相关数据等客观指标，并没有深入到协同意识、协同关系等主观指标，不能全面真实地评价出公共体育服务协同供给的实际情况。另外在绩效评价的方法上，现有的研究较为分散，针对相同的问题所采用的评价方法都不尽相同，多数学者只是依据面板数据进行单一化的评价处理，而没有将动、静态的指标因素相结合，间接地造成了评价结果的片面性，因此先前的研究也为本研究在公共体育服务协同供给模型的构建上提供了创新的空间。

最后，学术研究的最终目的是为了促进社会的进步，围绕着公共体育服务协同供给机制创新与相应治理水平提升所展开的研究，众多学者都提出了有利于全民健康进步、推动公共体育服务发展的策略与路径。其中不乏一些可借鉴的研究成果和方案，但部分实施方案与建议并没有完全依照目前我国地方公共体育发展的实际情况，没有从内涵与机理等较为深入的角度出发，尚未明确协同发展机制的核心要素与前进思路，缺乏针对发展路径的靶向性与适应性。因此要清晰定位研究策略的路径目标，掌握策略提出的系统性原则，参照核心发展思路展开对具体实施策略与方案的讨论。至此，总体而言现有公共体育服务协同供给研究的成果丰富，但在众多细节研究上还需要继续拓展深入，尤其是与公共体育服务协同供给相关的研究亟须完善，也为后期此领域的理论研究与实践应用创造良好的条件，促进我国公共体育服务的持续发展，以此提高人民健康水平，推动社会和谐进步。

2.2 理论基础阐释

2.2.1 新公共服务理论

新公共服务理论是在传统公共行政理论以及新公共管理理论的基础上演变而来的。传统公共行政理论认为政府部门应是公共服务的直接供给机构，集权化、自上而下的科层制模式是其组织结构。公共行政理论也是早期社会科学所提出的相关政治理论，主张政府部门是政策谋划与执行的主要载体和实施角色①。新公共管理理论依托经济学中的交易成本理论与公共选择理论，主张以市场力量为抓手进行资源配置，重视市场的调节作用，并以经济（economy）、效率（efficiency）、效益（effectiveness）的3E标准作为公共管理与服务的衡量尺度，同时强调精简政府规模、组织分权，公共利益以个人利益的聚合方式体现②。相比前两个理论，新公共服务理论主要是以民主理论为基础，其中公共利益的选择是由公民共同认定的，主张政府部门要履行的主要职责是服务，并通过公民协商机制来创造公共价值观，达到政府、市场、非营利组织等各方利益的实现，形成有利于社会团体利益的合作性结构模式。通过沟通协商方式进行实现服务，更加强调公平、民主与正义，新公共服务理论核心的观念更加重视以人为本，突出公民在公共行为中的选择权利，倾向社会的共同价值与协同发展。

珍妮特·V. 登哈特与罗伯特·B. 登哈特在《新公共服务：服务，而不

① 王姣．浅析新公共服务理论的精神本质及在我国的应用［J］．成都行政学院学报，2018（5）：40-46.

② 杨风娇．新公共服务理论视角下大学资产管理改革创新研究［D］．北京：首都经济贸易大学，2018：8-10.

是掌舵》中提及公共管理者最重要的职责与任务并不是对社会公民进行控制，而是促使及帮助公民追求与实现其共同的公共利益，政府部门需要建立起协商共享的公共利益观念和社会责任感，使得相关行政机构人员可与民众相联系，以协商合作的方式相互尊重彼此之间的利益选择，使社会形成广泛的公共利益集合体，由此公共服务成为人们共同追求的事物与美德①。新公共服务强调社会公民的权利应受到重视，将公民权利与公民需承担的责任以及公民共同利益相结合，发挥集体的力量以提升公共利益的效率，通过多边网络合作的方式保障政策的实施运行。新公共服务理论也是新公共管理理论的衍生与超越，更加重视政府的服务型功能，也较为符合目前社会民众对有效行政治理与品质政府运作的期待。新公共服务理论是在吸收了管理学、政治学、社会学等相关学科发展基础上的创新成果，克服了传统公共行政理论的缺陷，弥补了新公共管理理论的不足，其所提出的以民主价值与公共利益为导向更加适合现代化社会的发展。

2.2.2 公共治理理论

二十世纪六十年代末七十年代初，众多西方国家政府逐步开始实施行政管理改革，主要由原先的一元统治管理模式开始向多元主体治理模式转变，渐渐突出市场企业、各类社会组织以及公民的主体作用，发挥各自主体部门在社会发展中的协调功能。随着“福利国家主义”的倡导，二十世纪九十年代起，有关公共治理的理论与政策不断推陈出新，在社会日益多元复杂的趋势下，政府部门与市场以及社会组织之间的关系开始变得更为紧密，政府部门的职能转变与角色改善得到进一步关注，加强了政府机构与市场、社会组织相互间的共同协作。公共治理理论相比传统公共管理理论在政府运行的目标和方式上进行了一定创新，在价值选择、资源配置、主体角色定位以及伙伴关系上有所继承与完善②。简言之，公共治理理论的重点在于政府部门、市

① 辛静．新公共服务理论评析［D］．长春：吉林大学，2008：20-25.

② 崔运武．论公共治理视角下我国 PPP 问题的成因及应对［J］．中国行政管理，2019（1）：53-59.

场与社会组织以及公民之间的相互作用，将一部分的公共权力转移至市场及社会组织或个人等多方主体上，政府部门保持与非政府组织的密切合作，防止政府失灵与市场失灵等问题的出现，实现政府、市场、社会组织等多方共同治理的网络架构体系。

公共治理理论主要用于探究公共事务管理的过程与规律，公共治理理论以网络化治理理论、多层级治理理论、多中心治理理论为代表。目前学术界在公共治理理论上达成的普遍共识有：公共事务由多种主体共同承担；强调政府部门、市场企业、社会组织的相互关系；重视社会服务与公共利益。在对公共服务与公共产品的供给方式理论研究上，公共治理理论的运用也促进了公共服务协同供给的发展。政府部门是公共服务的组织方与监督方，也是公共价值的缔造者和护卫者，政府有责任与义务引导规范社会及公民参与、守护公共利益价值。公共治理的主体除政府部门之外还包括市场与社会力量，各治理主体之间形成相互依赖、资源共享的合作伙伴关系，增加了社会民众的公共福祉，利于实现多元主体间的资源配置。随着我国改革开放的推进与国家治理现代化体系的发展，公共治理理论的运用有益于政府部门职能的转变与服务型政府的构建，利于培育健康的公民精神，促进多元化社会网络治理结构的形成和完善。

2.2.3 制度变迁理论

制度是在一定的历史条件下，要求组织各成员及要素之间共同遵守相关的规范准则。在社会的运行与发展过程中，制度运用于各个领域，对政治、经济、社会组织等产生重要作用。制度是社会前行的激励框架与博弈原则，受到人的理性约束与资源稀缺影响，制度的供给也是限制与缺乏的[①]。随着社会的进步与人们理性思考能力的提升，必然会有更高的制度需求，而当制度的供给环境已不能满足制度的需求时，就会诱发制度的变迁。制度变迁源于

① 程进，周冯琦．基于制度变迁的我国生态系统绩效管理研究［J］．江汉论坛，2018（12）：48-52.

内生动力与外在动力，根据马克思制度变迁理论，落后的生产力与生产水平是制度变迁的内在动力，而阶层的利益追求是制度变迁的外在动力。制度变迁还受到制度选择变化、制度服务变化、制度技术变化等不同制度需求的推动力量。制度变迁理论的提出可以帮助人们理解历史社会变迁的原因以及社会演化的方式与过程①。

美国制度经济学代表人之一诺斯认为，制度由正式的规范、非正式的约束行为准则以及实施的特征与形式所组成。制度变迁理论是在制度供给需求与知识学习效应的共同作用下产生的，其分为产权理论、国家理论以及意识形态理论三个模块。产权理论指出明确产权边界行为可推动市场技术的进步、激励民众积极参与到社会活动中去、减少市场发展不确定性与“搭便车”效应。国家理论阐述了一个国家的体制决定产权的结构，这对国民经济发展产生直接或间接的影响作用，国家也要不断进行制度的创新，以更好地适应社会发展的现实需求。意识形态理论表明在完全意识形态的作用下，制度的核心价值可转化为社会大众的普遍习惯，良好的意识形态助推社会共同利益的形成，也会促使制度安排发生变化②。此外，在制度的变迁过程中存在“路径依赖”现象，即原先的制度政策对后期制度的运行有惯性导向影响，若路径选择较为合理清晰，制度的变迁会不断优化，反之亦然。在目前我国改革开放的稳定环境下，制度变迁理论的运用有助于厘清与解决当下社会发展关系中的趋势与困境，也有助于分析其制度模式的影响因素、内在机理与形成机制。

2.2.4 协同学理论

协同学理论源于二十世纪七十年代，由原联邦德国斯图加特大学物理学

① 马得勇．历史制度主义的渐进性制度变迁理论：兼论其在中国的适用性［J］．经济社会体制比较，2018（5）：158-170.

② 王一帆．居站分离对西安市社区治理的价值与路径研究［D］．西安：西北大学，2018：13-14.

家哈肯（Haken）提出，该理论起初用于研究激光形成中子系统的协同作用，后来被发现有更为深入的协同理论价值。随后协同学理论在物理、数学、生物、化学、经济等领域中影响逐步扩大。协同学理论主要是指在有若干子系统的系统组织中，通过序参量的调节作用与系统组织之间的互动与转换，实现从混沌无序状态到规律有序状态的变化。协同状态也指在系统组织中所形成的和谐稳定状态①。无论是在自然科学还是在社会科学中，协同学理论都强调各组成要素相互的共同协作，促使系统内若干个体发挥自身作用，并通过相互合作的形式达成整体协同效应。在临界值状态下，要素不同集聚形态发生的改变，称之为相变；而在协同过程中可决定系统内部的混沌或规律的标志参量是序参量。在自身发挥原有作用的驱动下进行排列组合形成整体有序规律现象，此类现象存在两个或两个子系统以上的调节配置，其所产生的作用力将会大于各个单独子系统要素作用的总和②。

协同学作为一门横断学科，研究系统中的各要素如何共同作用于空间结构、时间结构、功能结构。若干子系统所组成的整体在一定量条件下，进行相互合作、相互影响，探讨从自然到社会各系统之间的演化规律与逻辑关系，找出对系统变化产生影响的控制要素，更好发挥内部组织子系统的协同效用③。协同学理论的本质是通过控制参变量的变化以改变自组织对系统整体的影响。具体表现形式为在定向运动与定性运动的支配原理基础上，与此不同方向与不匹配性质的要素在组织作用下朝着同一目标运行，宏观上体现出协同一致的运动模式。协同学也是一种综合性思维方法，先将具体问题通过赋值等手段转化为经典数学问题，以此建立起数学方程模型，再对方程模型中参考变量之间的线性关系进行稳定性分析，采用系统演化序参量方程组进行

① 刘洋．基于协同学 F-AHP 熵模型的烟草 TPL 供应商协同研究［D］．济南：山东大学，2006：11-13.

② 哈肯．协同学：大自然构成的奥秘［M］．凌复华，译．上海：上海世纪出版集团．2005：8.

③ 胡伟．企业发展模式：协同学进化的观点［M］．北京：经济管理出版社，2011：35-36.

求解，最后得出结论再进行实验对比完成检验①。在协同学理论的实际操作与应用中，可分析外部环境对系统内部产生的影响，探究子系统之间协同的关键因素，判断从无序系统到有序整体的演化方向等。

协同学理论在社会科学领域有很高的适用性与契合性。目前我国社会主要矛盾发生重大变化，人民日益增长的美好生活需要和不平衡不充分的发展之间的矛盾成为主要矛盾，更加要重视社会协同合作的必要性。尤其在社会公共体育服务供给领域，当下公共体育服务产品的供给存在非均衡发展、供给效率低、内容与手段单一等问题。而随着市场的放开与服务型政府的构建，公共体育服务产品的多元化供给主体正逐步凸显。分析探究公共体育服务如何更好地实施供给实质上是对供给机制的创新研究，也就是要处理好公共体育服务系统内部各组成要素如何改变不平衡关系、如何进行科学合理的协同合作等问题。协同学理论的运用会为公共体育服务供给的创新提供启示。首先，政府部门、市场与社会组织形成的多元供给体系协同合作可以减轻政府部门的压力和负担，发挥各自供给主体的效能优势，形成开放式的公共体育服务供给系统；其次，协同学理论为我国公共体育服务治理模式的创新提供理论依据，供给主体间建立良好的协同合作关系，以达到多元主体协商来共同承担治理责任，完善与保障公共体育事务和公民的体育利益；最后，依据协同学理论的内涵，可构建公共体育服务协同供给运行机制，比如选择机制、沟通机制、激励机制、表达机制、监督机制等，发挥机制的协同运作效用，促进公共体育服务的有效供给。

2.2.5 福利多元主义理论

在二十世纪七十年代初，西方众多国家的经济发展遇到了阻碍，国民经济出现滞胀危机。为了应对复杂的经济形势，减轻政府部门负担、降低财政

① 张士华．基于协同学理论的跨境电商协同网络和演化路径探究［J］．商业经济研究，2018（3）：84-87.

赤字，许多西方国家开始改革福利制度及福利政策，改变只由政府部门承担单方福利供给的局面，将福利供给推向市场化与多元化。福利制度的确立也表明一个国家进入到福利发展的全新社会阶段，伴随福利制度发展的是福利多元主义理论思想。在1978年，福利多元主义理论在《沃尔芬德的志愿组织的未来报告》中被首次提及，该报告指出福利应保持多元体系，发挥除政府之外其他社会主体的福利供给功能。福利多元主义理论强调国家政府部门的公有主体与除政府外的非公有制主体共同承担福利责任，以此应对越来越错综复杂的社会福利问题[①]。从近几十年福利多元主义理论的发展来看，学界对福利多元主义理论有两种分析框架，即三分法与四分法，认为福利是社会整体的产物，无论哪一种主体都无法满足社会福利的全部需求，所以将福利供给分为多种来源渠道。在三分法分析框架中，福利主体被分为政府、市场、市民社会三个部分，主张政府部门提供社会保障、市场组织提供机会与风险、市民社会提供团结与分离的三角福利模式，并重视三者内部协同合作关系与不可替代的性质。而在四分法分析框架中，福利主体被分为政府、市场、社区（非正式部门或家庭）、民间组织（非营利部门或志愿组织），且这四个部分具有交融性。无论是三分法还是四分法，其共同的理念就是反对将福利供给责任归为政府部门的单一化处理，要实现社会福利供给的多元性以满足社会公民不同的福利需求[②]。

社会福利的产生并不是由单独一方提供，政府、市场、社区与志愿组织、家庭等多方都可成为福利的有效提供者，但由于“政府失灵”与“市场失灵”以及“社会失灵”现象的存在，其中某一方单独供给福利会有不足与缺陷，使社会福利的供给效率大打折扣。若将多元福利供给主体集合，相互协同协作、组合供给形成社会大福利环境。各个福利主体相互取长补短，所以福利解释为全社会整体提供的产物，故此这也就是福利多元主义理论所存在

① 范钰淼．福利多元主义视角下的农村居家养老模式探究［J］．湖北农业科学，2018，57（19）：143-148.

② 同春芬，张越．福利多元主义理论研究综述［J］．社会福利，2018（5）：8-13.

的意义。福利多元主义倡导建立一个“福利市场”，在“福利市场”背景下，政府部门不再更多地直接提供社会福利，而是承担引导、规范、监督等责任，维持社会福利的良性运转；市场与社会组织则是福利的有效传递者，通过整合社会资源直接或间接地向需求者提供必要而高效的社会福利内容①。福利多元主义理论虽然起源于西方国家，但此理论所包含的思想对于我国改革开放后公共服务运行发展有很强的启示作用。福利多元主义本质上是对福利供给主体的分担与分权。在我国公共体育服务领域，福利多元主义可化解目前大众日益增长的体育需求与公共体育服务供给不充分与不平衡之间的矛盾。当下所进行的一系列体育管理体制的改革与全民健身相关政策的制定，都较为符合福利多元主义理论的内涵，因此公共体育服务协同供给创新也成为必然选择。

2.3 本章小结

本章是全书的文献综述与理论基础。首先对国内外有关公共服务网络治理、公共体育服务供给、公共服务协同创新三个研究维度进行文献梳理与分析。其次从结构功能主义、网络治理运行机制、网络化治理在公共服务中的作用与意义等方面对网络治理公共服务相关文献进行评述；从大众体育相关政策的制定、公共体育服务供给的内容与模式等方面对公共体育服务相关文献进行梳理；从协同创新的基础理论、公共服务的区域协同创新、公共服务协同绩效等方面对公共服务的相关文献进行评述。最后对研究所要运用的新公共服务理论、公共治理理论、制度变迁理论、协同学理论、福利多元主义理论等理论体系进行阐述与解释，探索相关理论知识的内涵与意义，为后面章节的研究分析奠定理论基础及做好理论支撑。

① 曹婧柔．福利多元主义视角下我国城市养老模式研究［D］．南京：南京大学，2016：13-18.

3

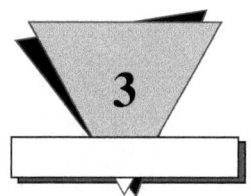

我国公共体育服务供给机制的演化与变迁

3.1 我国公共体育服务供给机制的演化

公共体育服务作为我国体育事业发展的关键要素，在不同的阶段都发挥着促进大众健康、保证大众生活质量的作用。我国公共体育服务供给机制的演化与行政体制改革、国民经济发展、大众体育需求扩展有着密不可分的联系。良好管理体制的运行、生产水平的提升、资本的助推、健身需求的增加、科学技术的进步、消费理念的升级都将会影响公共体育服务供给机制的嬗变。在社会发展与进程的各个时期，因为不同环境背景与意识形态的影响，我国公共体育服务供给模式是存在较大差异的。机制演化的内容与动力要素遵循公共体育服务发展的逻辑规律，理解机制演变的内涵及外延将有助于分析我国公共体育服务供给发展趋势。

3.1.1 公共体育服务供给机制演化的内容

3.1.1.1 供给主体

公共体育服务的供给主体是指给大众提供体育健身等相关服务活动的供给方与供应者。在我国公共体育服务供给发展进程中，起初主要是政府部门作为公共体育服务供给的单一主体，既有决策者又有管理者和执行者等多重身份，几乎囊括了所有公共体育服务活动的施令与操作。随着我国改革开放政策的实行，市场经济逐渐起步，社会组织不断壮大、扩充，人民生活水平得到快速提升，政府部门已无法凭借单一力量承担起公共体育服务供给的重任，以市场与社会组织为主体提供公共体育服务的情况开始出现，打破了政府组织全权负责公共体育服务供给的局面，增加了公共体育服务供给的质量与效率、激发市场竞争活力①。至此我国公共体育服务供给主体呈现多元化特征，政府行政部门、市场企业（营利性体育组织）、社会组织（非营利性体育

① 宋浩．我国体育公共服务多元主体合作供给的困境与出路［J］．广州体育学院学报，2018，38（6）：30-32.

组织）等构成了提供公共体育服务活动的主体。

3.1.1.2 供给方式

我国公共体育服务供给方式的演化是由于供给主体的增加而推动的。供给方式初期主要是采用科层制进行上传下达的“直线命令”管理模式，政府部门直接提供公共体育服务内容，依据行政上层合法决策进行“硬式”公共体育服务供给，采用直达操作性命令与控制相结合的手段。随着我国政治体制逐步改革，政府机构内部间开始尝试单位部门相互协作供给公共体育服务，增加了协同合作性质的供给方式。再加上经济的快速发展与各业态的逐渐繁荣，政府与市场企业、社会团体组织合作提供公共体育服务的行为被广泛实践，政府购买服务受到地方政府部门的青睐，还有特许经营、合同外包、凭单与补助等形式极大扩充了公共体育服务的供给方式，弥补了地方政府供给不充分的短板，减轻了行政机构的财政压力①。在市场经济发展背景下公私合伙制（PPP）模式更是成为备受推崇的有效供给方式。除此之外，伴随我国社会组织相关第三部门的兴起，志愿服务、捐赠、非营利性收费等公共体育服务供给方式也多有呈现，混合多元供给成为当下公共体育服务供给的主流方式。

3.1.1.3 供给内容

我国公共体育服务供给内容的演化同样是由纯粹单一性到层次多样性的过程。供给内容随着供给主体与方式的多元而变得愈发丰富。初始我国公共体育服务仅仅是纯公共健身服务活动、纯体育事业服务供给，围绕着政府行政部门直接进行供给服务，强调公共体育活动的服从性、集体性。改革开放后我国政府更加重视大众体育与竞技体育的发展，建设公共体育场地设施、组织群众体育活动等供给服务开始明显增加。伴同市场经济结构的升级与社会制度的进步，生产消费性的公共体育服务供给内容逐渐增加，顺应了大众的现实体育需求，大众体育赛事组织、锻炼健身指导活动等服务供给开始增

---

① 张凤彪，姚依丹．“健康中国”战略下公共体育服务供给方式研究［J］．湖南工业大学学报（社会科学版），2017，22（4）：27-31.

多，相应配套的体育信息服务与体质监测服务等内容也有所拓展①。至此，我国公共体育服务供给在各环境要素的作用下发展出公共体育场地设施服务、体育锻炼健身指导服务、公共体育组织服务、公共体育信息服务、公共体育赛事服务、公共政策法规服务、国民体质监测服务等一系列服务。

3.1.1.4 供需矛盾

供给与需求是相互依存、相互适应又相互对立的，我国公共体育服务供需矛盾的演化发展是对立统一的过程。在社会发展初期我国人民主要解决温饱问题，对体育健身的需求并不是十分强烈，初期“全能政府”实行公共体育服务供给的“垄断”，供需矛盾并未出现。随着市场开发与社会繁荣，公共体育服务需求逐渐开始层次化、多元化、个性化，公共体育服务选择偏好广泛，同时政府失灵、市场失灵、社会失灵等问题的出现，深化了对公共体育服务需求激增与公共体育服务供给不充分的矛盾。在社会流动、阶层固化、地域参差发展等环境要素的影响下，公共体育服务需求群体的复杂性与差异程度逐步加剧，所以选择较为恰当并具有针对性的协同供给模式才能突破供需闭塞②。可期的是由于我国政府部门对于公共体育发展的愈发重视，当下体育供给侧改革得到推进，更多关联制度和政策正在完善过程当中，大众参与公共体育服务的供给方案、需求偏好表达也正予以实施。未来我国公共体育服务供给会更加人性化、科学化、实际化。

3.1.2 公共体育服务供给机制演化的动力

3.1.2.1 行政体制的管理改革

我国行政体制管理改革是公共体育服务供给机制演化的内在动力因素。初期公共体育服务的供给由政府行政机构全权包揽，政府作为唯一供给主体既承担着管理者职责又扮演生产者的角色，高度垄断式的公共体育服务供给

---

① 李智，邹新娴．我国体育公共服务供给现状及路径选择［J］．运动，2017（1）：3-4.

② 申顺发，赵强，郭学英．供给侧改革背景下体育公共服务体系的主要问题与模型构建［J］．体育文化导刊，2018（9）：17-21，27.

模式直接导致服务竞争性与效率低下。随着时代的推进，市场机制的引入虽逐步打破了政府行政部门对于公共体育服务供给的垄断，政府供给的职能与规模也在不断地拓宽，但政府财政压力过大、服务供给能力低的问题依旧未能得到有效解决①，同时公共体育服务碎片化与政府部门组织的功能异化也开始显现，传统公共体育服务供给管理模式已无法满足人民群众对于体育健身的需求。不过进入21世纪后我国行政管理体制的深化改革，以为人民服务的宗旨提出“服务型政府”理念，促使公共体育服务供给机制向着多元化、协同化方向发展。

3.1.2.2　经济发展水平的快速提升

我国的经济繁荣与商品消费能力的增长是公共体育服务供给机制演化的关键动力因素。我国原先实行社会主义计划经济体制，对事物的生产、消费以及资源的分配都进行部署安排，经济决策权力高度集中，公有制经济居绝对主导地位，所以公共体育服务由公有制行政单位独一供给，但落后的生产力与生产关系严重阻碍着服务供给的全面发展。随着我国的改革开放，原先的计划经济过渡为市场经济体制，私营部门开始承担起公共体育服务的部分供给职能，加之受到经济全球化与市场政策活力的助推，公共体育服务供给市场化模式加速形成，多样化公共体育服务产品的供给拉开序幕，政府部门与市场主体合作参与服务供给的形式也由此显现，经济发展水平的快速提升促进着我国公共体育服务供给机制的变革与创新②。

3.1.2.3　社会组织的发展壮大

我国社会组织等第三部门的发展壮大是公共体育服务供给机制演化的间接动力因素。起初我国的社会资源较为匮乏，体育社会团体组织发展未能得到应有的重视，社会组织参与公共体育服务的供给也无从谈起。在我国改革

---

① 曹可强．论政府公共体育服务供给的需求导向：以上海市为例［J］．成都体育学院学报，2011，37（11）：1-4.

② 田宝山，田㸌甲，郭修金，等．公共体育服务市场供给的方式选择、角色定位及机制实现［J］．山东体育学院学报，2016，32（2）：23-28.

开放之后尤其是党的十四大确立了以建设社会主义市场经济为发展目标以来，体育社会组织的数量与规模逐步拓展，体育社会组织运行的环境不断完善。体育团体等社会力量的强大对公共体育服务发展起到催化作用，同时伴随社会制度的健全，我国第三部门非营利性供给、志愿供给等也逐渐在公共体育服务中发展起来，为此社会组织合作参与公共体育服务的供给机制获得重构与萌发①。

3.1.2.4 大众增长的健身需求

大众日益增长的体育健身需求是公共体育服务供给机制演化的基本动力因素。在我国社会发展的起步阶段，以农业与工业社会为主，人民公社作为社会结构发展的主要形式，大众对于体育健身的需求处于较低层次。但随着经济繁荣、社会演进，人民生活水准与健康意识的提升，群众逐步增长的体育健身需求与落后的公共体育服务供给之间开始产生矛盾。公共体育服务供给客体偏好的差异性扩大，无论何种供给主体都很难单一覆盖大众的全面公共体育要求。我国公共体育服务供给侧改革势在必行，由此混合公共体育服务供给模式逐渐开始实行，多元互动式供给服务顺应了大众体育健身需求发展。除此之外，网络信息化、资本全球化等也促进了大众对于体育健身需求的延伸，间接推动着公共体育服务供给机制的革新与优化②。

3.2 我国公共体育服务供给机制的变迁

自新中国成立以来，无论是政治、经济还是社会、文化等领域都经历了翻天覆地的变化。社会制度转变的影响至各个方面，尤其我国公共体育事业的发展经历了从贫瘠匮乏到丰富完善的变迁，公共体育服务供给机制也经历

① 汪文奇，金涛，冯岩．新时代体育社会组织参与体育治理的机遇、困境与策略行动［J］．武汉体育学院学报，2018，52（11）：12-17.

② 董新军，易锋．“互联网+”时代社区公共体育服务供给侧改革研究［J］．体育文化导刊，2018（2）：43-46，57.

了从一片空白到现在的多元化发展。本节依据主要的政策变革、重大的历史事件、关键的时间节点、社会经济的发展水平等因素（改革开放政策的实行、社会主义市场经济体制的确立、北京奥运会的成功举办）将我国公共体育服务供给分为四个发展历史阶段。通过总结各历史阶段我国公共体育服务供给的背景、模式、特征，为探究新时代公共体育服务供给的发展趋势、困境与出路厘清思路。

3.2.1 政府部门单一供给阶段

自新中国成立至1978年中共十一届三中全会确立实行改革开放政策的这段时期，我国的公共资源较为短缺匮乏。社会制度与经济建设处于起步阶段，“公共体育服务”的概念尚未形成。在传统的计划经济体制下，所谓公共体育服务主要也是由国家行政机构垄断，政府部门是公共体育服务供给的单一主体，所以此时期的政府行政机构扮演着多重角色，对人民群众体育的发展更加强调行政命令的领导模式。供给服务主要由1952年成立的国家体委与中华全国体育总会负责，相关体育产品的供给由政府机构全权包揽，同样也由政府单位出资建设。该阶段的我国公共体育服务供给发展较为缓慢，还缺乏适当的竞争动力机制，体育事业的公共服务能力和供给水平较低①。

3.2.2 部门合作供给阶段

自1978年我国开始实行改革开放政策后至1992年提出以社会主义市场经济体制为建设目标的这段时期，我国明确了以经济建设为中心的工作任务，大众体育事业也得到了相应的重视。1984年在《中共中央关于进一步发展体育运动的通知》文件中提及要促进公共体育服务的市场化转变。虽然公共体育服务供给的发展环境得到了一定的改善，但在建设初期我国的公共体

① 金涛．我国公共体育服务发展的历史考察［J］．体育成人教育学刊，2018，34（2）：71-75，95.

育事业还处于恢复阶段，体育人均消费与体育市场贸易水平受“路径依赖”等因素影响，发展依旧缓慢。此时政府行政单位仍然是公共体育服务的供给主体，不过此阶段供给渠道的狭窄与财政压力的增大使得国家体委等行政单位逐渐意识到公共体育服务不能仅采取单一供给模式。行政机构内不同部门间的互补式供给模式开始形成，弥补了公共体育服务供给的短缺，我国公共体育服务合作供给处于初探阶段。

3.2.3 市场嵌入供给阶段

自 1992 年我国提出以社会主义市场经济体制为建设目标直至 2008 年北京奥运会成功举办的这段时期，我国的政治生态、经济水平、社会文化、科技力量得到蓬勃发展。在此市场环境引领下体育事业突飞猛进，大众体育的社会化与市场化进程加快，相关体育场馆设施、体育俱乐部、体育培训单位等组织逐步转为半企业化以及企业化运行模式。市场嵌入公共体育服务供给发展迅速，市场的融入扩大了公共体育服务供给的资金来源渠道，丰富了服务产品结构，提升了公共体育服务供给的竞争力度[①]。1995 年，随着《体育法》、《全民健身计划纲要》与《体育产业发展纲要》等文件的颁布实施，公共体育服务多元供给模式初步成形，政府部门的职能改革促进了市场及社会资本力量参与公共体育服务的供给，此阶段我国公共体育服务供给处于快速发展时期。

3.2.4 多元混合供给阶段

自 2008 年北京奥运会成功举办至今的这段时期，人民的生活水平稳步提升，加之社会环境等因素促使人民群众对于体育运动的热忱和对体育健身的需求日益增长，政府、市场、社会组织等公共体育服务供给主体范围逐渐拓宽，已初步形成公共体育服务多元混合参与供给模式。全民健身与体育产业

① 王军棉．我国公共体育服务的市场化改革研究［J］．经济研究导刊，2017（15）：30-31.

快速发展带动了政府购买公共体育服务的运行，特许经营、公私合作制等新型公共体育服务供给模式开始出现，同时还包括第三部门在内的众多社会民间体育社团、非营利组织以及志愿团体也是公共体育服务供给的有力助推者①。但是在我国公共体育服务快速迈进的同时，依旧面临大众对于体育多样化的需求与公共体育服务供给发展不充分、不平衡之间的矛盾等问题，当前公共体育服务的资源还有待继续整合优化，服务的供给体系与供给标准亟须建立健全。

3.3 新时代我国公共体育服务供给机制的发展

纵观新中国成立以来公共体育服务供给机制的演化与变迁，公共体育受国家政治、经济、文化等多重因素的影响而在服务供给模式上突破发展。进入新时代后公共体育服务事业稳步前进，目前我国公共体育服务供给朝着多层次、多元化、多维度方向发展，同时也面临着聚力困境与向上瓶颈。如何突破我国公共体育服务供给机制的发展阻碍？如何提升公共体育服务供给的运作效率？如何选择适合当下我国国情发展的公共体育服务供给路径？这些问题都还有待于仔细分析与思索。

3.3.1 我国公共体育服务供给机制发展的趋势

随着我国供给侧结构性改革的持续进行，公共体育服务供给机制也在调整升级，更加全面的协同供给是发展的必然趋势。目前我国部分地区已经逐步实施公共体育服务合作协调式供给发展模式，以在我国具有先行示范作用的常州市公共体育服务供给发展模式为例进行论述分析。

① 陈丛刊，陈宁．论我国体育社会组织发展新的历史方位［J］．体育科学，2018，38（9）：78-87.

案例

常州市作为江苏省的地级市，近一年的全市 GDP 总量 7 050.3 亿元，经济较为发达。常州市尤为重视公共体育服务体系的实施建设，并积极探索公共体育服务合作供给发展途径，注重体育消费市场和社会团体组织的打造与构架，先后出台了促进刺激公共体育服务合作供给的政策文件，要求部门之间相互协调合作，着重实行政府购买公共体育服务的方式，采取招投标手段鼓励市场与社会组织投入到公共体育服务的供给体系中，拓宽服务供给的资金来源渠道，丰富服务供给的内容，同时尽力完善公共体育服务的监督与绩效评价机制，并建立起相应的奖惩与信任管理制度①。

从以上案例可看出：一方面，在“服务型政府”理念的倡导下，常州市政府部门的职能转变得到进一步实施，相关行政机构鼓励企业单位与社会组织机构加大对公共体育服务供给的力度。政府部门开始由操作执行者转变为监督管理者的角色，在依旧由政府主导的情境下，政府部门主要供给公共体育服务的职能有所弱化，市场与社会组织的供给能力开始加强；另一方面，常州公共体育服务供给主体呈现出多元发展形态，由政府部门、市场、社会组织共同承担公共体育服务供给的主要职责，同时供给内容也呈现多样化、多层次发展趋势。借助常州政府购买服务政策，私营部门参与公共体育服务供给的数量快速增长，自发性、公益性、志愿性等第三方体育社会团体在公共体育服务供给中也开始崭露头角。此外我国的许多地方政府也正在积极发展公共体育服务混合多元供给模式，此模式将公共体育资源进行优化整合、促进服务供给主体间的协调合作，多元协同供给将是公共体育服务未来发展

① 沈克印．政府与体育社会组织协同治理的地方实践与推进策略：以常州市政府购买公共体育服务为例［J］．武汉体育学院学报，2017，51（1）：12-19.

的内在逻辑与现实选择[①]。但同时不得不承认的是，目前我国公共体育服务的协同供给机制还未更新完善，而现有的服务供给机制还存在一定的运行缺陷与弊端。

从常州的公共体育服务供给机制发展状况来看，目前已显现出“政府—市场—社会”三轮协同驱动公共体育服务供给的运作模式。纵观全国公共体育服务供给发展，虽然因受到经济水平制约存在东、中、西部的地域差异，但可预测供给机制发展或可延伸出网格化、整体性、多中心几大发展趋势。①网格化公共体育服务供给。尝试建立起一种平等互惠、权责明晰、合作共赢的弹性网格化空间结构，促成公共体育服务供给主体之间协商共治的发展新格局，采用协同合作机制破除分割式供给情境，优化公共体育服务供给结构的资源配置。②整体性公共体育服务供给。借助有效沟通共享渠道让供给参与者凝聚成“命运共同体”。此种“共生原则”将公共体育服务政策、资金、人才、技术等资源整合运作再实施供给，保障各供给主体自身利益的同时助推公共体育服务均衡发展。③多中心公共体育服务供给。双边或多方维度的公共体育服务供给联合塑造以寻求“善治”机理，让供给主体发挥供给的自组织效用，突出各个公共体育服务供给参与部门的中心枢纽效能，尽可能满足人民群众的实际体育健身需求。

3.3.2 我国公共体育服务供给机制发展的困境

进入新时代后我国公共体育服务供给机制快速发展，公共体育服务进入以政府部门主导，政府与市场、社会组织等主体混合多元供给局面，供给的内容与形式更加丰富多样，但公共体育服务相关机制运行问题依旧未能得到有效解决。结合公共体育服务供给的现状分析，主要有以下几方面发展困境：服务供需不平衡，缺少合理的表达机制；供给权责不清晰，缺乏明确的定位

① 来博．多元供给模式下我国公共体育服务供给侧结构性改革研究［J］．广州体育学院学报，2018，38（1）：34-37.

分工；监督管理不完善，缺失标准的评价体系。

3.3.2.1　服务供需不平衡，缺少合理的表达机制

我国公共体育服务的供给模式不完全等同于其他公共服务供给模式，由于体育资源的行政垄断特征，其不能完全由市场进行充分供给，在现有的公共体育服务供给体系中，通常供给客体处于“被动”接受的状态。此类自上而下的决策供给模式无法准确了解客体的需求内容与范围，容易造成公共体育服务供给和需求的信息不对称，从而导致供需失衡①。需求表达机制的不健全导致公共体育服务供给决策的盲目性，欠缺服务供给的靶向性。尤其近些年众多地方政府行政部门将大众体育发展状况纳入绩效评估的考核指标中，在强调拓展实施公共体育服务供给的过程中大多根据上层指示与自身利益进行供给决策行为，未能准确识别大众对于体育健身的实际需求，致使公共体育服务供给总量的增长与大众体育发展不相匹配，所以缺少合理的公共体育服务供给表达机制将无法保证供给和需求的平衡发展。

3.3.2.2　供给权责不清晰，缺乏明确的定位分工

我国的公共体育服务供给由计划经济时代政府的“大包大揽”演化为社会主义市场经济的“混合多元”模式。虽然政府行政部门的职能得到一定程度的转变，但受传统公共体育服务供给机制的影响，部分地方行政部门提供公共体育服务的方式依旧较为滞后，难以摆脱全权操控与行业垄断的状态。在多元合作供给方面政府行政部门对市场和社会组织实行过多的行政干预，“越位”与“错位”情况时常发生。此外多元供给主体功能定位的模糊、市场的趋利行为与社会组织能力不足等问题，造成混合多元供给缺乏相应的权责分工、产生利益矛盾冲突②，同时公共体育服务各供给主体的管理部门之间交错重叠，协调较为困难，并不能做到真正意义上的政府、市场、社会组织

---

① 李超，尹何韵杰，聂冠华，等．供给侧改革视角下我国公共体育服务供求矛盾消解研究［J］．三峡大学学报（人文社会科学版），2018，40（3）：111-114.

② 唐宇钧，石扬唐诗．我国公共体育服务供给困境的突破策略研究［J］．当代教育论坛，2017（5）：93-98.

协同供给。

3.3.2.3 监督管理不完善，缺失标准的评价体系

合理有序的监督管理可以使公共体育服务供给运行机制更加高效，科学的评价体系也可较为准确反馈大众对公共体育服务的满意度等现状，但当前我国公共体育服务供给领域并未形成健全的评价标准，尤其对于混合多元协同供给模式还缺乏完善的绩效评估指标，容易削弱政府部门、市场、社会组织等供给主体的自身约束力和行动力，致使多方“博弈”失衡。同时当下公共体育服务的治理方式与环境也无法较好地同供给机制相匹配，典型的科层制管理手段缺少运行操作的科学性，难以满足实际大众对于体育健身的多样化诉求。加之相关激励机制和问责机制的缺失，导致公共体育服务供给动力不足、无的放矢，严重影响了公共体育服务供给的运作效率。

3.3.3 对我国公共体育服务供给机制发展的思索

随着我国全民健身热潮的到来，大众对公共体育服务提出了更高的要求，怎样打破原先供给机制的困境？怎样增加现有服务供给的效能？怎样探寻未来服务供给的出路？在当前政府部门、市场企业、社会组织等供给主体混合提供公共体育服务时，是否可以通过协调手段促使各方的优势资源相互整合、互惠共享，形成公共体育服务供给多维网络的协同互动模式？公共体育服务的目标与导向要以人民为中心开展，从供给侧协作提高服务供给运行的效率与满意度，解决原来的服务供给与需求不匹配的问题；合理的治理体系是公共体育服务供给良性运作的重要保障，主体合作间的信任与责任价值是防止供给过程“碎片化”现象的关键要素；此外科学的绩效评估是公共体育服务供给可持续发展的重要方式，是提高服务供给决策机制的主要前提，所以健全由多方共同参与的监督评价体系是维护公共体育服务有序供给的保证①。伴随着我国治理体系与治理现代化的完善，公共体育服务供给模式也得到发展

① 蒋宏宇，李理. 公共体育服务多元供给中的政府责任及其实现路径［J］. 湖南科技大学学报（社会科学版），2018，21（4）：165-171.

创新，尤其在强调协同供给方式下，多元主体参与的供给在整体网络化制度运行中不仅能深化合作信任与协调沟通，还可以充分发挥各供给主体的资源优势，提高公共体育服务的供给效能。

3.3.3.1　时刻践行以人民为中心，构建公共体育服务协同网络供给结构

公共体育服务供给的导向必须是以人民为中心，深入了解大众对于体育健身的多元化需求，重视大众对公共体育服务的体验感，广泛扩展公共体育服务的渠道。通过宣传教育培育大众对于体育健身的认知与社会体育底蕴，使大众对于公共体育服务从被动接受转为主动迎合，理顺各参与方的协作关系，建立大众对于体育锻炼的表达机制。在政府部门支撑引导下，完善以人民实际体育健身需求为导向的公共体育服务协同供给机制，降低公共体育服务供给交易的成本，引入公平竞争机制与志愿服务方式，合理倡导社会体育资源的整合配置，采取多种举措激发市场与社会的资本和技术优势力量，将原先规模不大、能力较弱、分散式的供给主体进行结构调整优化，聚焦人力、财力、物力资源实施集中供给。

协同供给是公共体育服务供给的发展趋势，也是供需耦合的内生动力。公共体育服务协同供给的操作多样复杂，要明确各参与方之间权责范畴，明晰供给主体的功能定位，处理好政府部门与市场及社会组织之间的协调关系，同时还要做好中央与地方各级政府部门之间的运行规划。在实际操作过程中，政府部门要先转变意识，保证各方在协同供给中的平等地位，摒弃政府部门全权负责、大包大揽的局面，避免体育资源垄断与过度干预的现象，强化政府与市场及社会组织等供给部门之间的沟通互联机制。政府部门要准确识别市场、社会、民众的三方诉求，加深供给主体的相互信任，突出整体的公共体育利益，搭建起公共体育服务供给系统平台，确保体育资源的补充利用，全面提升服务供给的效率，构建公共体育服务协同供给的弹性网络结构。

3.3.3.2　不断巩固公平与效率发展，推进公共体育服务均衡供给

公平与效率直接关系公共体育服务资源的整合、分配、再利用，马克思主义中的“公平正义”是具有历史阶段性和逻辑规律性的，是一个动态发展

的过程，供给非均衡的属性使得效率成为公共体育服务供给发展的首要目标。为提高服务的效率，实现公共体育服务的均衡供给，必须要让市场起到资源配置的决定性作用，让公共体育服务供给主体参与市场竞争。同时要拓宽公共体育服务供给的资金来源，建立公共体育预算体系，加大平衡性财政支出保障；完善公共体育服务财政税务制度，做好“事前、事中、事后”的全方位的嵌入规划；平衡事权与财权的关系，明确公共体育服务收入与支出的分配范畴；健全多层次、规范化的公共体育服务财政转移支付机制，实现公共体育资源分配的帕累托最优效应。

由于目前我国公共体育服务供给的精准性不足，加之地缘性差异以及经济发展不平衡等因素，致使公共体育服务供给长期处于发展不均衡的状态，故应加快地方政府部门的服务型体系建设，培养与扶持地方社会体育组织的发展壮大，吸收更多的社会力量加入公共体育服务供给。通过“自上而下”与“自下而上”相结合的决策方式增加公共体育服务供给的靶向性，着力关注城市与乡镇之间公共体育服务的统筹与均衡发展，尤其要拓展农村公共体育服务的范围，建立偏远地区公共体育服务的利益补偿机制，也要重视青少年、老年人、残疾人、社会基层流动人员等部分特殊群体的公共体育服务，在全社会的监督下维护好城乡居民公共体育服务的基本权益，保障我国公共体育服务和谐供给。

3.3.3.3 持续优化运行管理模式，提升公共体育服务供给质量

“公共治理”的兴起促使传统管理模式向“平等伙伴”关系转变，公共体育服务供给的目的是为了满足广大人民群众日益增长的体育健身需求，学界所倡导的“多中心”治理顺应了当下供给趋向。促进公共体育服务高效化发展需要建立健全科学合理的运行管理机制，积极发挥政府部门在公共体育服务供给中的引导监督作用，规范公共体育服务供给的运行责任与操作流程，应从兼顾“发展与秩序”的角度将大众对于公共体育服务供给的满意度纳入各级政府的绩效考核中，通过评价反馈改善公共体育服务的供需匹配性，进行服务供给的整体性调整，纠正相关供给主体的偏差行为，强化民主监督，

使公共体育服务供给的资源配置更加透明化。

建立公共体育服务供给的协调机制、推动供给决策行为的标准化与专业化是提升公共体育服务质量的重要手段。从“内生”维度丰富公共体育服务供给方式、创新供给内容，从“外生”层面激发各供给主体参与的积极性。同时重视公共体育服务的人力资源保障，完善相关人才队伍建设，提升基层供给服务人员的职业化水平，从人才政策扶持、薪酬制度改革、职称公平评定等方面措施提高工作人员的专业素质。此外还要因地制宜建设公共体育服务供给的志愿者队伍，培育高质量的非营利性公共体育服务供给组织。在信息化发展的时代背景下，创建“互联网+公共体育服务”平台将加强大众参与体育健身的便捷性，“大数据+智慧体育信息”的合理使用为传统体育服务的转型升级提供了创新思路，通过供给侧改革多方协调合作提高大众对于公共体育服务的获得感与幸福感。

3.4 本章小结

本章主要论述了我国公共体育服务供给机制的演化与变迁历程。首先，从供给主体、供给方式、供给内容、供需矛盾四个维度分析了我国公共体育服务演化的主要内容，并从行政体制的管理改革、经济发展水平的快速提升、社会组织的发展壮大、大众增长的健身需求四个角度分析了我国公共体育服务演化的动力来源；其次，以政策变革、重大的历史事件、关键的时间节点、社会经济的发展水平等因素为依据对我国公共体育服务供给机制的变迁历程进行了年代划分，以此对其展开变迁路径的剖析，认识到由于受经济、政治、文化等多重要素的影响，公共体育服务供给机制得以变革；最后，从我国公共体育服务供给模式转变的现状切入，探析出公共体育服务供给机制发展的趋势，即在政府部门、市场企业、社会组织等多方参与主体共同作用下所形成的协同供给。本研究认为，当前依旧存在公共体育服务供需不平衡，缺少合理的表达机制，供给权责不清晰，缺乏明确的定位分工，监督管理不完善，缺失标准的评价体系等发展瓶颈，以此探究公共体育服务如何更好地提高供给质量与效率。本章是全书的主体基础部分，完成了我国公共体育服务供给机制的追溯与探析，为研究国外公共体育服务协同供给发展的经验与启示展开铺陈。

4

国外公共体育服务协同供给的发展与启示

4.1 主要发达国家的公共体育服务协同供给模式

相对于我国公共体育服务供给机制的变迁历程，国外公共体育服务体系建设起步较早，并经过了长期的经验积累和资本积淀，发达国家已经基本形成了一套较为完备的公共体育服务供给模式。在市场与民众的现实需求推动下，部分发达国家的公共体育服务协同供给模式应运而生，但每个国家由于各自政治体制、市场资本、社会环境、历史文化等因素不尽相同，因此公共体育服务协同供给运作形式也不一致，但最终目标都是以满足群众对体育服务与产品的需求为导向的。本节以美国、英国、日本、澳大利亚四个国家的公共体育服务进行分析，以探索公共体育服务协同供给运作模式的相关内容。

4.1.1 美国公共体育服务协同供给模式

美国公共体育服务的发展历史较长，受工业革命的影响以及第二次世界大战后政府行政改革的推动，美国社会福利体系形成并得到发展，但二十世纪六十年代末美国经济运行出现“滞涨”现象。美国公共体育服务供给并不能与民众实际需求相匹配，且在“新公共服务”理论的影响下美国为缩减财政压力、增加管理效能，各级政府部门开始进行“权力下放”的调整，并广泛拓宽公共体育服务的供给渠道①。在“以人为本”理念指导下，政府积极鼓励社会力量加入公共体育服务的供给，逐步形成了政府、市场、社会三方协同供给的局面。政府部门主要负责公共体育服务相关政策的制定与修正，

① 李凤芝，索烨，刘玉．美国公共体育服务社会化改革及启示研究［J］．沈阳体育学院学报，2016，35（2）：19-25.

在宏观上监督与引导公共体育服务供给的内容和方向①。例如美国“健康公民”计划在美国联邦卫生与社会服务部共同引导的框架下，促进地方政府、企业单位、社会组织以及其他众多专业健康机构等部门多方合作，以此提高公民的健康生活水平②。同时该计划在法律保障与市场化成长推动下，促进了公共体育服务协同供给的良性竞争，市场与社会组织在同政府部门的合作中达成自治，特许经营、社区合作组织（CDG）供给等“同盟”模式得到推广。由此看出美国公共体育服务是以政府部门为基础，让市场与社会组织作为主要的供给“实施者”，从而实现公共体育资源的优化配置③。

4.1.2 英国公共体育服务协同供给模式

英国的公共体育服务体系是在第二次世界大战后期逐步建立的，1965 年，英国体育理事会咨询委员会成立，明确公共体育服务是社会福利供给的重要部分，并支持非营利组织加入服务的供给体系中④。但随后英国政府财政赤字迅速增长，政府部门与非营利组织的公共体育服务供给开始减弱，而企业的经济带动作用得以凸显。在制度的变迁与发展过程中，英国政府一直持续鼓励企业与社会组织或者志愿主体参与公共体育服务。目前政府部门主要是在政策与资金上予以监管保障，具体由体育社会组织和市场执行供给服务。在英国各级政府财政投入之外，市场与社会组织的介入也保证了公共体育服务供给的资金来源⑤，并且英国各种类型的体育俱乐部数量众多，其中涉及志愿

① KEVIN HARRIS，ANDREW ADAMS. Power and discourse in the politics of evidence in sport for development［J］. Sport Management Review，2016，19（2）.

② 徐士韦，肖焕禹，谭小勇. 体力活动：美国国家健康政策之要素：基于美国健康公民战略的考察［J］. 上海体育学院学报，2014，38（1）：25-30.

③ 史小强. 美国公共体育服务体系研究［D］. 上海：上海体育学院，2014：28-31.

④ 马德浩，季浏. 英国、美国、俄罗斯公共体育服务的发展方式［J］. 体育学刊，2016，23（3）：66-72.

⑤ 谢叶寿，阿英嘎. 英国政府购买公共体育服务的实践与启示［J］. 体育与科学，2016，37（2）：66-70.

者队伍进入社会体育的服务管理工作，政府与部分体育基金会成立合作伙伴关系。英国政府在坚持民众需求导向的前提下，重视协同供给决策，不断获得反馈信息以改善公共体育服务的运行效率[①]。英国社区体育的运作较为高效，多数体育场地设施的所有权归当地社区，并由地方政府部门负责日常管理工作。企业也会加入社区体育的公共体育服务供给体系中，并多以合同外包服务、凭单制以及特许经营权的形式运营，进而促进了政府部门、市场与社会组织等多元主体间的协同合作交流[②]。

4.1.3 日本公共体育服务协同供给模式

自二十世纪五十年代起，日本社会经济开始复苏并快速发展。日本在1961年颁布《体育振兴法》与1964年举办东京奥运会的共同推动下，日本大众体育事业发展得到促进，公共体育场地设施和体育指导员的数量加倍扩充[③]。此外日本体育社会组织网络不断发展壮大，各层级的体育协会、单项体育协会、学生运动联合会等成为公共体育服务供给的主要组成部分[④]。日本体育协会为日本最高级的体育社会组织，主要在政府主管部门的引领下负责执行社区体育活动开展、体育指导员培育、青少年体育服务等工作内容，并会定期向政府管理方汇报体育工作开展及财政使用情况[⑤]。相对于西方国家的公共体育服务供给模式，日本更加注重多元供给体系中政府部门的主体责任，

---

① 陈丛刊，卢文云，陈宁．英国公共体育服务供给体系建设的经验与启示［J］．成都体育学院学报，2012，38（1）：28-32.

② 周涛，张凤华，苏振南．美英日城市社区体育公共服务建设经验及其对我国的启示［J］．体育与科学，2012，33（4）：69-74.

③ 高峰．二战后日本公共体育政策变化特征及影响［J］．体育文化导刊，2018（6）：52-57.

④ 王占坤．发达国家公共体育服务体系建设经验及对我国的启示［J］．体育科学，2017，37（5）：32-47.

⑤ 沈娟．日本社会体育发展的特征、问题及对中国的启示［J］．南京体育学院学报（社会科学版），2016，30（6）：34-39.

并且会通过合同约束各个公共体育服务供给主体的责任边界①。尤其在公共体育场馆服务方面，日本政府在严格的制度框架下通过项目融资模式引入社会资本，采用“指定管理者”的方式进行公共体育设施的建设。日本政府行政主管部门也会规定供给各方的参与条件，提高多元合作供给方的门槛。并且日本政府非常重视对公共体育服务的监督与评价，多元服务供给的监管体系由政府部门主要负责，社会组织与社区单位进行配合协作②。

4.1.4 澳大利亚公共体育服务协同供给模式

澳大利亚属于联邦制国家，实行联邦政府、州级政府以及地方政府三级公共行政管理体系。自二十世纪七十年代开始澳大利亚各级政府为解决因公共财政支出大幅增加而产生的一系列问题，开始采用新公共管理理论对公共服务领域进行全面改革，并倡导多元化的发展模式，涉及公共体育服务领域的供给主体开始多维度延伸③。澳大利亚的各级政府之间通过协调合作提高公共体育服务的运作效率，联邦政府主要负责全国范围的公共体育服务宣传与推广工作，地方政府协同州政府做好公共体育服务活动的组织工作④。澳大利亚较为重视体育社会组织在公共体育服务供给过程中的载体作用，其中由联邦政府组建的澳大利亚体育运动委员会帮助扶持了众多基层体育社会组织，通过社区与体育社会组织相结合的模式协同运作群众体育活动，以此构成了不同层级之间体育社会组织的网络体系⑤。此外在“活跃澳大利亚”促进计

---

① 文部科学省．スポーツ立国戦略［EB/OL］．［2015-08-26］. http：//www. mext. go. jp/a_menu/sports/rikkoku/1297182. htm.

② 王暐琦．日本政府购买公共体育服务经验及启示［J］．喀什大学学报，2017，38（3）：68-72，93.

③ 马敏航，韩震．美国与澳洲公共体育政策分析［J］．体育文化导刊，2014（8）：27-30.

④ MICK GREEN，SHANE COLLINS. Policy，Politics and Path Dependency：Sport Development in Australia and Finland［J］. Sport Management Review，2008，11（3）.

⑤ 李屹松．澳大利亚政府购买体育培训服务的经验与启示［J］．北京体育大学学报，2018，41（1）：34-42.

划的推动下，地方政府、学校单位、体育设施供应商之间形成了多元公共体育服务供给的“网格化”系统①，使供给效率得到提升，促进了澳大利亚青少年体育事业的发展。

4.2　国外公共体育服务协同供给发展的必要条件与共性特征

发达国家的公共体育服务协同供给机制受到政治制度、经济环境、社会文化等因素的影响，其协同供给运行方式的偏向性有所差别，但公共部门与社会力量协同生产体育服务的总体目标一致，普遍依托于外部网络组织与社区体育的创造性，并结合社会资本力量和技术资源手段提高公共体育服务质量，在开放式的多元主体参与供给的行动中，地方政府部门、私营部门、非营利组织等供给主体的联通形成了协同合作关系，公共体育服务协同供给得以顺畅运行。本节通过对主要发达国家公共体育服务协同供给机制的分析，探究出相似的运作特征。多数发达国家都将公共体育事业作为社会发展水平的重要参照指标，以制度创新发挥非政府部门的供给力量，多渠道拓宽公共体育服务合作伙伴关系，明确协同供给主体之间的权责边界，采用协同机制驱动供给参与的行为意识，并十分重视对执行过程的监督评价。

4.2.1　以制度创新发挥非政府部门的供给力量

大多数西方发达国家在公共体育服务供给机制的发展历程上原先都是采取政府部门单一化的供给模式，但发展到一定阶段政府的财政支出不足以满足人民日益增长的体育健身需求，尤其是一般性公共体育设施的后期管理维护难以获得经费保障。受新公共管理理论的影响，政府部门开始逐渐将公共体育服务供给过渡给非政府组织，尝试将更多的市场主体引入公共体育服务

① 孟宪欣．澳大利亚促进体育参与政策的历程、特征与启示［J］．吉林体育学院学报，2016，32（2）：40-45.

的供给中。部分公共体育服务的活动与产品供给不再是政府部门负责具体执行，市场参与方通过招投标以及获得补贴等方式提供服务，私营部门以组织承办公共体育赛事活动或者赞助营销手段获得收益①。国外部分发达国家的政府部门还较为重视社区与体育社会组织之间的合作关系，充分发挥大众体育社会组织的供给力量，多数采用“民办公助”的运行方式将公共体育资源分配到社区中，以满足社区民众日常的公共体育服务需求。

4.2.2 多渠道拓展公共体育服务合作伙伴关系

大众体育事业发展较好的国家通常都较为注重政府部门与市场和社会组织之间的多样化合作。当前多途径寻求跨部门协同成为发达国家公共体育服务供给的普遍制度，主要以合同外包、特许经营、凭单制、政府补贴、志愿服务等方式运作，比如：公共体育服务供给采取招投标方式与私营部门合作，共同签署合同协议，借助市场力量提供公共体育服务；政府部门赋予特许经营权，授权私营部门在特定的权限范围内提供相应的公共体育服务，政府部门对此进行监督管理；政府部门以发放体育消费券的形式，促进民众更多地参与到公共体育服务中，然后与供给主体通过现金兑换来回收消费券；政府部门也会以贷款担保、税收优惠等方式对参与到公共体育服务的市场和社会组织予以适当补助；另外地区体育志愿队伍与社区、社会组织一起多方协同提供公共体育服务的产品与活动②。

4.2.3 明确公共体育服务协同供给的权责边界

各方供给主体在进行公共体育服务供给合作时，都会寻求自身利益的最大化。政府部门要保障公共体育事业发展的公平与效率，而一般市场私营部

① GREEN M. Governing under advanced liberalism: sport policy and the social investment state [J]. Policy Sciences, 2007, 40 (1): 55-71.

② 俞琳，曹可强．国外公共体育服务的制度安排 [J]．上海体育学院学报，2013，37 (5)：23-26.

门会追逐经济利益。合作伙伴关系的成立可以增加公共体育服务的运作效益，但也容易导致组织利益的分歧与风险分担的不合理性。所以通常发达国家都较为重视公共体育服务协同供给各方的利益协调，明确主体权责边界，尽可能保证公平与责任。借助法律体系明确界定公共体育服务供给主体的定价与服务供给质量，给予市场主体在招投标中相对平等的地位和适宜环境，在各个供给主体合作前制定严格的规则制度①，例如，美国地方政府部门在公共体育服务合作供给立项前会充分论证项目的可行性，一般对参与方的资质、标准、绩效都有明确的考量，并且提前设定好合作的风险分担机制，明确公共体育服务协同供给主体的功能定位和边界结构②。

4.2.4 经济驱动协同供给的整体行为意识

西方现代公共服务理论强调合作供给的效率与竞争机制密切关联，因而公共体育服务供给主体在实际运作过程中能够发挥自身的资源优势，各个供给主体由此受到协同意识的调动，彼此之间的协同关系得到逐步加强。经济条件的不断发展助推了公共体育服务市场化、社会化潜力被激发，协同供给的融资渠道与技术途径得到拓宽，协同供给的整体行为意识获得有效驱动③。如英国在不同行政层级的教育部门、体育部门、卫生部门等政府机构与私营部门、社会组织或志愿组织之间建立了网络化战略伙伴关系，并突出公共体育服务“供应链”的行动计划与决策作用，提升了协同合作供给的目标导向意识。日本是以政府部门的责任主导调动了其他供给主体的参与积极性，在制度安排下政府部门、市场和社会组织之间协调互动，深化协同供给目标的行为一致性与包容性，使得公共体育服务的资源配置趋于合理。

---

① GALLAT. Antitrust law and public alternatives for professional sports leagues [J]. Labor Law J, 2003 (3): 166-179.

② CHRIS GRATTON, PETER TAYLOR. Economics of sport and recreation [M]. London: E&FN SPON, 2000: 39-42.

③ STEWART B, NICHOLSON M, SMITH A, et al. Australian Sport-Better by Design? The Evolution of Australian Sport Policy [M]. London: Routledge, 2004: 25-29.

4.2.5 重视公共体育服务协同供给的监督评价

发达国家为保障公共体育服务合作供给机制的顺畅运行，通常都会对供给机制采取严格的监督管理。政府部门会依据较为完备的法律体系与政策规定开展督查工作，并成立公共体育服务管理执行机构；包括市场与社会组织在内的供给主体会对自身内部进行监督评价，且需要定期向管理机构汇报资金使用、服务进展程度等相关情况；社会民众也会对公共体育服务的供给方予以密切监督，所反馈到的信息会及时传递给监督管理机构，由此开始下一步调整运行的方案实施。多方综合所形成的监督网络保证了公共体育服务协同供给的公开透明性。合理的绩效评价也是促进协同供给高效运转的动力之一，管理机构注重采用协同过程与结果价值相结合的评价方式，动态监测公共体育服务供给主体的行为以及内容质量，执行实时绩效与对应奖励或问责相挂钩的激励手段，推动公共体育服务协同供给的持续发展。

4.3 国外公共体育服务协同供给的经验对我国的启示

发达国家公共体育服务协同供给是在一定时期的环境影响发展而成的。尽管不同国家在政治制度、经济环境、文化理念等方面有差异，但可依据我国国情与现实发展情况汲取发达国家公共体育服务协同供给的运作经验，总结公共体育服务供给的条件与共性特征，再参照我国公共体育服务供给机制的内涵获得协同供给的运行启示。这些启示主要包括提升供给主体的实力，加强协同供给的制度建设，拓展公共体育服务协同供给的资源渠道与组织框架，明确供给主体的规则边界，加强合作与竞争意识，建立全面的监督管理体系与绩效评价标准等。

4.3.1　提升公共体育服务协同供给主体的实力与加强制度建设

我国体育企业与体育社会组织在经济快速发展的条件下不断成长，但无论是数量还是质量都未能与当下人民群众日益增长的体育健身需求相匹配，在与政府部门和市场企业进行协同供给过程中还会存在协同不力的现象。公共体育服务协同供给是一定量的个体单元集合所构成的多元稳定聚力系统，当其中某一环节或者单一主体不足以承担协同供给的角色时，整体供给质量会因“木桶效应”而大幅降低。所以公共体育服务协同供给的运行要提升供给主体的实力以及加强有关制度建设，以增加供给主体本身的服务价值①，注重协同供给的运作规章和行动秩序管理，多方面提升供给主体之间的相互信任程度，避免发生协同供给运作的“内卷化”，优化协同供给的制度环境。我国可借鉴澳大利亚的做法，制定合理的协同供给的财政资金扶持政策，适当引进复合型人才以保证公共体育服务协同供给的内在活力。

4.3.2　拓展公共体育服务协同供给的渠道与组织平台

原先我国公共体育服务供给内容主要由政府部门提供，随着市场与社会组织融入公共体育服务中，供给的组织模式呈现多元混合化趋向。但相对发达国家多元的公共体育服务供给运作模式，我国公共体育服务供给还须拓展协同供给的合作渠道，整合公共体育资源，加强政府部门与市场和社会组织各个供给分支机构的协同，摆脱传统供给思维模式的限制，探索服务供给的多方融资渠道②。要充分发挥市场和社会组织在公共体育服务协同供给中的作用，构建起公共体育服务多元合作模式的组织框架，将“碎片化”供给

① 王伯超，范冬云，王伟超．发达国家体育公共服务改革的背景及启示［J］．上海体育学院学报，2010，34（3）：6-9，18.

② 刘玉．体育公共服务市场化改革：发达国家经验及借鉴［J］．北京体育大学学报，2012，35（11）：6-10.

进行模块集合，形成协同供应网络，延伸服务协同供给链条，借鉴国外协同供给的多元措施。我国公共体育服务管理机构可搭建供给主体合作的参与协调、执行决策、监督评价等组织平台，并持续深化与大众需求端的沟通交流，发挥各个协同供给主体的资源优势，提高公共体育服务供给运作的组织效能①。

4.3.3 明确公共体育服务协同供给主体的规则边界

发达国家在公共体育服务协同供给运行过程中比较注重对协同参与方之间的权责划分，明确各自的职能定位，制定较为清晰的规则界定公共体育服务供给主体的行动内容。自我国实施改革开放后，政府部门由起初的"全能政府"模式发展到"有限政府"模式，接着又向"服务型政府"模式转变。在目前市场经济发展背景下，政府部门需要做到宏观的政策调控、规则的制定保障、标准的评价监管，释放一定的权力由市场和社会组织承接公共体育服务供给②，并保证市场与社会组织在协同供给中的相对自主独立性，防止错位、越位现象产生。供给主体在协同供给过程中还应处理好与政府部门之间的关系，厘清自身的功能定位与权责边界，可以设立供给部门的清单机制，避免政府、市场与社会组织相互间的责任重叠或职能交叉，健全协同供给的资金分配与预算制度，可依据不同供给主体在协同过程中的权责承担比重进行风险边界的划分，推动公共体育服务协同组织的有效治理。

4.3.4 强化公共体育服务协同供给主体的行动意愿

公共体育服务协同供给将多方参与主体的优势资源进行重构整合，建立多元协同共治关系。从发达国家协同供给的特征来看，通常公共体育服务供

① 曹可强，俞琳．论体育公共服务供给主体的多元化［J］．体育学刊，2010，17（10）：22-25.

② 万文博，王政，蔡朋龙，等．江苏省政府培育体育社会组织的实践及路径优化［J］．体育学刊，2019，26（5）：56-63.

给参与各方的积极性要得到有效调动，彼此之间要存在较高的行动信任与目标认定关系。为此我国公共体育服务运作过程中要持续深入市场化与社会化原则，激发供给主体的协同行动意识，加强供给主体参与的竞争机制，将公共体育价值创造作为我国公共体育服务供给体系改革的主要方向。按照体育强国的建设目标，要引导社会力量参与公共体育服务供给，维护好社会资本的监督落实，增加协同供给主体之间的认同度，扩大参与方利益的相互交织范围，从本源上保证公共体育服务合作与竞争的有效性，适当放宽公益性供给参与方的准入门槛，加强对自愿供给队伍的措施保障。同时还要考虑到我国地区经济发展不平衡等现实，合理调整各个协同供给主体的参与资源比重，促进公共体育服务协同供给的均衡性运行。

4.3.5 创新公共体育协同供给的监督管理与评价标准系统

合理的监管和绩效评估是促进公共体育服务协同供给质量提升的重要保障，关键是要明确监管的内容与评价的标准。目前很多发达国家非常重视对公共体育服务合作供给过程的监督评价，主要由政府部门、第三方专业评估机构、供给主体本身、社会民众或媒介构成多维监督评价格局，并在监督评价的指标内容、操作方式、反馈信息、应用执行等方面不断完善流程标准①。为实现我国公共体育服务协同供给运行的流程化与高效化，要创新公共体育协同供给的监督管理与评价标准系统，严格规范协同供给的操作流程，明确供给主体间合作的资金经费与服务类别，供给参与方的招投标机制应当透明，加强监督管理的政务公开，客观判断大众对协同供给内容的满意程度，制定公共体育服务协同供给主体的准入、建设、劝退、黑名单制度，与内外部管理与评价系统互联形成网络化监督模式，全方位推动公共体育服务协同供给模式的科学高效与现代化发展。

---

① 程华，戴健，赵蕊．发达国家大众体育政策评估的特点及启示：以美国、法国和日本为例[J]．沈阳体育学院学报，2016，35（3）：36-41.

4.4 本章小结

本章主要论述了国外公共体育服务协同供给发展的经验。首先，发达国家公共体育服务发展起步较早，供给运作机制相对成熟，因此选取了美国、英国、日本、澳大利亚作为分析案例，分别对各国公共体育服务协同供给模式进行了探析；其次，通过对主要发达国家公共体育服务协同供给的特征进行总结，探索相应的运作规律，包括以制度创新发挥非政府部门的供给力量、多渠道拓展公共体育服务合作伙伴关系、明确公共体育服务协同供给的权责边界、协同驱动公共体育服务供给的行为意识、重视公共体育服务协同供给的监督评价等内容；最后，结合我国国情与公共体育服务供给的发展现状，在借鉴国外公共体育服务协同供给的运作经验基础上，得到了优化我国公共体育服务协同供给发展的几方面启示：提升公共体育服务协同供给主体的实力与制度建设、拓展公共体育服务协同供给的渠道与组织平台、明确公共体育服务协同供给主体的规则边界、强化公共体育服务协同供给主体的行动意愿与竞争机制、创新公共体育协同供给的监督管理体系与评价标准系统。本章是全书的主体理论的延伸部分，总结了国外公共体育服务协同供给运行的经验以及对我国公共体育服务协同发展的启示，为探究公共体育服务协同供给模式的内在逻辑进行了铺垫。

5

公共体育服务协同供给的内在逻辑

5.1 公共体育服务协同供给的形成

公共体育服务协同供给的形成会受到一定客观因素所左右，势必存在支撑条件对协同供给产生作用，在理论研究上多方优势资源跨界的整合是公共体育服务协同供给形成的趋向，在实践操作上也有利于公共体育服务资源的合理配置。协同供给是由一定基础架设而成的，各供给单元的互补功能是构建协同供给的动力源。目前社会对公共体育服务快速增长的需求助推了协同供给的形成，协同供给会提高任务的可行性，也会衍生出更复杂的发展类型。

5.1.1 公共体育服务协同供给形成的条件性

根据协同学理论，公共体育服务协同供给单元之间具备相容性与互补性等特征，在协同目标引领下，各协同单元互相兼容的程度是协同效应的主要体现。譬如当单元 X 与单元 Y 所形成的协同兼容程度为 Z，则可以体现为 $Z=X\cap Y\neq\emptyset$（Ø 为空集），那么在有 N 个协同单元相容的状况下，$X_1\cap X_2\cap X_3\cdots X_N\neq\emptyset$（Ø 为空集）选择成立，表示 N 个协同单元可互相兼容，协同单元之间体现的相容性越高，越易于形成协同共同体①。若协同总体的功能作用是 F，协同单元 X、Y 的单个功能作用分别为 F_X 和 F_Y，功能集合为 P，当 $P=F_X\cup F_Y$ 时，满足实现协同互补的功能目标条件；当 $P>F_X\cup F_Y$ 时，协同作用满足之外还存有溢出效应；当 $P<F_X\cup F_Y$ 时，那么表示协同单元之间的互补功能未能发挥应有水平。所以政府部门、市场与社会组织等各个供给单元的优势资源协同效应须大于各个单元的协同成本，这是协同供给成立的基本条件②。

① 王浩，李新春，沈正平．城市群协同发展影响因素与动力机制研究：以淮海城市群为例［J］．南京社会科学，2017（5）：17-25.

② 果硕．养老服务中多元主体合作机制研究［D］．长春：长春工业大学，2018：13-18.

5.1.2 公共体育服务协同供给形成的必要性

协同供给的运用是打破传统供给“壁垒”、发展我国公共体育事业的重要途径。在传统模式的公共体育服务供给环境中，存在供给主体单一、供给资源配置与运用不合理、供给方之间的协调不到位等弊端。通常政府部门行政命令式的公共体育服务决策机制会阻塞大众对体育健身需求的正常表达，此种自上而下直线型操作难以得到大众对体育健身需求的真实反馈，也容易造成政府供给部门错位、越位的现象发生①。在纯公共体育服务供给之外又由于企业等营利组织有趋利倾向，加之我国市场监管体制目前还不十分健全，容易导致市场供给公共体育服务的质量与效能低下。另外，我国部分体育社会组织存在资本与人力等自身发展问题，而第三方单一供给公共体育服务又略显薄弱，所以在现今大众对体育需求不断增长并呈现复杂性的情况下，公共体育服务的总体供给能力亟得到提升。要通过协调共进的合作关系强化公共体育服务供给主体资源协同，明确协同的策略及其影响因素，这对促进全民健身工作实施具有一定的战略意义。

5.1.3 公共体育服务协同供给形成的可行性

协同合作的本质是在明确目标导向的情境下，各协同参与方相互配合，进行能量互补以完成相关项目任务②。公共体育服务的各个供给主体若要顺利进行协同合作，那么政府部门、市场与社会组织等供给主体要具备提供相应公共体育服务产品的基础能力。此外还须让各供给主体形成彼此间的兼容合作关系，尤其是目标行为的一致性与利益获取手段的通向性③。协同目标直接

---

① 刘玉，方新普．社会转型期我国体育利益的分化与和谐［J］．体育学刊，2009，16（7）：37-41.

② 陈荟芳，温步瀛．基于协同创新理论的电气工程专业研究生创新创业教育研究［J］．河北工程大学学报（社会科学版），2017，34（4）：127-129.

③ 刘军胜．旅游需求与目的地供给耦合的演进过程与机制研究［D］．西安：陕西师范大学，2017：25-33.

关系到各参与方相互协作的效能，是协同运作的基础。公共体育服务协同供给在广义目标导向上是可达成共识的，是为人民提供满意及高质量的公共体育服务产品。但在利益获取的诉求上，政府部门须满足公共体育服务的公益性质，提升其公信力；市场要谋求实际利益，获取利润；社会组织是为了实现其公益目标，所以在协同合作的关系中满足不同供给主体利益、寻求各方利益的平衡点至关重要，其有利于构建协同供给机制，实行协商共建模式，助推公共体育服务供需平衡的发展。

5.2 公共体育服务协同供给的环境影响因素

公共体育服务协同供给运行涉及的因素复杂多样，各协同单元之间沟通、交互、联系受不同因素的影响而变化。无论是宏观环境因素还是微观环境因素，都会作用于协同供给的运行。当环境因素有利时，公共体育服务的协同供给易于实现，协同效应将会扩大；而当环境因素不利时，公共体育服务协同供给则不易实现。从理论角度来看，介质传递得以实现，当发生交互作用时，是协同单元受相关环境变量的影响使其协同效果增强或者减弱的系列过程，所以明确对协同供给的环境影响因素对协同效能实现具有重要意义。

5.2.1 公共体育服务协同供给的宏观环境影响因素

社会发展中的事物都会受宏观环境的影响。首先，公共体育服务协同供给所受到的宏观环境影响主要在政治背景层面体现，尤其在持续稳定的政治环境中，公共体育服务协同供给得到充分发展，当相对稳固的行政机构给予公共体育服务协同供给政策扶持时，协同供给将会顺应社会制度环境发展并发挥其优势，同时先进的管理制度也会对协同供给运行模式产生支撑作用，特别是社会法制的健全程度直接关乎公共体育服务协同供给的规范标准[①]；其

① 张春合．“管办分离”背景下的中国体育管理多中心治理问题研究［J］．体育与科学，2015，36（5）：69-73．

次，社会经济水平的高低也会左右协同供给的实施力度，由于市场在公共体育服务的协同供给中占有举足轻重的作用，也是供给资金来源的重要保障，因此公共体育服务协同供给与区域经济发达程度呈正相关关系；再次，科学技术进步对公共体育服务协同供给的发展具有推动效应，“互联网+体育”以及公共体育服务平台等模式的采用将促成协同供给服务成熟完善①；最后，公共体育服务供给协同在另一个层面可归纳为观念意识的协同，故社会的人文环境与意识形态也会决定协同状态下具体行为的特征，也是公共体育服务协同供给顺利运行的客观要素。

5.2.2 公共体育服务协同供给的微观环境影响因素

公共体育服务协同供给落实到操作层面所受到的影响因素更为复杂。首先，各个协同供给主体间呈网络关系，在网络中彼此的信任程度是协同供给运行的关键要素，沟通合作能力也是影响协同效果的主要一环②，尤其对于各方权责的划分上，若缺乏沟通机制又存在越位、失位、错位等互相定位模糊的情况，容易造成合作天平向某一方倾斜，从而导致协同供给资源配置的不均衡、不合理；其次，各公共体育服务供给主体的协同意识程度会对协同运行质量产生关联性影响，各参与方目标趋向所形成的共同意识也决定着协同供给的发展走势；再次，在公共体育服务协同供给运行中，实施参与人员的专业水准与职业素养对协同效果会产生实质性的影响，相关人才的引进、培训、安置与协同供给的合理执行密切相关；最后，供给主体间的监督管理评价和激励手段等也是协同供给持续发展的重要推动力，完备的监管评价体系有助于供给单位持续获得协同供给的关键信息反馈，适当的激励办法会提升

① 由文华，侯军毅，何胜．学校体育场馆服务模式的创新研究［J］．西安体育学院学报，2017，34（1）：55-59.

② 解学梅，徐茂元．协同创新机制、协同创新氛围与创新绩效：以协同网络为中介变量［J］．科研管理，2014，35（12）：9-16.

协同供给主体的参与积极性，增加各参与方继续协同合作的意愿①。

5.3 公共体育服务协同供给的实现机制

公共体育服务协同供给的实现需要有现实环境基础作为运行保障，在相应的制度框架下，供给主体将协同要素进行资源整合，发挥各自的资源禀赋。从政府部门、市场与社会组织为主要供给方的角度来看，公共体育服务协同供给的实现形式不断地创新变化，在协同目标一致性的情境下多元供给者组成利益相关，以法律政策、管理制度与体系环境等要素作为实现背景，运用公共体育服务协同供给的实现手段，协调各供给主体之间的关系，使得公共体育服务协同供给的层次得到提升。

5.3.1 公共体育服务协同供给实现的主体

5.3.1.1 基于政府与市场协同供给视角

在政府部门与市场协同供给公共体育服务的层面，主要通过政府部门购买或补贴私营企业以及采取公私合作制模式来实现公共体育服务的协同供给。政府部门要为服务供给营造出优良的市场运行环境，确立清晰的合作流程与监管机制，明确私营部门的准入资质，保障与私营部门的互联互通②。私营企业也需发挥其资金与技术优势，合理分担公共体育服务供给的风险，完善体育资源在公共体育服务中的有效配置③。合作双方还需确立部门与企业之间的权责，积极扩大政府部门与市场组织的合作范畴。

---

① 应松年．加快法治建设促进国家治理体系和治理能力现代化［J］．中国法学，2014（6）：40-56.

② 刘亮，王鹤，庞俊鹏，等．全面深化改革背景下我国体育治理结构问题厘析与改革路径研究［J］．天津体育学院学报，2015，30（4）：351-356.

③ 郭修金，戴健．政府购买体育社会组织公共体育服务的实践、问题与措施：以上海市、广东省为例［J］．上海体育学院学报，2014，38（3）：7-12.

5.3.1.2 基于政府与社会组织协同供给视角

在与社会组织构建的关系模式上，政府应突出“守夜人”的职责①，政府委托代理与购买服务是社会组织参与公共体育服务的主要方式。在推动政社分离的情境下积极鼓励社会组织成为公共体育服务的关键供给方，并在权益保障的基础上，实现合作主体间的横向价值需求以及各供给主体间的利益合理划分。同时加强体育社团与协会的人才素质建设，健全各体育社团协会的登记备案制度和组织发展规划，强化在政府部门引导下的社会组织的内在供给实力，全面配合与政府机构的协同供给发展②。

5.3.1.3 基于市场与社会组织协同供给视角

市场与社会组织是社会治理体系的重要构成要素③，深化社企协同合作是推动公共体育服务发展的有效途径之一。主要合作形式有企业购买社会组织为公众提供体育服务产品，或者企业与社会组织共同开发项目供给公共体育服务。在行政政策的指引下，社企合作的友好环境得到充分支持，培养企业与社会组织共同的对公共体育服务的使命感与责任感，维持两者间的联络沟通机制，降低对政府部门的资源依赖程度，从企业技术服务多元化和社会组织服务标准化的角度探索创新性供给模式。

5.3.1.4 基于公共体育服务协同供给视角

公共体育服务协同供给的系统任务是如何更好地协同运作，在政府部门、市场与社会组织以及民众之间形成的利益相关体中，重点是要维护好不同参与主体之间的利益关系。首先，顺畅的协同供给机制是主体协同创新的关键因素，重视大众对体育健身的关系表达机制，突出整体的公共体育利益，完善服务供给的监督与反馈机制，强调公共体育服务的政策保障、组织结构、

---

① 陈天昊．在公共服务与市场竞争之间法国行政合同制度的起源与流变［J］．中外法学，2015，27（6）：1641-1676.

② 张晓微．我国体育社会组织承接政府购买服务的研究［D］．苏州：苏州大学，2015：20-28.

③ 王名，蔡志鸿，王春婷．社会共治：多元主体共同治理的实践探索与制度创新［J］．中国行政管理，2014（12）：16-19.

场地设施、人力投入、经费渠道、信息发布等要素的协同互补。其次，实现公共体育服务协同供给，各主体要发挥协同优势效能，政府部门要推进自身职能转化，深化体育管理体制的改革，加快服务型政府的建设步伐，在政策的引领下充分发挥市场与社会组织的作用，协调好供给主体间的利益关系，市场组织要利用自身资金优势推动地区间公共体育活动的开展，社会组织也要提升内在实力，加强体育社会组织团体的体系建设。最后，协同供给间的关系环境也是促进协同供给的客观要素，增强供给主体相互间的资源信息沟通，适当采取外部激励措施提高各供给主体对公共体育服务的动力，扩大协同供给的参与范围，形成政府部门、市场、社会组织、民众之间参与公共体育服务的互动网络，保障协同主体的和谐发展。

5.3.2 公共体育服务协同供给实现的基础环境

5.3.2.1 公共体育服务协同供给的法律基础

公共体育服务协同供给的法律基础主要是指支持保障各供给主体进行合理协同合作的有关法律法规与政策文件。《中华人民共和国宪法》（以下简称《宪法》）第一章第二十一条明确规定“国家开展体育事业，开展群众性的体育活动，增强人民体质”①。政府部门作为公众利益的根本代表，直接或间接行使公共体育服务的供给义务，以满足人民群众切实的体育锻炼需要。《体育法》第一章第三条指出“国家鼓励企业事业组织、社会团体和公民兴办和支持体育事业”②。随着民众对于体育多样化需求的快速增加，公共体育服务由政府部门提供向市场与社会组织过渡。以政府购买模式为例，现有的《政府采购法》明确了政府采购的原则、采购的行为手段，以及为促进廉政建设、

① 于一，于航．对完善我国公共体育服务执法体系的思考［J］．山东体育科技，2018，40（3）：12-15.

② 于善旭．论《中华人民共和国体育法》修改的基本路向［J］．天津体育学院学报，2011，26（5）：369-373.

保护采购当事人合法权益、维护国家利益而设定的一系列规范性法律条目①。在推进公共体育服务协同供给方面，中央和地方政府也颁布了系列政策文件，在《全民健身条例》《体育发展“十三五”规划》《健康中国行动》《体育强国建设纲要》中都有提及积极鼓励市场与社会组织的功能作用，协同政府部门做好增强人民体质、发展民众体育事业的服务保障工作②。目前针对合作供给的相关法律基础还需补充完善，未来在协同发展的细则上要有更为完善的法治监督系统与治理方式，以使公共体育服务协同供给管理有法可依、有章可循。

5.3.2.2 公共体育服务协同供给的管理制度

为实现公共体育服务协同供给的高效运行，须在政府部门的引导下，结合市场与社会组织建立有效的管理制度。通常由于信息不对称，有关体育行政管理部门与执行机构并不能完全了解大众的实际需要，加之供给方常考虑自身利益，容易造成协同供给的导向严重偏差，因而完备的公共体育服务管理制度是实现协同供给良性运作的必要保证。公平与效率作为公共体育服务协同供给的根本原则，要做到核实各供给主体的行业资质与标准，给予与其相对等的供给机会与实施条件，并规避不透明的操作方式。同时要因地制宜，即分区域、分模块依据不同属性特点开展管控工作。此外政府部门的自我监管以及对市场与社会组织的责任管理也尤为重要，供给主体须承担与各自权力相对等的管理责任③。在产品的定价、内容和后期维护上要进行监督管理，由此绩效评价与实时反馈是实现有效协同的关键。要约束供给主体的不当行为，避免缺位、越位甚至寻租腐败的情况发生。科学合理的制度安排是促进政府、市场、社会组织协同供给的主要推动力，也是维护大众体育合法权益

① 段晓霞．论我国政府采购制度的完善路径［D］．长春：吉林大学，2014：52-61.

② 杨国庆，刘红建，郇昌店．新时代我国青少年体育公共服务体系建设研究［J］．北京体育大学学报，2018，41（4）：9-15.

③ 陈喜强．处理好政府与市场、企业和社会组织的关系［J］．广西大学学报（哲学社会科学版），2003（4）：10-11.

的重要手段。

5.3.2.3 公共体育服务协同供给的体系

公共体育服务协同供给体系客观来说是一种多元供给主体将公共体育资源进行有效协作配置的集体行为过程，其所寻求的是平等协作关系，包括对协同服务的目标、内容、权利、责任等一系列要素做出相对趋同的路径动作及认知判断。协同供给体系的形成是服务开展的根基，协同意识在协同供给服务中处在双向渠道中，其中信任关系是推动有效资源协同参与公共体育服务的重要抓手。多样性体系的构建行为在自组织的复杂系统下组成了参与环境，政府部门须包容多元公共体育服务供给主体的存在，并鼓励、扶持、培育市场与社会组织参与公共体育服务协同供给，协同供给的社会网络关系在操作运行中才得以完善①。公共体育服务发展较成熟的供给主体应起到引领组织作用，供给能力不足的主体单位还须强化自身内部实力，完成协作、支持、辅助等作用，但在协同关系上，无论何种供给参与主体都要遵循相对平等关系原则。公共体育服务协同供给的过程也是对原有合作意识、思维理念的转变，不仅要明确各供给参与主体的功能定位与权责划分等相关内部环境要素，还需要厘清政府与市场、社会组织的外部环境关系，形成良性的协同供给市场竞争体系，助推供给主体间协同组织网络体系的形成。

5.3.3 公共体育服务协同供给实现的运行机制

5.3.3.1 组织协调机制

在公共体育服务协同供给模式中的参与主体不单是相对独立的角色，而是在实际项目实施过程中作为整体单位，公共体育服务协同供给体系的各参与方在功能定位、机构属性、发展背景并不相同，在不加以组织协调的情境下产品目标、质量、内容都会产生较大差异，行动上的不一致易降低运行效率，采取组织协调机制调动各参与方的行为一致性，借用政治、经济、文化

① 齐超．社会组织参与体育公共服务供给的现实困境及路径选择：来自上海的启示［J］．天津体育学院学报，2016，31（3）：252-258.

等多种协调手段促使供给的运行制度化、合理化、流畅化，以法律契约、合同订立方式来让各个供给主体之间的权责关系得以明晰划分，推进供给主体间协商组织关系建设①，加强对责任、权利、利益关系的协调可实现供给主体资源要素的合理分布，发挥其各自在公共体育服务协同供给中的特长优势。

5.3.3.2 表达决策机制

公共体育服务协同供给发展最根本的推动力还是大众对于体育健身的诉求。依据“公共选择”定理，供需平衡的最优关系是消费者的边际效率之和与服务供给产生的边际转化率相等。要达到协同供给的效率最大化，需求与决策就要有机结合。从以往多数机构“自上而下”的命令式决策的运行模式来看，大众对于体育需求的正常表达未能完全实现，垄断式的单向决策将公众参与、公民意愿有所剔除，为此有效的表达机制可较全面反映公共体育服务协同供给相关主客体的要求，也是加强公共体育服务协同供给决策目标的正确导向基础②。在政府部门引导下以横纵向融合凸显协同供给的表达决策形式，避免协同供给的“非合作博弈”现象，使公共体育服务协同供给的表达决策机制得以民主化、透明化、科学化运行。

5.3.3.3 沟通共享机制

提供公共体育服务的供给主体在相互合作过程中要具有一定的协作规划与共同目标意识，其中高效的沟通机制是供给主体之间目标明确、思想统一、行动联合、运作团结的关键保障。层级间的商议行为在供给主体的内部或是外部时常发生，这种双向乃至多向的互动沟通是协同供给运作的内在助推力，其中信任理念便是关系增持的重要砝码③。供给主体通过沟通交互共享自身的合作资源（例如政府部门的政策信息资源、市场企业的资金技术资源、社会

---

① 焦长庚，戴健．公共体育服务 PPP 模式发展：政府与私营部门的功能定位与权责划分［J］．体育学刊，2018，25（4）：35-41.

② 王小娟．农村公共体育服务协同创新理论构建与应用［D］．杭州：浙江大学，2018：16-26.

③ 赵茜．论我国地方政府部门间关系的协调与整合：整体性治理理论视角［D］．北京：首都经济贸易大学，2013：37-42.

组织的人力组织资源等），建立地区间的公共体育服务协同供给资源共享信息库，尤其对于体育政策实施、体育场馆服务、体育经费投入等资源信息共享可提高协作互通能力，降低沟通共享的联络成本，使公共体育服务协同供给的优势资源得以不断优化①。

5.3.3.4 监督评价机制

完善的监督评价机制是实现公共体育服务协同供给的关键一环。目前，越来越多的市场企业与社会组织进入协同供给服务的角色中，由于公共体育服务相关法律法规不健全，"暗箱操作"、违背契约精神的投机行为时有发生。因此，以政府部门为主导，市场与社会组织及民众共同参与监督评价的机制至关重要，设立监督评价机制可有效维护协同供给的秩序②，采取合理监管手段约束供给主体，强化协同供给运作的内部审查制度，防止权力机构的寻租腐败，提高供给资源的使用信息透明度，明晰各供给主体之间的资金使用及执行进度等状况，为协同供给决策运行与激励行动提供改善的依据。

5.3.3.5 激励保障机制

在公共体育服务协同供给过程中，每个供给主体和主要参与方都存有不同的利益诉求。在科学的绩效评价体系下，合理规范的激励保障机制是促进公共体育服务协同供给高效运行、持续深化协同合作的重要条件③。激励是对公共体育服务供给主体的运营状况依照标准进行相应的奖赏、惩罚、问责，以此加强协同供给要素之间的动力；保障则是为了公共体育服务协同供给体系顺利运行而采取的相关维护机制，其中包括人才保障、技术保障、文化保障、资金保障、退出保障等。通过激励、保障可将个体诉求与整体诉求相统一，满足不同供给主体发展的需要，提高公共体育服务协同供给的执行力与

---

① 王志文，沈克印．我国全民健身公共服务的整体性治理研究［J］．沈阳体育学院学报，2017，36（4）：19-24.

② 汪文奇，金涛．从"结构化割裂"到"嵌入式治理"：重构新时代我国体育治理中的政社关系［J］．武汉体育学院学报，2019，53（7）：12-18.

③ 唐刚，彭英．多元主体参与公共体育服务治理的协同机制研究［J］．体育科学，2016，36（3）：10-24.

运营水平。

5.4 本章小结

本章主要论述了公共体育服务协同供给的理论构架与内在逻辑。首先，从条件性、必要性与可行性视角切入，分析公共体育服务协同供给的形成理由，说明协同供给模式形成需要的基本条件与现实基础，及供给主体间耦合行动与相互对应关系的可行空间；其次，分别从宏观与微观视角探讨公共体育服务协同供给的相关影响因素，分析通过关联影响介质从而正向推动或反向阻滞协同供给的形成与发展，尤其是协同的环境影响因素对协同效应产生的规模变化；最后，分别基于政府与市场、政府与社会组织、市场与社会组织以及多边合作等维度对公共体育服务协同供给主体角色进行分析，并从法律基础、管理制度、体系环境等方面探析公共体育服务协同供给的实现要素，从组织协调机制、表达决策机制、沟通共享机制、监督评价机制、激励保障机制五个方面全面剖析公共体育服务协同供给实现的内在驱动方式，以及在相应的制度框架下达成供给主体间优势资源要素的配置整合。本章是全书的理论研究主体部分，起到承上启下的作用，完成了对公共体育服务协同供给的基础探讨与架构论证，厘清了协同供给的缘由、形成、影响、实现等关键因素，为网络化治理公共体育服务协同供给模式的内涵、要素与机理等内容论述进行了理论筑造。

6

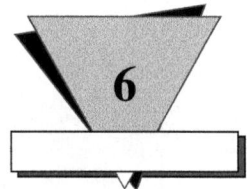

网络化治理下公共体育服务协同供给模式探究

6.1 网络化治理下公共体育服务协同供给模式的内涵与意义

网络化治理强调在公共事务运作中，政府部门与其他相关参与者共同作为行使公共政策的主体，从而形成一种平等、互助的协调合作局面。在这种横向系统背景下有“自上而下”命令式的纵向层级作为引导与保障支撑[①]，网络化治理模式在公共体育服务协同供给中倡导合作、互动的思路。构建公共体育服务供给的协同要素模式，对协同供给的运行有引领和推动作用，要素模式所涉及的组织以集体行动的方案解决公共决策问题，其不仅是一种管理手段，更是一种公共体育服务的创新治理结构。

6.1.1 网络化治理下公共体育服务协同供给模式的内涵

网络化治理发展的形态为“自组织”网络，在公共服务供给领域中，需要联合各层级政府部门、市场企业、社会组织以及大众等多方面的参与者进行实现。在网络关系中各供给主体拥有不同的优势资源与利益诉求，各方更为注重信任、责任、规范、声誉、互助、依赖性等内容，以此形成自组织形态[②]。公共体育服务的供给主体在网络化治理模式下处于多组织相互依存结构，对于共同需要解决的目标，进行集体决策行动，而协同参与者的增加对合作将会产生一定的行为风险，因此“规范行为”以及“责任”与“信任”在协同机制中显得尤为重要。由于公共体育服务协同供给环境的多元性和复杂性，环境适应能力成为协同条件的外在因素，合作供给互动行为促进了协同的意识与关系，其本质是为了协调参与供给主体的行为动机，发挥协同创造力和积极性，以网络化治理赋予模式“协同”更新的内涵，协调合作网络

① 张再生，白彬．新常态下的公共管理：困境与出路［J］．中国行政管理，2015（3）：38-42.

② RHODES R. Understanding governance：policy networks，governance，reflexivity and accountability［M］. Maidenhead：Open University Press，1997：51-52.

间的利益关系，覆盖全面的话语体系①。

6.1.2 网络化治理下公共体育服务协同供给模式的意义

公共体育服务中信息交流共享作为协同供给运作的关键渠道，也是网络化治理重要的内容，而保持互惠互助的合作网络就需要顾及协同信息共享的兼容性问题。组合协同要素是促使供给主体兼容运行的内在推动力，在减少交易成本之外提高了供给产品的质量且增加了数量，从供给侧解决了大众体育供给中全民健身的供需矛盾。以地方政府治理的视角出发，协同要素设计也是帮助政府部门同市场与社会组织建立良好合作关系的重要行动，某种程度上更有利于创新和保障现代体育部门“服务型政府”的建设。此外，网络化治理下公共体育服务供给的协同要素设计可成为供给主体的依据和标准，还可作为监管机构监督评价的主要参考指标，为公共体育服务协同供给的内部运行提供标尺，以此提升协同的灵活性与影响力，降低协同供给运作的风险，加大协同行动决策的执行力度，增加整体公共体育服务协同供给的运转效能。

6.2 网络化治理下公共体育服务协同供给模式的要素与场域

网络化治理的形成遵循社会变迁规律，是因公共服务体系的内外部环境变革而推动的②。大众对体育多样性与多元化的需求提升指引公共体育服务供给朝向多中心、网络化模式演变，政府协同第三方组织的合作为公共体育服务供给增添了内生驱力。在网络化治理规则、信任关系以及合作意识的框架约束下，政府部门、市场企业与体育社会组织等供给主体之间相互作用形成

① 何继新，贾慧．城市社区公共物品网络治理中多维冲突对供给绩效的影响［J］．天津城建大学学报，2019，25（3）：204-210.

② 刘波，王力立，姚引良．整体性治理与网络治理的比较研究［J］．经济社会体制比较，2011（5）：134-140.

协同场域，发挥超脱于传统供给模式的机制效用，即高效弹性的协同供给组织效用。

6.2.1 网络化治理下公共体育服务协同供给结构的形成逻辑

马克思曾论述历史的发展进程是由广大人民创造的①，坚持“以人民为中心”的体育事业与价值原则嵌合了大众日益高涨的体育健身需求。随着广大民众体育意识的“觉醒”，其追求目标的手段与途径逐渐呈现多样化趋势，相应的政府治理模式也会朝着维护多元利益的方向发展。从“多中心治理”模式到“网络化治理”模式的变迁，治理结构在协同效应的呼应下组成“几何”分层形状②，强化了公共体育服务多元供给主体之间的内在动力机制。由于体育市场“放管服”的推动，相当一部分体育企业与体育社会组织得以发展壮大，公共体育服务协同供给的主体部门获得拓展。此外，在科学技术的协同环境中，信息沟通工具、资源交易平台提高了公共体育服务协同组织之间的运转效率。数字化变革在网络化治理形成的框架下发挥了多重作用，公共体育服务相关供给主体的协同趋势面向弹性网络结构发展。

6.2.2 网络化治理下公共体育服务协同供给机制的核心因素

责任是网络化治理过程中组织参与的规则基础，也是协同行为的活动边界③。公共体育服务协同供给参与各方的操作规范属于供给主体的责任范围，在合埋的网络化框架下进行协同供给活动。道德意识与法律责任是协同运作的底线，规则秩序的维护是确保协同顺畅的根基。网络化治理中各协同部门的职能重合交织，故此要明确不同供给主体的功能定位与权责划分，强化供

① 朱建清．试论科学发展观与体育发展方式的转变［J］．体育科学，2010，30（7）：62-70，96.

② 范如国．复杂网络结构范型下的社会治理协同创新［J］．中国社会科学，2014（4）：98-120，206.

③ 吴瑞坚．网络化治理视角下的协调机制研究：以广佛同城化为例［J］．城市发展研究，2014，21（1）：108-113.

给方的责任意识和问责机制，并以深化合作为出发点，弥补单元供给主体资源能力不足的缺陷，可增加供给主体间的良性互动关系。不同供给主体分布于各个网络结点，充分体现弹性网络的耦合机制，强调协同信息的反馈作用，发挥整体协同的目标动机意识①。信任关系是网络化治理中组织协调的桥梁，信任与肯定行为可有效减少“信息不对称性”活动，规避由此带来的不等价交易风险。从政府公信力、市场与社会组织的执行力等维度切入，提升相互间的依赖与不可替代性，在实现公共体育资源协同利用效率最大化的同时也要使各供给主体的自身权益得到应有保障。

6.2.3 网络化治理下公共体育服务协同供给主体的边界脉络

网络化治理下的公共体育服务协同供给模式由原先的“混合多头”到“多元协同”的转变，是从无序到有序的整个过程，明确重构了政府部门“主导者”的边界定位。通过体育行业政策的制定、规则的引领等方式，政府成为与市场、社会组织共同协作的公共体育服务供给参与主体，以发证审批、行业监督、行为指导等手段进行供给主体间的交流、沟通、合作，达成“自内而外”“自外而内”“自上而下”“自下而上”多线头网络状的协同组织模式。体育企业单位作为公共体育服务主要的供给方，应让市场在公共体育资源配置中起决定性作用，但在实际参与供给行为过程中，市场主体不可一味追逐利润，必须要履行相关的社会责任，对公共体育服务供给有保障效应，完善企业信息公开制度，畅通供给主体间互通互联的网络组织渠道，充分发挥企业的技术执行优势。在保证社会组织独立性、专业化运作的前提下，各层社会组织也要发挥自身的专业优势，包括做好体育领域的技术培训、提供与发布体育行业信息等，拓展社会组织的职能范围，增强社会组织与政府、市场的网络体系建设，发挥供给主体组织间的纽带效用。

---

① 曾宇航．大数据背景下的政府应急管理协同机制构建［J］．中国行政管理，2017（10）：155-157.

6.3 网络化治理下公共体育服务协同供给模式的 SWOT 分析

网络化治理下的公共体育服务协同供给主体形成相互依赖的行为关系，通过结构有序的集体活动提高公共体育服务的供给效能。但在实际运作过程中，受协同执行力等客观因素的影响，模式的运行会被划分在不同的“象限”中，即可能面临各种类型的协同供给模式。因此需要厘清网络化治理下的公共体育服务协同供给的基础要义，采用 SWOT 分析模式运行所形成的优势、可能的缺陷、存在的机遇、未来的挑战等几大要素，掌握网络化治理下协同供给的运作规律，发挥优势、把握机遇、破解缺陷、直面挑战，使网络化治理更好地契合运用于协同供给模式的理论构架与现实制度环境。

6.3.1 网络化治理下公共体育服务协同供给模式的内部优势

网络化治理具有多元动态的特点，在以政府部门为主导的公共体育服务的网络化治理中，政府部门机构与体育市场、体育社会组织等参与主体构成复杂多维的网络系统。与传统科层制的治理模式相比，网络化治理可在系统内协调平衡参与方的人力、物力、财力等供给资源环境①，合作供给的行动力与灵活性得到大幅提升。同时公共体育服务供给机制的治理创新会产生更高质量的大众体育服务内容，网络化治理可以获得快捷的反馈，在规范制度的框架里实施行动矫正，达成协同供给主体的合作共识。因此信息对称沟通是降低交易成本的关键环节，是获取公共体育服务协同供给整体利益的保障。在参差交错的协同供给利益体系内，网络化治理的责任与风险分担机制促进了主体权益平等关系，而横向协同联盟平台的创建也会激励主体间的良性互动，使公共体育服务协同供给更具专业性。

---

① 何继新，李莹．公共服务供给“共建共享”的创新转向：一个网络化治理论纲［J］．长白学刊，2017（1）：55-62.

6.3.2 网络化治理下公共体育服务协同供给模式的可能缺陷

对参与公共体育服务的各部门来说，通过网络化治理可以推动参与方协调运作，集成供给的“碎片化”模块，实现目标的统一性。但在网络中并非所有参与方的能力都能持续形成协同供给态势，能力不足的参与者会在平衡网络的机制内进行力量补充。为了达到整体供给的协调性可能会间接引发内部的失衡状态，故此在网络化治理中同时要强调内外部空间环境的资源补充与均衡。此外信息结点是网络化的枢纽，当信息资源通畅流动时，公共体育服务协同供给的效能会极大增加，但当供给参与方的信息工具与途径相互不兼容时，则可能会形成正常交流渠道之外的“非正式沟通”，对协同供给效率产生负面影响。为此在网络化治理公共体育服务协同供给的实践操作中，要通过限定供给的规则边界、约束主体间的合作关系等方式弥补可能存在的缺陷。

6.3.3 网络化治理下公共体育服务协同供给模式的外部机遇

网络化治理的运用在互联网时代发展的背景下得到快速推广，大数据、物联网与区块链等领域的技术应用助推公共体育服务协同供给模式的创新发展。众多外部资源环境已协同融合至供给的服务当中，为公共体育服务协同供给参与方带来节约成本的机会。同时借助现代科学技术的平台，可加强供给内部多元网络的专业性沟通，让协同供给的内外流程秩序更加规范①。网络化形式可使更多的部门或个体加入公共体育服务与产品的供给中，扩大行动影响力，突破城市区域内的边界限制。在地方政府部门的支持引导下，让更多有实力的市场与社会组织协同共享优势资源，激发供给主体之间的良性竞争机制，横向协同方式也积极影响着供给主体内部的纵向流通。从整体性治理角度来审视，供给主体内在的跨部门协同是多元主体外在的合作保证，横、

① 孙哲，戴红磊，于文谦．我国体育社会组织培育路径研究：基于社会治理的视角［J］．西安体育学院学报，2018，35（1）：43-47.

纵向多维“无阻联通”网络态势会促进公共体育服务供给的规模协同组织得以延伸发展。

6.3.4 网络化治理下公共体育服务协同供给模式的外部挑战

网络化治理下公共体育服务协同供给模式的执行会破除等级制度，但体育系统体制转型过程中所存在的“路径依赖”现象，可能会影响协同供给实际管理人员与操作人员的实施理念，导致在前期协同方案的设计上缺乏合理性，协商交流的对位程度也容易产生偏差。此类“分割式”协调合作情况的出现将会严重阻碍协同供给模式的顺畅运行，难以实现网络化治理下公共体育服务供给的协同效应。同时公共体育服务的协同供给并非是短期过程，其中所涉及的参与网络较为复杂，尤其当供给主体负责人产生代替或轮换，将面临权力变更后供给方能否持续保持目标意识的一致性，以及行动监督的有效性等众多挑战。因此在协同供给中除了要重视实施行为本身的目标导向外，还要时刻关注公共体育服务的价值。

6.4 网络化治理下公共体育服务协同供给模式的机理

通过网络化的治理将公共体育服务协同供给运作具体化、效能化，这种网点式的互动治理与合作治理有利于整合不同行动者的利益偏好与组织策略。在基于协同供给主体关联机制的建设上，遵守协同的规则，提高合作的契约精神，协调行为关系和目标意识，围绕资源环境的协同运用，保障各供给参与主体的相对价值①，这样架构公共体育服务协同供给的弹性网络组织形态，将会产生更加强大的协同供给运转效能。

① 徐娜．从共谋到协同治理：一个治理体系现代化的演进路径：以武陵山区 W 镇政府组织架构调整为例［J］．湖北民族学院学报（哲学社会科学版），2019，37（5）：86-93.

6.4.1 网络化治理下公共体育服务协同供给模式的系统

协同学原理中事物演化的过程被序参量所控制，其中协同演进的过程与结果也决定于序参量的结构。由“随机力”与“决定力”相互之间的作用将原有的分散游离状态驱动为组合系统状态，故此协同供给模式中各要素符合系统的结构与功能规律，并遵循各要素间紧密又相对独立的围绕关系原则，形成协同制度的有机整体。网络化治理以共同的制度规则作为互相协同的基础，“弹性约束”行为在协同供给框架下实施“刚性”维护，保障资源配置的公平合理①。同时在合作中责任与信心作为协同供给的关键，是促进供给主体间合作共享的动力源泉，共同意识的强弱关乎公共体育服务供给的执行水平。“目标管理”意识的确立能快速使供给主体清楚其责任与任务范围，达到合理分工、共同协作的供给效果②。另外环境作为协同供给所涉及的外在影响机制，对协同供给的最终效能起直接或间接作用。协同主体将提供有利创新环境形成的资本、政策、人力等因素③。协同供给模式通过供给主体相互之间的信息沟通进行协调，协同渠道建设的核心与职责定位紧密相关，利益的整合与分离影响协同机制的生成路径④。最终形成的价值受到各供给主体资源的相互作用得以放大，尤其在生产、决策、监管的子系统内，协同行为的认知价值将会左右供给的最终质量⑤。

---

① 岳文娜．基于协同治理视角下政府公共服务职能履行的创新研究［D］．长沙：湖南师范大学，2017：13-16.

② 李国．城市社区公共体育服务系统非平衡演进研究［D］．南京：南京师范大学，2014：129-132.

③ 张炜，费小燕，肖云，等．基于多维度评价模型的区域创新政策评估：以江浙沪三省为例［J］．科研管理，2016，37（S1）：614-622.

④ 汪锦军．构建公共服务的协同机制：一个界定性框架［J］．中国行政管理，2012（1）：18-22.

⑤ 金绍荣，尹凯，龙思椽．农村土地流转中的“三益协同”推进目标及实现路径［J］．农村经济，2018（6）：24-31.

6.4.2 网络化治理下公共体育服务协同供给模式的组织构架

公共体育服务协同供给系统在网络化治理下各子系统于相应的协同规则中，通过协调手段、促进相互间的合作关系等行为实现协同供给的价值。依据协同的支配原理，协同供给中的各个资源优势是非均衡、不尽相同的，规则界限下协同主体间的权责划分与责任分担将无序结构逐步演化为有序结构①。在公共体育服务供给过程中，合作组织的安排与协同意识的表达发挥了导向功能，参与主体间目标一致性的强弱影响着协同意识的达成，相互间的认可是公共体育服务协同供给机制实现的首要一环。参照协同学理论中的伺服原理，协同环境的各要素会随着协同运行方向而“嵌套”融合，与公共体育服务供给相关联的包括金融资本、法律政治、社会文化、科学技术、人才队伍等因素。序参量的因素组合变化影响协同系统的运转效率，微观组织间关系又是协同“齿轮”之间的纽带，推动达成外部动力与内部要素的协同。相互平等的关系与信任机制对协同演化发生驱动作用②，使公共体育服务的各个供给主体得到协同反馈，可获得协同资源价值，尽可能达到公共体育服务供给配置的帕累托最优状态，满足供给主体和客体的自身利益。由此总结网络化治理下公共体育服务协同供给模式的组织架设可由协同的权责规定、协同的主观能动性与目标发展意识、协同要素的资源环境、协同的信任依赖性关系、协同的耦合利益与价值等内容进行拓展。

6.4.3 网络化治理下公共体育服务协同供给模式的内容设计

网络化治理下公共体育服务的协同供给必须遵循相应的基础规则，尤其在法律的框架约束下进行权责的划分和风险的分担须具有明确指向性，使得供给主体可以厘清自身的功能定位，故协同方案设计的细节之处考量则直接

① 孙付华．绿色 GDP 核算跨部门协同机制：理论框架与推进路径［J］．河南大学学报（社会科学版），2018，58（5）：67-75.

② 杨海涛．城市社区网格化管理研究与展望［D］．长春：吉林大学，2014：23-27.

关乎协同供给后续的运行[1]，公共体育服务协同供给主体之间管理的合理性与秩序的规范性也应顺从网络化治理的规则要求。规则催生下的协同意识是公共体育服务供给主体合作的前提，公共体育服务协同供给与需求意识之间的契合将会加强供给的针对性，供给侧领域中相互的信任认可也将激励协同供给主体的目标行为。在具有协同资源的弹性网络环境下，客观协调环境是提升公共体育服务协同供给水平的必要条件。此外在网络化治理中合作关系是协同运行的核心内容，相对平等与信任理解是供给主体之间的合作基石[2]，相互之间的依赖是公共体育服务供给主体伙伴关系的保障，并在实际的协同运作过程中各供给主体需要获得伙伴必要的信息反馈，为实施开展更进一步的供给决策而提供支持依据。因此朝着更高的公共体育服务协同供给目标发展，其中供给主体自身的利益保障与相关协同资源的使用等情况，都可作为协同供给的黏合表征显现。

6.5 本章小结

本章主要论述网络化治理下公共体育服务协同供给模式的内涵、要素与机理。首先，从协同供给的内涵与意义视角出发，厘清网络化治理理论在公共体育服务协同供给中促进主体合作与互动的思路，认识网络化治理中协调机制的重要性，对公共体育服务协同供给运作效率的提升有重要作用；其次，分别从网络化治理下公共体育服务协同供给结构的生成逻辑、协同供给机制的核心因素、协同供给主体的边界脉络等维度探析了协同供给模式的相关要素与场域，对多元主体合作的公共体育服务协同供给界限进行溯源与划分，明确供给主体所属的责任范围；再次，采用 SWOT 分析法对网络化治理下公共体育服务协同供给运行模式的内部优势、可能缺陷、外部机遇、外部挑战

① 陈旭．协同治理视阈下城市社区多元主体间关系研究［D］．长春：吉林大学，2016：36-40.

② 范永茂，殷玉敏．跨界环境问题的合作治理模式选择：理论讨论和三个案例［J］．公共管理学报，2016，13（2）：63-75，155-156.

等几大要素进行探讨，明晰网络化治理协同供给的运作规律；最后，依据内外部因素分析网络化治理公共体育服务协同供给模式，探讨协同供给模式的设计，明确了协同供给模型中的关键指标要素架设可由协同的权责规定、协同主观能动性与目标发展意识、协同要素的资源环境、协同的信任依赖性关系、协同的耦合利益与价值等五个领域进行拓展。本章是全书的研究模式分析部分，通过对网络化治理下公共体育服务协同供给的内在逻辑分析，为后面章节阐述协同供给指标模型起引导作用。

7

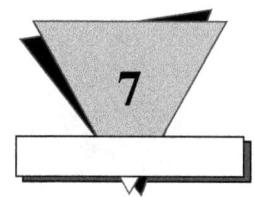

网络化治理下公共体育服务协同供给指标模型的构建与效用

7.1　网络化治理下公共体育服务协同供给指标模型的构建原则与方法

网络化治理下公共体育服务协同供给指标模型的构建涉及相关协同核心问题，是协同组织实现的效用基础，也是公共体育服务协同供给的功能价值取向。作为协同供给评价诊断依据的指标模型，对行动决策与激励保障。将起到实际引导作用。网络化治理下公共体育服务的协同供给指标模型是一个系统性提升多元主体协同供给效能的标识途径。依据指标模型的构建理论，需要遵循公共体育服务协同供给的职能导向，应充分考虑到多元协同利益关联主体的现实利益需求，指标模型的构建将客观职能导向与现实利益需求相结合，使得协同供给的指标更加科学具体，推动协同供给的操作实现，充分体现多元供给主体之间协同价值。

7.1.1　网络化治理下公共体育服务协同供给指标模型的构建思路

公共体育服务在网络化治理下的协同供给包括协同核心要素的组成，各种指标元素之间相互关联、相互影响，但又相对独立、层次清晰。在理论分析基础上以定量的统计方法构建协同供给的指标模型，首先，通过相关文献的查找翻阅、整理分析，结合协同供给主体的价值取向以及相关专家的访谈，初步确定协同供给指标体系的结构；其次，由于公共体育服务协同供给所涉及的因素较为复杂，具有模糊问题的研究特性，因此采用德尔菲法进行两轮次的专家调查，对专家的调查结果进行汇总整理、统计分析，实施协同供给的关联指标筛选；最后，依据指标体系进行协同供给的模型搭建，以此开展协同供给指标模型的实际应用说明与效用分析探讨。

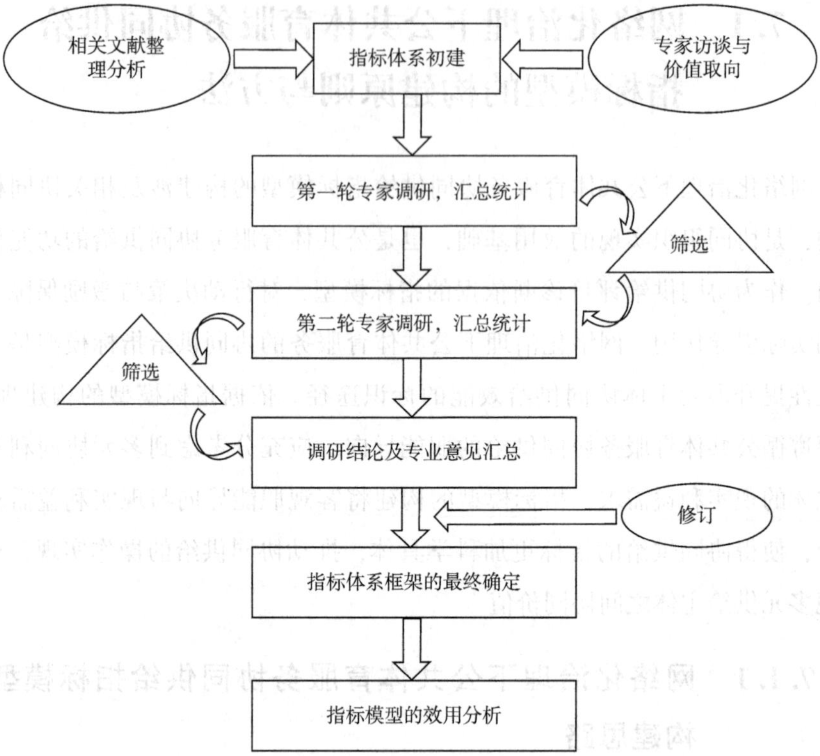

图 7.1　网络化治理下公共体育服务协同供给指标模型构建线路

7.1.2　网络化治理下公共体育服务协同供给指标模型的构建原则

7.1.2.1　系统性与相关性原则

网络化治理下公共体育服务的协同供给是各个供给主体协作达成的一个集合服务系统，具有整体性与关联性特点。协同供给指标的模型构建是须从总体上反映协同的效应，相关核心关键要素之间具备一定的联系，可体现各个协同子系统中因素的状态与特征，从微观到宏观视角每个子系统又由多个相关联的指标构成，形成了一个不可分割的完整体系。

7.1.2.2 科学性与客观性原则

构建网络化治理下公共体育服务的协同供给指标模型是建立在协同理论基础之上的。协同供给指标模型的架构遵循价值取向与利益诉求，也要符合协同供给要素的特征；指标的确定依照客观科学的流程，坚持严谨规范的方法，以协同供给的发展特点和运行机制为基准，使指标模型更加合理、可靠，所以该指标模型能够客观展示协同供给的现实状况①。

7.1.2.3 创新性与引导性原则

网络化治理下公共体育服务协同供给是一个全新的理念，暂时还未有标准化的模式与国际公认的准则进行借鉴。因此协同供给指标模型的构建采取大胆假设、严格论证的方式进行，在动态改良的基础上长期保存。同时协同供给指标模型的构建对公共体育服务供给主体的行动决策也起到指引规范作用，以此引导解决实际协同供给中的问题。

7.1.2.4 独立性与可比性原则

在网络化治理下公共体育服务协同供给指标模型构建的过程中，所涉及的因素众多而复杂，各指标之间相互存在的对应关系概率较高，所以要尽可能保证各个指标因素的独立性，避免关联效应造成的干扰影响，体现出每个指标独特的作用，同时构建出的指标模型不仅能适用于某个单独的协同供给维度，而且可扩展于相应的公共体育服务协同供给系统中，以此进行横向的相互对比。

7.1.2.5 有效性与操作性原则

网络化治理下公共体育服务的协同供给指标模型除了可运用在协同供给的真实场景，还可进行数据量化的统计分析。所选择的指标具有较强的代表性与现实意义，关联数据的获得与收集具备可行性与操作性，真正将协同供给的主体要素与客体要素相结合，充分发挥指标模型的效用价值，改善和提高协同供给的能力，推进公共体育服务协同供给的发展②。

---

① 王佼．输电工程造价指标构建及指标值预测研究［D］．沈阳：辽宁大学，2018：39-40.

② 卞飞．企业 ERP 项目投资效率评价研究［D］．济南：山东大学，2018：25.

7.1.3 网络化治理下公共体育服务协同供给指标模型的构建方法

协同供给指标模型的构建主要采用德尔菲法。德尔菲法又称专家调查法，是在1964年由美国兰德公司提出并实施开展的，是针对具体问题进行多轮次的专家咨询反馈，并以此整理、归纳与统计回收调查意见，然后再次向专家咨询意见得到反馈，通过统计分析获得可靠的结论①。本研究主要采纳专家意见和界值划定相结合的方式进行指标筛选，界值划定是依据专家对每个指标的选取分值依次计算算术平均值、满分频率、变异系数，每个指标有这三种不同的判别标准②。

（1）算术平均值计算公式为：

$$M_j = \frac{1}{n}\sum_{i=1}^{n} C_{ij}$$

式中 M_j 是算术平均值，n 表示专家的个数，C_{ij} 表示第 i 位专家对 j 指标的评分合计数。当平均值数值越高时，表明 j 指标的重要程度越大。算术平均值的界值计算方法为算术平均数的均值减去标准差。算术平均值的得分值高于界值的指标入选。

（2）满分频率计算公式为：

$$K_j = \frac{m_j}{n_j}$$

式中 K_j 为满分频率，K_j 的取值数为0~1；n_j 为对第 j 个指标评价的专家数；m_j 则表示给指标满分评价的专家数。当 K_j 值趋向增大时，那么对此指标重要性

---

① 王薇．远程开放教育实践教学基地评价体系构建的实证研究［D］．南昌：江西师范大学，2017：37-38.

② 王春枝，斯琴．德尔菲法中的数据统计处理方法及其应用研究［J］．内蒙古财经学院学报（综合版），2011，9（4）：92-96.

越大，满分频率界值的计算方法为满分频率的均值减去标准差。满分频率的得分值高于界值的指标入选。

（3）变异系数计算公式为：

$$V_j = \frac{P_j}{M_j}$$

式中，V_j 为变异系数的值，M_j 是第 j 个指标的算术平均值，P_j 是第 j 个指标的标准差。当变异系数值 V_j 越小，表示专家对指标相对重要性的协调程度越高，变异系数界值的计算方法为变异系数的均值加上标准差。变异系数得分值低于界值的指标入选。

为了防止相对重要的指标被剔除出去，在上述三种计算标准中，只有三类均不符合的指标才会被确定剔除；若有一个或两个标准要求未能符合的对应指标，则依据系统性、科学性、客观性、可操作性等原则采取探讨论证后进行取舍，并参考结合专家对于指标选取的相关意见予以调整。本研究将采用 SPSS22.0 软件开展计算和统计分析。

7.2　网络化治理下公共体育服务协同供给指标模型的指标筛选过程

7.2.1　协同供给指标模型的初级架构

本研究在文献收集与专家咨询的基础上，依据协同学理论，按照系统的结构、功能与发生演变及其相互关系的规律，基于理论中的协同效应、伺服原理、自组织原理，结合构建指标模型的影响要素，遵循维度之间的相互对应关联原则，初步构架设为 5 个一级指标、32 个二级指标（见表 7.1），则将网络化治理下公共体育服务协同供给的指标体系分为五个维度展开，其中一级指标包括协同规则 B_1、协同意识 B_2、协同环境 B_3、协同关系 B_4、协同价值 B_5，其内在含义与各自的二级指标的阐释如下。

表 7.1　网络化治理下公共体育服务协同供给指标初步设计

总目标 A	一级指标 B	二级指标 C
协同供给指标 A	协同规则 B_1	协同运作方案设计的完备性 C_{11}
		协同操作秩序的规范性 C_{12}
		协同风险分担的公平性 C_{13}
		协同过程的互相监督程度 C_{14}
		法律对于协同主体的行为约束程度 C_{15}
		协同权利与责任的定位清晰程度 C_{16}
		协同管理模式的合理程度 C17
	协同意识 B_2	协同供给目标与需求的共同意识 C_{21}
		主动寻求他方协同合作的意识 C_{22}
		相互协同的信心与认定意识 C_{23}
		协同责任承担意识 C_{24}
		协同主体行动激励动机意识 C_{25}
		协同谋划未来发展的目标意识 C_{26}
	协同环境 B_3	政策执行环境协同程度 C_{31}
		金融资本环境协同程度 C_{32}
		文化理念环境协同程度 C_{33}
		科学技术环境协同程度 C_{34}
		人力资源环境协同程度 C_{35}
	协同关系 B_4	话语权与对立平等程度 C_{41}
		信息交流的通畅程度 C_{42}
		相互不可替代程度 C_{43}
		相互理解包容程度 C_{44}
		协同参与的信任程度 C_{45}
		协同矛盾冲突的化解程度 C_{46}
		协同实施的及时反馈程度 C_{47}
	协同价值 B_5	协同决策获得他方支持程度 C_{51}
		持续参与协同供给的意愿程度 C_{52}
		遵循协同合约的运行实施程度 C_{53}
		自身权益得到相对的保障程度 C_{54}
		协同对于成本节省的程度 C_{55}
		协同关联资源的利用程度 C_{56}
		协同预期收益目标达成程度 C_{57}

7.2.1.1　协同规则 B_1

协同规则 B_1 是指在公共体育服务协同供给各参与主体对协同具有清晰的边界规定，需要受到一定的规则管控。协同规则的二级指标包括协同方案的设计、权责定位与划分、协同风险的分担、相互审查监督、法律约束、管理模式等内容。

（1）协同运作方案设计的完备性 C_{11}：在协同操作前所制定方案设计的可行性、全面性与完整性。

（2）协同操作秩序的规范性 C_{12}：在协同实施的过程中，遵照一定的协同行为规范、按照相关制度有秩序地开展公共体育服务协同供给行为。

（3）协同风险分担的公平性 C_{13}：协同供给项目实施中各个参与主体对风险分担的公平、公正、透明程度。

（4）协同过程的互相监督程度 C_{14}：协同的各个供给参与方相互审查、监督、反馈的程度。

（5）法律对协同主体的行为约束程度 C_{15}：现有法律政策对公共体育服务协同供给主体的规范指引和行为约束程度。

（6）协同权利与责任的定位清晰程度 C_{16}：各个参与主体对自身权利与责任的功能定位和职责划分的明确度。

（7）协同管理模式的合理程度 C17：公共体育服务协同供给运行所采取的管理模式对实际操作的适应性与合理程度。

7.2.1.2　协同意识 B_2

协同意识 B_2 是指公共体育服务协同供给的各参与主体对协同具有相对意愿的指向性。协同意识的二级指标包括目标与需求的共同意识、寻求协同合作意识、承担责任意识、信心与认定意识、激励动机意识、合作目标的一致性等内容。

（1）协同供给目标与需求的共同意识 C_{21}：协同供给整体目标与各个公共体育服务供给主体的自我需求的相似意识。

（2）主动寻求他方协同合作的意识 C_{22}：供给参与主体可以积极主动寻求其他各方协同供给公共体育服务的机遇，以此采取协同行动措施的意识。

（3）相互协同的信心与认定意识 C_{23}：公共体育服务协同供给参与主体对彼此之间的合作信心与认可度。

（4）协同责任承担意识 C_{24}：公共体育服务各协同供给参与主体对自身应承担责任的重视程度。

（5）协同主体行动激励动机意识 C_{25}：在公共体育服务协同供给过程中，各参与主体对具体协同执行的激励意愿强度。

（6）协同谋划未来发展的目标意识 C_{26}：各个公共体育服务协同供给参与主体共同谋划与执行未来协同发展内容的目标一致性。

7.2.1.3 协同环境 B_3

协同环境 B_3 是指在参与公共体育服务协同供给的过程中各供给参与主体影响相互合作提升供给效率的协同环境因素。这其中又包括内部协同环境与外部协同环境，协同环境的二级指标包括制度政策执行、金额资本运作、文化理念认知、科学技术使用以及人力资源管理等内容。

（1）政策执行环境协同程度 C_{31}：公共体育服务协同供给主体对于制度政策的实施协同度。

（2）金融资本环境协同程度 C_{32}：公共体育服务协同供给主体对于金融资本的合作运用程度。

（3）文化理念环境协同程度 C_{33}：公共体育服务协同供给主体对于文化理念的相互认知与理解程度。

（4）科学技术环境协同程度 C_{34}：公共体育服务协同供给主体对于科学技术的协同采纳程度。

（5）人力资源环境协同程度 C_{35}：公共体育服务协同供给主体对于人才资源管理与人力协同运转程度。

7.2.1.4 协同关系 B_4

协同关系 B_4 是指参与公共体育服务协同供给主体间的沟通、信任、协调、依赖、包容等关联程度。协同关系的二级指标包括协同过程中话语权与平等地位、信息交流的通畅程度、相互不可替代程度、相互理解包容程度等内容。

（1）话语权与平等程度 C_{41}：在公共体育服务协同供给实施过程中各参与主体的话语权状况与地位的平等程度。

（2）信息交流的通畅程度 C_{42}：各个供给参与主体之间沟通交流的信息通畅性。

（3）相互不可替代程度 C_{43}：各个供给参与主体之间合作提供公共体育服务时的相互资源持续不可替代的程度。

（4）相互理解包容程度 C_{44}：各个供给参与主体对于彼此理解、宽容的程度。

（5）协同参与的信任程度 C_{45}：各个供给参与主体相互信任的程度。

（6）协同矛盾冲突的化解程度 C_{46}：在协同操作过程中，各个供给参与主体面对相互存在矛盾的化解程度。

（7）协同实施的及时反馈程度 C_{47}：在公共体育服务协同供给实施过程中各参与主体及时对其他合作方的反馈度。

7.2.1.5　协同价值 B_5

协同价值 B_5 指各供给参与主体相互协同提供公共体育服的内容价值体现及应用性检验。协同价值的二级指标包括协同决策获取支持程度、持续协同的参与、协同合约的遵守、自身利益的保障、实施成本的节约、协同资源的使用、预期的目标收益等内容。

（1）协同决策获得他方支持程度 C_{51}：在公共体育服务协同供给实施过程中参与主体做出执行决策时获得其他协同各方的支持程度。

（2）持续参与协同供给的意愿程度 C_{52}：各个供给参与主体对持久性参与公共体育服务协同供给的意愿程度。

（3）遵循协同合约的运行实施程度 C_{53}：各个供给参与主体有效遵循所签订的合约方案按计划实施的程度。

（4）自身权益得到相对的保障程度 C_{54}：在公共体育服务协同供给实施过程中参与主体是否可以满足自身的权益程度。

（5）协同对于成本节省的程度 C_{55}：协同供给的实施能够节约单个主体实际运作成本的程度。

（6）协同关联资源的利用程度 C_{56}：在公共体育服务协同供给实施过程中参与主体对于相关资源协同利用度。

（7）协同预期收益目标达成程度 C_{57}：各个供给参与主体对于原先预期收益目标所达成的满意程度。

7.2.2　确立专家咨询小组

指标模型的构建方法选的是德尔菲法。德尔菲法的有效性与专家对象的选择有着密切的关联。所选取的专家需要有专业的理论知识背景，具备一定的协同实践经验，应熟悉有关公共体育服务协同供给的管理模式与发展趋势。为确保调查的科学性与客观性，选取的专家对象要有特征性差异，为了保证咨询调查的精度和可靠性，促使调研结果具有相应的参考价值，故选择 20 位专家进行了问卷评判（符合研究方法中专家数量控制在 6~20 人为宜的范围要求)，其中分别为参与过公共体育服务协同供给的实践或理论研究的政府部门领导（从事相关工作 5 年以上)、企业单位相关主管（从事相关工作 5 年以上)、社会组织相关负责人（从事相关工作 5 年以上)、高校科研相关专家(副教授以上职称)。

7.2.3 拟定专家调查咨询表

通过查阅相关参考文献并结合实践案例，研究拟定专家的咨询问卷表格（见附录二中的问卷 A)。问卷的内容包括专家判断协同指标的重要程度、判断依据以及熟悉程度三大类。其中重要程度采用 Likert 量表形式，包括“非常重要”“比较重要”“一般重要”“不太重要”“非常不重要”五个等级，分别对应计为 5、4、3、2、1 的分值；判断依据包括实践经验、理论分析、同行了解、直觉四个维度，分别分大、中、小三个区间，对应计为：0.5、0.4、0.3，0.3、0.2、0.1，0.1、0.1、0.1，0.1、0.1、0.1 分值；熟悉程度包括“非常熟悉”“比较熟悉”“一般熟悉”“不太熟悉”“非常不熟悉”五个等级，分别对应计为 0.9、0.7、0.5、0.3、0.1 分值①。在咨询表中设有指标建议栏，专家可以对不同意见的指标进行修改或补充。

7.2.4 专家咨询的评价

7.2.4.1 专家的积极系数

积极系数指问卷发放的回收率，积极系数的数值计算方法为收到问卷的数量，发出问卷的数量。通常认为专家问卷的回收率达到 70%以上则可采纳进行分析与报告②。本调查研究第一轮问卷发放共 20 份，收回 18 份，回收率为 90%，第二轮发放共 18 份，收回 17 份，回收率为 94%（见表 7.2)，说明专家对问卷的总体积极性较高。此外从提出建议的角度来看，也表现了专家的积极程度，并且在第一轮回馈修改后的第二轮问卷中，专家对指标的异议范围减少，意见大致趋于相同。

---

① 马利红，王彩霞．基础教育阶段英语学科素养测评指标体系的构建：基于德尔菲法的研究［J］. 中国考试，2019（2）：25-31.

② 曹妍，朱瑞芳，韩世范．应用德尔菲法构建护理论文创新性评价指标体系［J］. 护理研究，2017，31（17）：2101-2103.

表 7.2　专家问卷的发放回收情况

轮数	发放问卷	收回问卷	回收率	提出建议	占总体比重
第一轮	20	18	90%	11	61%
第二轮	17	16	94%	3	19%

7.2.4.2　专家的权威系数

专家的权威系数是判断专家对问卷的熟悉程度，直接影响指标构建的可靠性，权威系数 C_r 的计算公式为（判断依据 C_a+熟悉程度 C_s）/2，其中所涉及的评判内容与赋值情况见表 7.3。

表 7.3　专家权威情况评判的内容与赋值

判断依据 C_a	赋值			熟悉程度 C_s	赋值
	大	中	小		
实践经验	0.5	0.4	0.3	非常熟悉	0.9
理论分析	0.3	0.2	0.1	比较熟悉	0.7
同行了解	0.1	0.1	0.1	一般熟悉	0.5
直觉	0.1	0.1	0.1	不太熟悉	0.3
				非常不熟悉	0.1

参照统计学的理论要求，专家对于问卷评判的权威程度与结果呈正相关关系，当 $C_r \geq 0.70$ 时，结果为可接受的信度范围①。本研究对专家权威系数进行计算得出的数据如下（见表 7.4），其中以一级指标的评定分值看，各个指标的权威系数都在 0.70 以上，平均值为 0.84，依据函数关系可知，本研究调查的准确精度较高，可采纳分析数据，结果也是相对可信的。

① 张凯宇，谭晓东，谢玉，等．应用改良德尔菲法确定湖北省健康城市建设评估指标体系权重［J］．公共卫生与预防医学，2019，30（1）：41-45.

表 7.4　专家权威系数的统计结果

指标	判断依据 *Ca*	熟悉程度 *Cs*	权威程度 *Cr*
B_1	0.810	0.850	0.830
B_2	0.770	0.830	0.800
B_3	0.890	0.870	0.880
B_4	0.830	0.910	0.870
B_5	0.780	0.860	0.820
评价值	0.816	0.864	0.840

7.2.4.3　专家的协调系数

专家协调系数主要是反映不同专家对各个指标进行评分意见的相对一致性，协调系数 W 数值是在 0～1，当 W 值越大时，表明其协调程度越好，Kendall 协调系数的测算公式为：

$$W = \frac{12}{n^2(m^2 - 31) - n\sum_i T_i} \sum_{j=1}^{m} d_j^2$$

式中，W 表示协调系数，n 是参与专家调研的人数，m 为指标的个数，T_i 为修正的系数，d_j 为离均差。当指标个数大于 7 时，需要进行卡方的计算，各指标卡方值对应的 $P<0.05$ 达到显著水平，则表明专家的评分意见的协调性较好，那么结果可取、可靠性较高①。通过测算得出两轮的专家协调系数分别为 0.514、0.651（一级指标），0.599、0.739（二级指标），可看出随着轮数的递进，专家的协调系数逐渐变高（见表 7.5），同时一、二轮的协调检验 P 值也小于 0.05，反映了专家对于各个指标的重要程度评分趋于一致，结果可以采纳。

---

① 程琮，刘一志，王如德．Kendall 协调系数 W 检验及其 SPSS 实现［J］．泰山医学院学报，2010，31（7）：487-490.

表 7.5 专家协调系数

指标	第一轮				第二轮			
	N	W	X^2	P	N	W	X^2	P
一级指标	18	0.514	37.020	0.000	16	0.651	41.636	0.000
二级指标	18	0.599	334.210	0.000	16	0.739	366.735	0.000

7.2.5 指标的修正调整情况与基本框架内容

参照专家对指标的评分系数结果与相关建议，经过计算及综合分析，筛选出相应的协同供给指标，删除了代表性低、重叠或不合逻辑的相关指标，并对部分指标的语言结构进行了完善，其中在第一轮筛选过程中（见表 7.6），主要操作有：①删除“协同风险分担的公平性 C_{13}”（风险分担的公平性与“协同权利与责任的定位清晰程度 C_{16}”的指向性较有内涵一致之处）；②删除“协同供给目标与需求的共同意识 C_{21}”（此指标不符合一级指标协同意识的范畴）；③将“主动寻求他方协同合作的意识 C_{22}”修改为“主动解决协同问题的行为意识”（合作意识在协同供给中已有所体现）；④删除“协同责任承担意识 C_{24}”（责任承担与“协同权利与责任的定位清晰程度 C_{16}”内容具有相似之处）；⑤删除“文化理念环境协同程度 C_{33}”（其中“文化理念”的含义与协同意识与协同关系中的指标有语义重合之处）；⑥合并“相互理解包容程度 C_{44}”与“协同参与的信任程度 C_{45}”，修改为“相互信任与理解包容程度”（两者有含义相似之处）；⑦删除“协同矛盾冲突的化解程度 C_{46}”（与“协同理解包容程度”相抵触）；⑧删除“协同实施的及时反馈程度 C_{47}”（在此指标重要性不足）；⑨删除“协同决策获得他方支持程度 C_{51}”（与协同本意有相斥之处）；⑩删除“持续参与协同供给的意愿程度 C_{52}”（与“相互协同的信心与认定意识 C_{23}”和“协同谋划未来发展的目标意识 C_{26}”内容指向性相重合）。按照专家意见对以上相关指标予以修改调整。

表 7.6　第一轮指标筛选结果的相关系数统计

指标内容	算术均值	满分频率	变异系数
协同规则 B_1	4.83	0.833	0.079
协同意识 B_2	4.17	0.222	0.123
协同环境 B_3	4.22	0.222	0.101
协同关系 B_4	4.11	0.167	0.115
协同价值 B_5	4.94	0.944	0.048
协同运作方案设计的完备性 C_{11}	4.28	0.333	0.134
协同操作秩序的规范性 C_{12}	3.83	0.389	0.161
协同风险分担的公平性 C_{13}	1.78	0.111	0.563
协同过程的互相监督程度 C_{14}	3.67	0.222	0.247
法律对于协同主体的行为约束程度 C_{15}	3.33	0.167	0.252
协同权利与责任的定位清晰程度 C_{16}	4.61	0.722	0.169
协同管理模式的合理程度 C17	3.78	0.389	0.171
协同供给目标与需求的共同意识 C_{21}	1.83	0.111	0.430
主动寻求他方协同合作的意识 C_{22}	3.72	0.556	0.202
相互协同的信心与认定意识 C_{23}	4.56	0.778	0.229
协同责任承担意识 C_{24}	1.56	0.056	0.395
协同主体行动激励动机意识 C_{25}	4.00	0.444	0.192
协同谋划未来发展的目标意识 C_{26}	3.89	0.333	0.263
政策执行环境协同程度 C_{31}	4.39	0.667	0.261
金融资本环境协同程度 C_{32}	4.72	0.889	0.203
文化理念环境协同程度 C_{33}	1.89	0.056	0.571
科学技术环境协同程度 C_{34}	3.78	0.389	0.295
人力资源环境协同程度 C_{35}	3.89	0.500	0.263
话语权与对立平等程度 C_{41}	4.78	0.833	0.096
信息交流的通畅程度 C_{42}	4.28	0.500	0.209
相互不可替代程度 C_{43}	4.22	0.611	0.288

续表

指标内容	算术均值	满分频率	变异系数
相互理解包容程度 C_{44}	3.00	0.278	0.229
协同参与的信任程度 C_{45}	2.89	0.167	0.163
协同矛盾冲突的化解程度 C_{46}	1.67	0.056	0.543
协同实施的及时反馈程度 C_{47}	1.89	0.111	0.308
协同决策获得他方支持程度 C_{51}	2.00	0.067	0.543
持续参与协同供给的意愿程度 C_{52}	1.44	0.056	0.438
遵循协同合约的运行实施程度 C_{53}	3.72	0.333	0.202
自身权益得到相对的保障程度 C_{54}	3.67	0.389	0.324
协同对于成本节省的程度 C_{55}	4.44	0.667	0.222
协同关联资源的利用程度 C_{56}	3.89	0.444	0.214
协同预期收益目标达成程度 C_{57}	4.56	0.722	0.188

注：①算术均数的界值：4.454−0.355＝4.099（一级指标），3.436−1.064＝2.372（二级指标）；
②满分频率的界值：0.478−0.338＝0.140（一级指标），0.386−0.251＝0.135（二级指标）；
③变异系数的界值：0.093+0.025＝0.118（一级指标），0.280+0.129＝0.409（二级指标）。

在经过第一轮指标的筛选之后，进行了指标内容的修改，重新拟定专家调查问卷（见附录二中的问卷B），并进行了二次专家调研。通过统计与分析得出第二轮的专家筛选意见大多趋于一致（见表7.7），只需要删除“法律对于协同主体的行为约束程度 C_{14}”指标，其他相应指标予以保留。

表7.7　第二轮指标筛选结果的相关系数统计

指标内容	算术均值	满分频率	变异系数
协同规则 B_1	4.88	0.875	0.070
协同意识 B_2	4.69	0.688	0.102
协同环境 B_3	4.75	0.750	0.094
协同关系 B_4	4.69	0.688	0.102
协同价值 B_5	4.94	0.938	0.051

续表

指标内容	算术均值	满分频率	变异系数
协同方案设计的完备程度 C_{11}	4.50	0.563	0.140
协同操作秩序的规范程度 C_{12}	4.44	0.500	0.142
协同过程的互相监督程度 C_{13}	4.38	0.500	0.164
法律对于协同主体的行为约束程度 C_{14}	3.50	0.188	0.330
协同权利与责任的定位清晰程度 C_{15}	4.75	0.813	0.121
协同管理方式的合理程度 C_{16}	4.31	0.563	0.203
主动解决协同问题的行为意识 C_{21}	4.56	0.625	0.138
相互协同的信心与认定意识 C_{22}	4.56	0.688	0.159
协同主体行动激励动机意识 C_{23}	4.37	0.500	0.165
协同谋划未来发展的目标意识 C_{24}	4.38	0.500	0.164
公共体育服务法规政策环境协同程度 C_{31}	4.56	0.688	0.159
公共体育服务金融资本环境协同程度 C_{32}	4.81	0.875	0.113
公共体育服务科学技术环境协同程度 C_{33}	4.31	0.500	0.184
公共体育服务人力资源环境协同程度 C_{34}	4.38	0.500	0.164
协同话语权与对立平等程度 C_{41}	4.69	0.750	0.128
协同交流沟通的信息通畅程度 C_{42}	4.63	0.688	0.134
相互依赖性与不可替代程度 C_{43}	4.50	0.625	0.162
相互信任与理解包容程度 C_{44}	4.69	0.813	0.150
遵循合约的协同运作实施程度 C_{51}	4.37	0.500	0.184
自身权益得到相对的保障程度 C_{52}	4.31	0.563	0.202
协同对于成本节省的程度 C_{53}	4.50	0.563	0.140
协同关联资源的利用程度 C_{54}	4.56	0.625	0.138
协同预期收益目标达成程度 C_{55}	4.81	0.813	0.084

注：①算术均数的界值：4.790−0.102=4.688（一级指标），4.473−0.258=4.215（二级指标）；
②满分频率的界值：0.788−0.102=0.686（一级指标），0.606−0.148=0.458（二级指标）；
③变异系数的界值：0.083+0.020=0.103（一级指标），0.159+0.045=0.204（二级指标）。

参照两轮的专家调研筛选结果，通过修改、删除、合并指标后，最终所构建的协同供给指标模型由 5 个一级指标，22 个二级指标组成，具体见表 7.8。

表 7.8 网络化治理下公共体育服务协同供给指标模型的基本框架

总目标 A	一级指标 B	二级指标 C
协同供给 A	协同规则 B_1	协同方案设计的完备程度 C_{11} 协同管理方式的合理程度 C_{12} 协同操作秩序的规范程度 C_{13} 协同过程中互相监督程度 C_{14} 协同权利与责任定位的清晰程度 C_{15}
	协同意识 B_2	相互协同的信心与认定意识 C_{21} 主动解决协同问题的行为意识 C_{22} 协同主体行动激励的动机意识 C_{23} 协同谋划未来发展的目标意识 C_{24}
	协同环境 B_3	公共体育服务法规政策环境协同程度 C_{31} 公共体育服务金融资本环境协同程度 C_{32} 公共体育服务科学技术环境协同程度 C_{33} 公共体育服务人力资源环境协同程度 C_{34}
	协同关系 B_4	协同话语权与对立平等程度 C_{41} 协同交流沟通的信息通畅程度 C_{42} 相互依赖性与不可替代程度 C_{43} 相互信任与理解包容程度 C_{44}
	协同价值 B_5	遵循合约的协同运作实施程度 C_{51} 协同运行的成本节约程度 C_{52} 协同关联资源的使用程度 C_{53} 自身权益得到相对保障程度 C_{54} 协同预期收益目标达成程度 C_{55}

7.3 网络化治理下公共体育服务协同供给指标模型的效用分析

公共体育服务协同供给的网络化治理模式是以政府部门为主导，并与市场和社会组织之间相互合作，以此为大众提供高质量的公共体育服务产品。此种模式只在具有政府、市场和社会组织等多元主体广泛参与的一定区域内适用，契合社会经济水平较发达的地域或功能组织体系较完备的项目。网络化治理下的协同供给趋向满足大众多样化的体育需求，并且以一个或多个治理中心为背景，在合理、平等、互信、责任、互惠原则的基础上构建公共体育服务协同供给主体的良性竞争发展模式，通过内部自我协调运转，取得相对平衡稳定态势。同时在机制的运作与制度的保障下公共体育服务协同供给得以顺畅运行，共同协作公共体育事务、一起合作分担公共体育服务责任，形成和谐共生、合作共赢的弹性网络关系局面（见图 7.2）。此外模型的效用价值是建立在政府、市场、社会组织等多维主体协同合作的关系网络基础上的，所构架的公共体育服务协同供给模型在实践中可获得一定量的运转应用

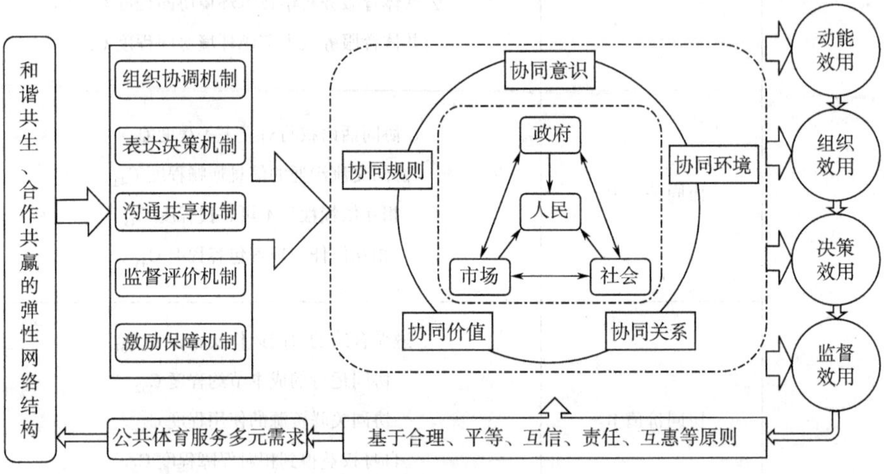

图 7.2 网络化治理下公共体育服务协同供给指标模型线路

效能，其中包括：促使公共体育服务协同供给循环推动，维护公共体育服务协同供给组织实施、保证公共体育服务协同供给监督、提供公共体育服务协同供给决策建议，从而提升公共体育服务供给效率。

7.3.1 网络化治理下公共体育服务协同供给指标模型的引导效用

在实际公共体育服务协同供给中，不同供给主体所发挥的效能作用是不尽相同的，各自有不同的供给优势与固有边界。在此情境下协同合作供给的动力机制因互补效应而产生运转能量，规则的确立是公共体育服务协同供给的运行基础，遵守协同规则是网络化治理下各个供给主体参与公共体育服务的运行保障。政府供给主体以大众的实际需求为导向积极引导协同规则模式的形成，获取市场与社会组织参与公共体育服务合作供给的认同和信任，以合作意识的促成来推进公共体育服务协同供给的实施。政府通过合理规范的激励机制保障运作达成循环协同供给的网络结构，在政策、资本、文化、科技、人才等客观的协同环境因素的协调下加强供给主体之间的内部协同合作关系，获得较高的协同价值，广泛实现各个协同供给主体的切实利益，以此全面提升公共体育服务协同供给效能。

7.3.2 网络化治理下公共体育服务协同供给指标模型的协调效用

公共体育服务协同供给通过网络化“互相传导”所构成的弹性组织更加有益于效率提升，从而带动协同供给主体趋于运用优势资源，科学合理调整资源配置。清晰的权责定位可赋予协同供给组织规范效能，通过对供给主体之间的管理操作与监督强化组织的行为纽带，整合市场金融资本与人才技术资源的共同运转，完善供给责任主体的落实工作。强调协同供给部门之间的信任沟通机制与相对平等，是为了加深各供给主体的组织协调关系，加强协同供给的组织信心，确立好供给目标与大众实际体育健身需求相一致价值观念。网络化治理促使政府部门在协同供给运作中发挥组织保障的功能作用，引导组织实施市场与社会各部门合作供给公共体育服务，简化供给流程以降低行政部门的过多干预，围绕着目标价值从而疏通组织关系网络，同时以制度的约束增加协同供给组织间的理解包容程度，促进公共体育服务协同供给的内部协调效率。

7.3.3 网络化治理下公共体育服务协同供给指标模型的评估效用

公共体育服务协同供给模式打破了以往传统的垄断供给，促进了公共体育服务供给竞争机制的形成，对公共体育服务的产品管理、服务范畴、价格质量等多个方面提出了更高要求。网络化治理下的公共体育服务协同供给更加重视监管评估的机制作用，在规则的基础上审视协同方案设计的完备性与协同秩序的规范性，以及厘清协同过程中责任定位的方向性与管理方式的合理性。通过协同意识与协同关系的相关行为特征，评估公共体育服务协同供给主体之间的内部组织运行状况，并可从制度政策、市场资本、科学技术、人才等客观环境统筹外部优势资源协同。适时对协同方案的实施进程开展阶段性评估，反馈协同关联资源的使用水平，控制供给主体的操作成本，参照各供给主体预期目标的达成情况对协同供给的运作轨迹予以矫正，为后续进行的协同供给运行提供必要的决策依据，从而全面提升公共体育服务供给产品的质量，满足大众多元化的体育需求。

7.3.4 网络化治理下公共体育服务协同供给指标模型的决策效用

在网络化治理下公共体育服务的协同供给指标模型中，政府部门、市场与社会组织等多元供给主体互相协商参与运作，并在沟通、信任、互动、理解等合作原则下结成网络状的弹性组织构架体系，产生多种公共体育服务供给协作组合形式。因此协同供给的决策内容需要更具有针对性，对应协同规则的完善是公共体育服务协同供给决策的首要任务，是政府部门、市场及社会组织等多供给主体进行协同高效供给运作的前提。为此需要在方案设计、管理方式、操作秩序、权责划分等方面进行规则的明细制定，同时明确政策与资本等协同环境的决策保障作用，以协同意识与协同行为关系为决策驱动力，强化协同供给主体之间的责任承担与沟通协商能力，提高协同供给的执行力度，推动公共体育服务协同供给按合约内容实施。要以协同供给预期目标价值为导向进行决策，将协同供给的资源使用率扩大化，保障公共体育服务需求的表达机制，建立健全对应的协同供给决策机制，实现公共体育服务协同供给指标模型的循环可持续发展。

7.4 本章小结

本章主要构建了网络化治理下公共体育服务协同供给的指标模型。首先，提出了指标体系的构建思路，设立了以系统性与相关性、创新性与引导性、独立性与可比性、有效性与操作性等多项结合的构建原则，确立了用德尔菲法对网络化治理下公共体育服务协同供给指标体系进行模型构建；其次，通过建立指标体系、成立专家咨询小组、拟定专家调查咨询表、对咨询专家的评价等相应筛选构建流程，获得了网络化治理下公共体育服务协同供给指标模型的基本框架，指标模型共由 5 个一级指标，22 个二级指标组成；最后，从动能、组织、评估、决策等四个方面对所构架的协同供给指标模型进行效用分析，推动实现网络化治理下公共体育服务协同供给模型的高效应用。本章是全书实证研究的开端，依据相关原则科学构建了网络化治理下公共体育服务协同供给指标模型，从多维度视角探析了模型的效用机制，这是公共体育服务协同供给评价的指标判断依据，也是对后面章节有关上海市公共体育服务协同供给效果分析做了铺垫。

8

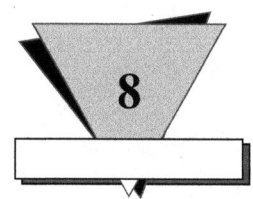

网络化治理下公共体育服务协同供给的评价——以上海市为例

8.1　上海市公共体育服务协同供给的主体识别与界定

网络化治理下的公共体育服务协同供给发展是一种循序渐进的拟合过程，会受到内外环境因素的影响而产生集成变化。目前我国上海市无论是外部社会经济发展还是内部公共事务的合作理念都处于较高水平，在各个基础要素的推动作用下公共体育服务协同供给模式已经初步成形，并获得了一定的驱动能量效应。上海市公共体育服务供给的协同运作涉及各利益相关主体，不同身份的利益相关者对于协同整体的影响效果也不尽相同。利益相关者理论起源于20世纪60年代英美国家的企业治理模式研究，且于后期逐渐开始延伸至市场与国家大环境当中①。本节依据利益相关者理论对上海市公共体育服务协同供给主体的利益关联组织进行识别，划分出直接或间接协同参与公共体育服务供给运作的行为主体，这些组织与个体对提高协同供给效率产生主要影响，所属于利益体的联合范畴内，是协同供给公共体育服务内容的重要组成部分。

8.1.1　上海市公共体育服务供给的总体概况

上海市位于华东地区，是我国四个直辖市之一，是全国的经济、贸易、金融、航运中心。截至2018年末，上海市总面积为6 340.5平方公里，共分为16个辖区，常住人口为2 423.78万人，实现人均生产总值为13.5万元，社会经济发展稳步提升②。近几年在围绕构建全球著名体育中心城市与健康上海的总体目标下，上海市公共体育事业发展迅猛。2018年上海市经常参加体育锻

① 邬晓燕，程苹．基于利益相关者视角的科技风险认知与规制［J］．北京交通大学学报（社会科学版），2012，11（4）：75-80.

② 上海市人民政府新闻办公厅，上海市统计局．上海概况2019［M］．上海：上海世纪出版社，2019：6-29.

炼的人口比重占常住人口的 42.8%，体育消费人群占比 80.9%，体育产业总产出1 496.11亿元，占当年上海 GDP 比重为 1.7%；上海市拥有体育社会组织 1 185 个，人均体育场地面积 2.23 平方米。同时上海政府正不断增加公共体育设施服务供给，并持续对嘉定区市民体育公园、浦东足球场、徐家汇体育公园等重大体育场地设施项目增加投入。目前已有市民益智健身苑点16 307 个，市民健身步道1 326条，社区市民中心 84 个，市民健身房 181 个①。此外上海市一直不断深化群众体育赛事活动的“放管服”改革，充分发挥了市场与社会组织力量，增加了公共体育赛事活动的服务办赛主体，相当一部分体育企业与社会组织参与公共体育赛事活动的实操能力得到锻炼和提高。例如，上海市城市业余联赛全面实现了 100%社会化办赛模式，企业与社会组织参比分别为 38.3%和 61.7%②。由政府部门搭建平台，市场与社会组织参与的“政府、市场、社会”三轮驱动公共体育服务协同模式达到了一定的发展水准，因此针对上海市公共体育服务协同供给分析具有相对的研究代表性。

8.1.2 上海市公共体育服务协同供给主体的识别

在公共体育服务事业高速发展的背景下，上海市群众对体育服务的总体满意程度较高。在最新发布的《上海市全民健身发展报告》中，“健身环境、运动参与、体质健康”三项指标均达到满意水平，公共体育服务供给侧改革得到了不断深化，尤其是在上海市各级政府部门的引领下，市场与社会组织力量参与公共体育服务供给得到了凸显。上海公共体育服务供给符合利益相关者理论，其中政府部门是公共体育服务供给的主导者与监督者，政府部门供给主体包括上海市体育局和各区体育局单位、组织参与公共体育服务供给的政府街道单位、参与管理公共体育服务活动的相关政府行政部门等；市场

---

① 上海市体育局．图解《2018 年上海市全民健身发展报告》［EB/OL］．［2019-09-19］http：//tyj.sh.gov.cn/General/SubInfoPublicDetail/789a61da-2d3d-49ae-a381-07300cf9cfdf.

② 袁浩．上海市体育局在打造城市业余联赛的过程中采用了政府、社会和市场三方协作办赛的新模式：开放办赛理念值得推广［N］．工人日报，2018-05-01（8）．

企业是公共体育服务供给的主要执行者与行动方，有利于提高公共体育服务的供给竞争力与产品质量，市场企业供给主体包括相关体育管理企业、体育赛事运作企业、体育休闲健身企业、体育场地设施企业、体育用品企业、体育培训公司、体育中介公司、体育传媒公司以及参与公共体育服务供给的其他关联企业单位等；体育社会组织是公共体育服务供给的重要运行载体，可促进公共体育服务供给的社会公平与福利水平，社会组织供给主体包括有上海市各单项体育协会、社区体育协会组织、非营利性质的体育俱乐部、体育基金会、体育社会志愿组织、体育类民办非企业单位、参与公共体育服务供给活动的各类相关体育社会组织等。

8.2 上海市公共体育服务协同供给评价的思路与方式选择

本研究所构建的协同供给指标模型正契合上海市公共体育服务协同供给的发展状况，其可用于实际的评价应用，呈现了指标模型的评估管控效用。公共体育服务协同供给的评价是以协同供给目标为执行依据，评估的中心内容是对协同供给主体工作运行状况的考察，以便纠正公共体育服务协同供给过程中的问题，获取协同供给经验，提升供给主体之间的协同运行效率。协同供给的操作评价归根结底是对实际运作效能的评价，可理解为：是了解事物发挥的有利作用①。加强效能应用从管理学的视角阐述为通过规范流程、分工体系等途径提高资源的有序分配②。而协同供给评价是在实践基础上有组织地客观评估各关联事物在供给中所产生的相对价值效应。西肖尔在《组织效能评价标准》中认为，效能评价是依照逻辑性与秩序性将不同类别的衡量标准综合分析处理，以此进行综合目标最大化的组合评价③。

① 黄晓薇．县级人大监督效能提升研究［D］．昆明：云南大学，2013：9-10.

② 张熹．济南市行政效能监察评价问题研究［D］．济南：山东大学，2013：21-23.

③ 马雁军．政府绩效定量评估体系研究［D］．天津：天津大学，2007：16-19.

8.2.1 上海市公共体育服务协同供给评价的基本思路

实际效果评价需要遵循一套相对完备的流程体系。针对上海市公共体育服务协同供给的评价，首先应该要明确评价的对象范围，找准评价的目标，参照所评价的对象与目标有选择性地采取相应手段；其次在公共体育服务协同供给的价值导向下做好评价前的准备工作；再次要充分考虑供给主体的相关利益，以构建好的指标体系作为评价内容，组织评价工作小组实施开展评价事务，然后对所收集到的数据资料进行录入和运算，比较分析评价的结果与成效，探析评价结果的缘由与对协同供给所产生的可能性影响；最后将分析结论反馈至供给主体实际协同运作中，为公共体育服务协同供给的模式创新与可持续发展提供经验与依据。

8.2.2 上海市公共体育服务协同供给评价的方法选择

在通常的协同供给评价中，可采用的方法类型较多，其中就包括熵值法、因子分析法、层析分析法、聚类分析法、模糊综合评价法、灰色关联度评价法等。每种评价方法的测算与所适用的评价对象都不一样①。在对上海市公共体育服务协同供给评价的过程中，由于协同供给所涉及的评价内容大多具有模糊抽象性，难以进行量化，为了能更加准确、高效地获得上海市公共体育服务协同供给的评价结果，实证研究将采取层次分析法与模糊综合评价法对协同供给进行整体评估。

层次分析法是美国运筹学专家萨蒂（Satty）于20世纪70年代提出的定性与定量相结合决策方法，用来解决多层级、多目标、无结构特征的相关决策问题，其原理是根据含有阶梯形的准则及子目标、部门约束条件等来评价系统项目方案，通过两两比较的方式来确定相关矩阵，再将矩阵最大特征向量中分向量作为相关系数，计算得出评价内容的层级权重②。模糊综合评价法

① 钱洁．论社会公共安全协同供给［D］．南京：南京大学，2013：58-61.

② 苗郁．军事装备效能评估方法的相关分析［J］．科技经济导刊，2018，26（7）：242.

是基于模糊数学将不容易定量化处理、内容不清晰的相关因素实现量化，再从多因素对被评价事物的隶属等级状况进行综合评判的方法；其是从末层级模糊评价计算开始，按照递阶结构逐级至目标层面展开运算获得整体评价结果①。三角白化权函数灰色评估是在灰色理论的基础上以灰色过程及生成空间为内容的重要组成部分，以灰数的三角白化权函数为构成基础，对收集的信息按照灰类进行归纳处理，尤其是在信息收集不完善的状况下，可对有效信息的生产与开发来实现评估结果及情境决策的获取②。

本研究参照公共体育服务协同供给的特殊属性，将层次分析法合理嵌入协同供给评价中，以此确定各个指标的权重系数，在符合客观实际需要的情境下让其易于定量表示，并结合模糊综合评价法对公共体育服务协同供给展开综合评判，使得协同规则、协同意识、协同关系等难以定量的评价指标因素进行数据化分析。模糊综合评价法在操作运算中可能会存在结果不易分别的情况，所以在进行结果分析时对常用最大隶属度进行加权平均，提出了评价法的改进模型，使协同供给的评价结果更合理准确。同时为克服模糊评价结论的弊端，在采用层次分析法获得层级权重后，引入三角白化权函数进行相关灰色评估分析，判断评估对象的归属灰类，得出最终评估等级并与模糊综合评价的值相对比，从而对上海市公共体育服务协同供给的评价更加全面具体。

8.2.3 上海市公共体育服务协同供给评价的实证数据搜集与处理说明

构建指标体系的主要目的是为了实践与应用，依据网络化治理下公共体育服务协同供给的指标模型，对上海市公共体育服务协同供给进行实证评估，进而通过实际测评结果分析协同供给运行效益与可能存在的问题。实证数据

① 毕文豪，张安，王安丽．基于模糊综合评价的光电对抗装备效能评估［J］．火力与指挥控制，2013，38（4）：60-63．

② 王化中，强凤娇．三角白化权函数灰色聚类决策下中小企业信用评价模型构建［J］．企业经济，2014（4）：89-92．

收集主要采用调查问卷，问卷分为三个部分：一是针对相关领域专家的调查问卷（见附录二中的问卷C），目的是通过专家对协同供给指标的两两比重进行打分来确定各层级的权重数据；二是针对上海市公共体育服务协同供给的调查问卷（见附录二中的问卷D），主要包括参与上海市公共体育服务协同供给运作过程的相关政府部门、市场与社会组织等单位的有关人员，以获取各对应指标的有效数据信息；三是关于上海市公共体育服务协同供给状况的调查问卷（见附录二中的问卷E），并进行针对性对点发放，主要包括在公共体育服务协同供给领域有较高知名度的专家学者和参与并熟知上海市公共体育服务协同供给项目内容的政府部门、市场与社会组织等单位的主要领导或负责人。

由于上海市公共体育服务协同供给的相关调查研究（问卷D）具有明确的指向性，主要目标对象为政府部门、市场企业、社会组织，因此协同供给的调查问卷分别对这些参与公共体育服务协同供给的相关单位或组织及个人进行发放。发放时间为2019年3月至10月，采用SPSS22.0进行数据录入统计。一共发放问卷共900份，共回收799份，回收率为88.8%，有效问卷735份，有效率为91.9%。其中对政府部门发放问卷300份，回收268份，有效问卷251份；对市场企业发放问卷300份，回收270份，有效问卷239份；对社会组织发放300份，回收261份，有效问卷245份。

关于上海市公共体育服务供给主体协同供给的调查问卷（问卷D）按照Likert五级量表形式研制，包括高、较高、一般、较低、低这五个程度。问卷完成后开展信度和效度检验，以保证问卷内容分析结果的真实可靠性，检验问卷信度通常采用Cronbach's alpha系数来测量。当alpha值相对较大时，那么问卷的信度就较高，一般测算值在0.7以上则认为问卷的信度较好。本研究的问卷测算结果为0.863，表明问卷具有较高的内部一致性。问卷效度分为结构效度与内容效度，本研究的问卷主要依据所构架的协同供给指标体系而设计，指标体系的结构与内容依靠相关领域的专家进行指导并参照汲取了国内外的相关文献，使用德尔菲法通过多轮次的专家筛选操作，因此问卷的设计保证了结构效度与内容效度。

8.3 上海市公共体育服务协同供给评价的步骤演绎与具体过程

公共体育服务协同供给的评价需要明确评价的具体细则流程。为遵循科学合理性等相关评价原则，协同供给评价先采用层次分析法确立层级关系，接着构造判断矩阵，进行一致性检验后计算得出相应的权重分值，结合模糊综合评价法确定协同供给评价的因素集合与评语等级论域，依次建立模糊关系的隶属度矩阵，综合计算得出分值高低，由此进行协同供给评判。在获得权重数值后，为避免模糊综合评价的差异性，采取三角白化权函数的灰色评估法对上海市公共体育服务协同供给进行整体效能评估，以此进行结果相对比较，从侧面验证模糊综合评价结果的实际可得性。

8.3.1 协同供给评价的层级结构

根据公共体育服务协同供给评价指标模型，结合上海市公共体育服务供给机制的运作特点，将上海协同供给评价按照整体目标、准则要素以及具体执行方案分为最高目标层、中间准则层、最低方案层三个层级结构，以此对应的指标体系为整体总目标、一级指标和二级指标。

8.3.2 构建两两对比判断矩阵

判断矩阵元素中的对应值反映层级领域中指标之间的相对重要性，一般使用定性方法对指标元素进行判断所得出的权重分值是没有说服力的，通常是采用1~9及其倒数的定量标度方法比较能提高准确度（见表8.1），同时规避了元素之间因性质不同而互相比较困难的情况①。所以设置比较各中间准则

① 孙建华．嵩山世界地质公园生态旅游资源评价与可持续发展研究［D］．北京：中国地质大学，2014：50-55.

层中 B_1, B_2, …, B_n 对最高目标层面 S 的重要度，那么 $B_i/B_j=U_{ij}>0$, $U_{ij}=1/U_{ji}$, $S=(U_{ij})_{n\times n}$，故判断矩阵如下：

$$S=\begin{bmatrix} U_{11} & U_{12} & U_{13}\cdots \\ U_{21} & U_{22} & U_{23}\cdots \\ \cdots & \cdots & \cdots \\ U_{n1} & U_{n2} & U_{n3}\cdots \end{bmatrix}$$

表 8.1　元素相对重要性的比例标度

标度	含义
1	两个元素相比同等重要
3	两个元素相比，前者比后者略为重要
5	两个元素相比，前者比后者相当重要
7	两个元素相比，前者比后者明显重要
9	两个元素相比，前者比后者绝对重要
2，4，6，8	上述相邻判断的中间值
倒数	若元素 i 与元素 j 相比的 a_{ij}，则元素 j 与元素 i 相比得 $1/a_{ij}$

8.3.3　计算权重及一致性检验

选取政府部门、市场与社会组织、科研院所等相关领域中的 10 位权威专家对协同供给的各评价指标进行重要程度判断，运用软件 yaahp12.1 计算判断矩阵 S 的最大特征根 λ_{max}，以及相对应的特征向量 W，此特征向量也就是各评价元素的重要性排序，即权系数的分配情况。同时需进行判断矩阵的一致性检验，计算一致性指标 CI 和一致性比 CR：

$$CI=\frac{\lambda_{max}-1}{n-1},\ CR=\frac{CI}{RI}$$

式中 n 为矩阵的阶级数，矩阵 S 的最大特征根为 λ_{max}，平均随机一致性指标为 RI。根据计算得出对各个矩阵计算随机一致性指标值（RI 的取值见表

8.2)，CI 数值越小，则矩阵一致程度越高；当随机一致性比率 $CR = \frac{CI}{RI} <$ 0.10 时，可认为对层次分析排序结果的一致性较满意，那么权系数的分配情况是合理的，完成一致性检验；不然则说明偏离程度较大，需要重新获取判断矩阵的元素值，再次进行权系数值的分配①。

表 8.2 平均随机一致性指标

n	1	2	3	4	5	6	7	8	9	10	11	12	13	14	15
RI	0	0	0.58	0.90	1.12	1.24	1.32	1.41	1.45	1.49	1.51	1.54	1.56	1.58	1.59

8.3.4 获得各指标权重的分值

通过统计运算，在发放的 10 份问卷中有 1 份专家问卷未能通过一致性检验，剩余 9 份问卷均通过一致性检验，其数据有效合理，并对专家评分计算所得的归一化指标总排序权重数值进行汇总及求和平均。以一名专家的回复问卷为例介绍运算过程（表 8.3 至表 8.9），其他专家分析方式与其等同。

表 8.3 协同供给评价一级指标的判断矩阵表

指标	B_1	B_2	B_3	B_4	B_5	Wi
B_1	1	2	2	2	1	0.280 3
B_2	1/2	1	2	1	1/2	0.162 4
B_3	1/2	1/2	1	1	1/3	0.114 7
B_4	1/2	1	1	1	1/2	0.140 1
B_5	1	2	3	2	1	0.302 5

注：一致性检验：0.012 4（通过），λ_{max} =5.055 6，对总目标权重：1.000 0

① 李晓娟 . Y 高职院校会计专业学生职业能力提升研究［D］. 咸阳：西北农林科技大学，2015：25-26.

表 8.4 协同供给评价二级指标的判断矩阵表（协同规则）

指标	C_{11}	C_{12}	C_{13}	C_{14}	C_{15}	W_i
C_{11}	1	2	1	3	1/2	0.226 1
C_{12}	1/2	1	1/3	2	1/2	0.127 3
C_{13}	1	3	1	3	1	0.278 2
C_{14}	1/3	1/2	1/3	1	1/2	0.090 5
C_{15}	2	2	1	2	1	0.277 9

注：一致性检验：0.033 7（通过），λ_{max} =5.150 8，对总目标权重：0.280 3

表 8.5 协同供给评价二级指标的判断矩阵表（协同意识）

指标	C_{21}	C_{22}	C_{23}	C_{24}	W_i
C_{21}	1	1	2	3	0.362 0
C_{22}	1	1	2	2	0.326 3
C_{23}	1/2	1/2	1	1	0.163 2
C_{24}	1/3	1/2	1	1	0.148 5

注：一致性检验：0.007 7（通过），λ_{max} =4.020 6，对总目标权重：0.162 4

表 8.6 协同供给评价二级指标的判断矩阵表（协同环境）

指标	C_{31}	C_{32}	C_{33}	C_{34}	W_i
C_{31}	1	1	3	2	0.345 1
C_{32}	1	1	4	2	0.370 1
C_{33}	1/3	1/4	1	1/2	0.099 9
C_{34}	1/2	1/2	2	1	0.184 9

注：一致性检验：0.003 9（通过），λ_{max} =4.010 4，对总目标权重：0.114 7

表 8.7 协同供给评价二级指标的判断矩阵表（协同关系）

指标	C_{41}	C_{42}	C_{43}	C_{44}	W_i
C_{41}	1	1	2	1/2	0.215 5
C_{42}	1	1	3	1/2	0.238 2
C_{43}	1/2	1/3	1	1/5	0.092 5
C_{44}	2	2	5	1	0.453 8

注：一致性检验：0.005 8（通过），λ_{max} =4.015 5，对总目标权重：0.140 1

表 8.8 协同供给评价二级指标的判断矩阵表（协同价值）

指标	C_{11}	C_{12}	C_{13}	C_{14}	C_{15}	W_i
C_{11}	1	2	1	3	1	0.256 7
C_{12}	1/2	1	1/3	1/2	1/2	0.100 4
C_{13}	1	3	1	2	1/2	0.225 7
C_{14}	1/3	2	1/2	1	1/3	0.119 1
C_{15}	1	2	2	3	1	0.298 1

注：一致性检验：0.042 0（通过），λ_{max} =5.188 3，对总目标权重：0.302 5

由此获得该专家对公共体育服务协同供给评价指标归一化权重的统计与排序状况如表 8.9 所示。

表 8.9 公共体育服务协同供给评价指标归一化权重值与排序状况

总目标的 CR 及 λ_{max}	一级指标及其对总目标权重	一级指标的 CR 及 λ_{max}	二级指标及对一级指标权重	对总目标权重	排序
CR=0. 0124 λ_{max}：5. 0556	(B_1) 0.280 3	CR=0.037 7 λ_{max}：5.150 8	(C_{11}) 0.226 1	0.063 3	7
			(C_{12}) 0.127 3	0.035 7	13
			(C_{13}) 0.278 2	0.078 0	2
			(C_{14}) 0.090 5	0.025 3	18
			(C_{15}) 0.277 9	0.077 9	3
	(B_2) 0.162 4	CR=0.007 7 λ_{max}：4.020 6	(C_{21}) 0.362 0	0.058 8	8
			(C_{22}) 0.326 3	0.053 0	9
			(C_{23}) 0.163 2	0.026 5	17
			(C_{24}) 0.148 5	0.024 1	19
	(B_3) 0.114 7	CR=0.003 9 λ_{max}：4.010 4	(C_{31}) 0.345 1	0.039 6	11
			(C_{32}) 0.370 1	0.042 5	10
			(C_{33}) 0.099 9	0.011 5	22
			(C_{34}) 0.184 9	0.021 2	20
	(B_4) 0.140 1	CR=0.005 8 λ_{max}：4.011 5	(C_{41}) 0.215 5	0.030 2	16
			(C_{42}) 0.238 2	0.033 4	14
			(C_{43}) 0.092 5	0.013 0	21
			(C_{44}) 0.453 8	0.063 6	6

续表

总目标的 CR 及 λ_{max}	一级指标及其对总目标权重	一级指标的 CR 及 λ_{max}	二级指标及对一级指标权重	对总目标权重	排序
CR=0. 0124 λ_{max}：5. 0556	(B_5) 0. 302 5	CR=0. 042 0 λ_{max}：5. 188 3	(C_{51}) 0. 256 7	0. 077 7	4
			(C_{52}) 0. 100 4	0. 030 4	15
			(C_{53}) 0. 225 7	0. 068 3	5
			(C_{54}) 0. 119 1	0. 035 9	12
			(C_{55}) 0. 298 1	0. 090 1	1

按照同样流程依次将通过一致性检验（$CR<0.10$）的专家评判所得权重数据进行汇总（表 8. 10 至表 8. 15），最终获得公共体育服务协同供给评价指标的权重（见表 8. 16）。

表 8. 10　一级指标权重

专家	1	2	3	4	5	6	7	8	9	求和 $\sum$	平均 $\approx\bar{X}$
B_1	0. 292 6	0. 238 7	0. 294 6	0. 342 6	0. 250 6	0. 234 7	0. 257 2	0. 254 1	0. 280 3	2. 445 4	0. 271 7
B_2	0. 144 9	0. 203 9	0. 155 6	0. 159 1	0. 241 7	0. 123 8	0. 092 9	0. 160 2	0. 162 4	1. 444 5	0. 160 5
B_3	0. 088 0	0. 185 4	0. 082 8	0. 096 5	0. 211 7	0. 117 4	0. 080 0	0. 109 3	0. 114 7	1. 085 8	0. 120 6
B_4	0. 155 4	0. 098 3	0. 155 6	0. 159 1	0. 143 2	0. 136 7	0. 287 8	0. 119 8	0. 140 1	1. 396 0	0. 155 1
B_5	0. 319 2	0. 273 8	0. 311 3	0. 242 8	0. 152 8	0. 387 3	0. 282 2	0. 356 6	0. 302 5	2. 628 5	0. 292 1

表 8. 11　二级指标权重（协同规则）

专家	1	2	3	4	5	6	7	8	9	求和 $\sum$	平均 $\approx\bar{X}$
C_{11}	0. 239 3	0. 141 2	0. 218 7	0. 206 6	0. 125 1	0. 234 5	0. 351 4	0. 191 3	0. 226 1	1. 934 2	0. 214 9
C_{12}	0. 119 6	0. 173 3	0. 166 3	0. 167 3	0. 326 5	0. 237 4	0. 221 7	0. 271 9	0. 127 3	1. 811 3	0. 201 3
C_{13}	0. 173 1	0. 423 7	0. 191 2	0. 243 1	0. 143 3	0. 165 6	0. 141 3	0. 116 1	0. 278 2	1. 875 6	0. 208 4
C_{14}	0. 073 0	0. 142 6	0. 078 7	0. 097 6	0. 188 3	0. 090 3	0. 164 9	0. 168 0	0. 090 5	1. 093 9	0. 121 5
C_{15}	0. 395 0	0. 119 1	0. 345 1	0. 285 4	0. 216 8	0. 272 2	0. 120 7	0. 252 7	0. 277 9	2. 284 9	0. 253 9

表 8. 12　二级指标权重（协同意识）

专家	1	2	3	4	5	6	7	8	9	求和Σ	平均≈$\bar{X}$
C_{21}	0. 411 8	0. 269 0	0. 325 0	0. 383 8	0. 117 7	0. 440 9	0. 475 9	0. 438 9	0. 362 0	3. 225 0	0. 358 3
C_{22}	0. 293 0	0. 126 7	0. 356 2	0. 299 9	0. 294 4	0. 256 2	0. 182 4	0. 219 4	0. 326 3	2. 354 5	0. 261 6
C_{23}	0. 108 0	0. 362 8	0. 125 1	0. 125 7	0. 452 3	0. 139 2	0. 050 7	0. 169 4	0. 163 2	1. 696 4	0. 188 5
C_{24}	0. 187 2	0. 241 5	0. 193 7	0. 190 6	0. 135 5	0. 163 8	0. 291 0	0. 172 2	0. 148 5	1. 724 0	0. 191 6

表 8. 13　二级指标权重（协同环境）

专家	1	2	3	4	5	6	7	8	9	求和Σ	平均≈$\bar{X}$
C_{31}	0. 350 7	0. 242 4	0. 416 8	0. 356 2	0. 252 4	0. 274 8	0. 345 8	0. 385 4	0. 345 1	2. 969 6	0. 330 0
C_{32}	0. 350 7	0. 183 6	0. 269 5	0. 325 0	0. 423 8	0. 387 3	0. 204 2	0. 238 1	0. 370 1	2. 752 3	0. 305 8
C_{33}	0. 109 3	0. 375 7	0. 120 9	0. 125 1	0. 161 9	0. 139 7	0. 245 8	0. 169 9	0. 099 9	1. 548 2	0. 172 0
C_{34}	0. 189 2	0. 198 3	0. 192 8	0. 193 7	0. 161 9	0. 198 1	0. 204 2	0. 206 6	0. 184 9	1. 729 7	0. 192 2

表 8. 14　二级指标权重（协同关系）

专家	1	2	3	4	5	6	7	8	9	求和Σ	平均≈$\bar{X}$
C_{41}	0. 157 2	0. 281 1	0. 173 9	0. 331 9	0. 089 2	0. 280 2	0. 215	0. 281 7	0. 215 5	2. 025 7	0. 225 1
C_{42}	0. 335 0	0. 366 8	0. 316 5	0. 234 7	0. 283 5	0. 237 5	0. 139 3	0. 240 1	0. 238 2	2. 391 6	0. 265 7
C_{43}	0. 106 1	0. 150 8	0. 123 4	0. 125 7	0. 115 8	0. 119 7	0. 066 4	0. 140 9	0. 092 5	1. 041 3	0. 115 7
C_{44}	0. 401 7	0. 201 3	0. 386 2	0. 307 6	0. 511 6	0. 362 5	0. 579 3	0. 337 3	0. 453 8	3. 541 3	0. 393 5

表 8. 15　二级指标权重（协同价值）

专家	1	2	3	4	5	6	7	8	9	求和Σ	平均≈$\bar{X}$
C_{51}	0. 289 3	0. 292 1	0. 242 4	0. 223 8	0. 102 7	0. 258 1	0. 054 9	0. 235 0	0. 256 7	1. 955 0	0. 217 2
C_{52}	0. 086 3	0. 154 9	0. 092 1	0. 115 4	0. 153 1	0. 125 9	0. 141 7	0. 099 8	0. 100 4	1. 069 6	0. 118 8
C_{53}	0. 188 7	0. 287 9	0. 213 8	0. 185 0	0. 306 2	0. 184 6	0. 304 4	0. 246 0	0. 225 7	2. 142 3	0. 238 1
C_{54}	0. 129 6	0. 080 3	0. 209 2	0. 232 2	0. 119 4	0. 187 4	0. 156 3	0. 120 3	0. 119 1	1. 353 8	0. 150 4
C_{55}	0. 306 0	0. 184 9	0. 242 4	0. 243 8	0. 318 6	0. 244	0. 342 7	0. 298 9	0. 298 1	2. 479 4	0. 275 5

表 8.16　公共体育服务协同供给评价指标权重

总目标	一级指标（5个）	二级指标（22个）
协同供给（A）1.000 0	协同规则（B_1）0.271 7	协同方案设计的完备程度（C_{11}）0.214 9
		协同管理方式的合理程度（C_{12}）0.201 3
		协同操作秩序的规范程度（C_{13}）0.208 4
		协同过程中互相监督程度（C_{14}）0.121 5
		协同权利与责任定位的清晰程度（C_{15}）0.253 9
	协同意识（B_2）0.160 5	相互协同的信心与认定意识（C_{21}）0.358 3
		主动解决协同问题的行为意识（C_{22}）0.261 6
		协同主体行动激励的动机意识（C_{23}）0.188 5
		协同谋划未来发展的目标意识（C_{24}）0.191 6
	协同环境（B_3）0.120 6	公共体育服务法规政策环境协同程度（C_{31}）0.330 0
		公共体育服务金融资本环境协同程度（C_{32}）0.305 8
		公共体育服务科学技术环境协同程度（C_{33}）0.172 0
		公共体育服务人力资源环境协同程度（C_{34}）0.192 2
	协同关系（B_4）0.155 1	协同话语权与对立平等程度（C_{41}）0.225 1
		协同交流沟通的信息通畅程度（C_{42}）0.265 7
		相互不可替代程度（C_{43}）0.115 7
		相互信任与理解包容程度（C_{44}）0.393 5
	协同价值（B_5）0.292 1	遵循合约的协同运作实施程度（C_{51}）0.217 2
		协同运行的成本节约程度（C_{52}）0.118 8
		协同关联资源的使用程度（C_{53}）0.238 1
		自身权益得到相对保障程度（C_{54}）0.150 4
		协同预期收益目标达成程度（C_{55}）0.275 5

8.3.5　确定协同供给评价因素集合与等级标准论域

在通过层次分析法确立协同供给各评价指标的权重数值后，运用模糊综合评价法建立评价因素集合和等级标准论域。首先，设立评价的因素集合为 $u=\{u_1, u_2, \cdots, u_p\}$，其中 p 为同一层面上单因素的个数，由此相结合构成评价的框架模型；其次，依据层次分析法所得数据的结果成立因素集的权重向量 $W=(w_1, w_2, \cdots, w_p)$，$\sum_{i=1}^{p} w_i = 1$，$w_i < 1$，$i=1, 2, \cdots, n$，权重向量中的元素 w_i 实质是因素 u_i 对模糊子集的隶属度，即：一级因素集的权重向量为 $W_B = (0.271\,7, 0.160\,5, 0.120\,6, 0.155\,1, 0.292\,1)$，二级因素集的权重向量为 $W_{C1} = (0.214\,9, 0.201\,3, 0.208\,4, 0.121\,5, 0.253\,9)$、$W_{C2} = (0.358\,3, 0.261\,6, 0.188\,5, 0.191\,6)$、$W_{C3} = (0.330\,0, 0.305\,8, 0.172\,0, 0.192\,2)$、$W_{C4} = (0.225\,1, 0.265\,7, 0.115\,7, 0.393\,5)$、$W_{C5} = (0.217\,2, 0.118\,8, 0.238\,1, 0.150\,4, 0.275\,5)$；最后，建立评价结果的组合集合 $v = \{v_1, v_2, \cdots, v_p\}$，表示模糊子集对应存在的不同类别评价结果，参照上海市公共体育服务协同供给的特点将评价语集从高到低分别划分 5 个等级，依次为高、较高、一般、较低、低，则评判集为 $v = \{v_1, v_2, v_3, v_4, v_5\}$ = {高、较高、一般、较低、低}，为便于定量运算，其级别标准分别对应的协同供给效能赋值为 E = {100，80，60，40，20}，评价的等级划分与定级标度①可见表 8.17。

表 8.17　协同供给评价的等级划分和定级标准

评价等级	高	较高	一般	较低	低
效能赋值	100	80	60	40	20
定级	$E_{高}$	$E_{较高}$	$E_{一般}$	$E_{较低}$	$E_{低}$

8.3.6　确立隶属度矩阵进行模糊综合评价

首先，假设第 i 个评价的因素为 u_i，对每个被评的单个因素 $u_i(i = 1, 2, \cdots, p)$ 上进行定量化处理，进而确定被评项目对等级模糊子集的隶属度 $(R \mid u_i)$，则模糊关系矩阵为：

① 杜文超．基于模糊层次分析法的融创中国财务风险预警研究［D］．石家庄：河北师范大学，2018：23-26.

$$R = \begin{bmatrix} R & u_1 \\ R & u_2 \\ \cdots & \cdots \\ R & u_p \end{bmatrix} = \begin{bmatrix} r_{11} & r_{12} & \cdots & r_{1m} \\ r_{21} & r_{22} & \cdots & r_{2m} \\ \cdots & \cdots & \cdots & \cdots \\ r_{p1} & r_{p2} & \cdots & r_{pm} \end{bmatrix}$$

在矩阵 R 中的第 i 行第 j 列（$j = 1, 2, \cdots, m$）元素为 r_{ij}，所显示的是某被评因素 u_i 对 v_i 等级模糊子集的隶属度，并以模糊向量（$R \mid u_i$）=（$r_{i1}, r_{i2}, \cdots, r_{im}$）进行刻画①。

依据调研的结果，上海市公共体育服务协同供给评价的模糊关系矩阵如下。

（1）协同规则评判矩阵：

$$R_{C1} = \begin{bmatrix} 0.05 & 0.24 & 0.30 & 0.37 & 0.04 \\ 0.03 & 0.27 & 0.41 & 0.21 & 0.08 \\ 0.05 & 0.38 & 0.36 & 0.19 & 0.02 \\ 0.04 & 0.11 & 0.20 & 0.47 & 0.18 \\ 0.07 & 0.25 & 0.29 & 0.30 & 0.09 \end{bmatrix}$$

（2）协同意识评判矩阵：

$$R_{C2} = \begin{bmatrix} 0.06 & 0.28 & 0.41 & 0.20 & 0.05 \\ 0.10 & 0.39 & 0.36 & 0.12 & 0.03 \\ 0.04 & 0.21 & 0.34 & 0.37 & 0.04 \\ 0.05 & 0.30 & 0.33 & 0.26 & 0.06 \end{bmatrix}$$

（3）协同环境评判矩阵：

$$R_{C3} = \begin{bmatrix} 0.16 & 0.34 & 0.32 & 0.13 & 0.05 \\ 0.11 & 0.23 & 0.41 & 0.18 & 0.07 \\ 0.04 & 0.10 & 0.32 & 0.28 & 0.26 \\ 0.12 & 0.19 & 0.28 & 0.25 & 0.16 \end{bmatrix}$$

① 何德文，黄真谛．基于模糊综合评价法的重大工程项目社会风险评价［J］．统计与决策，2013（10）：53-56.

(4) 协同关系评判矩阵:

$$R_{C4}=\begin{bmatrix}0.10 & 0.21 & 0.29 & 0.32 & 0.08\\ 0.15 & 0.20 & 0.34 & 0.22 & 0.09\\ 0.06 & 0.12 & 0.27 & 0.38 & 0.17\\ 0.03 & 0.17 & 0.43 & 0.27 & 0.10\end{bmatrix}$$

(5) 协同价值评判矩阵:

$$R_{C5}=\begin{bmatrix}0.14 & 0.25 & 0.38 & 0.18 & 0.05\\ 0.09 & 0.24 & 0.39 & 0.22 & 0.06\\ 0.07 & 0.25 & 0.35 & 0.26 & 0.07\\ 0.10 & 0.29 & 0.38 & 0.17 & 0.06\\ 0.14 & 0.18 & 0.36 & 0.19 & 0.13\end{bmatrix}$$

其次，将权重向量 W 与 R 进行合成，得到模糊综合评价的结果向量:

$$W\times R=(w_1, w_2, \cdots, w_p)\begin{bmatrix}r_{11} & r_{12} & \cdots & r_{1m}\\ r_{21} & r_{22} & \cdots & r_{2m}\\ \cdots & \cdots & \cdots & \cdots\\ r_{p1} & r_{p2} & \cdots & r_{pm}\end{bmatrix}=(b_1, b_2, \cdots, b_m)$$

最后，对模糊综合评价的相关结果向量进行赋值运算，得出协同供给评价的指数数值 F。

已知:

协同规则权重向量 W_{C1} = (0.214 9, 0.201 3, 0.208 4, 0.121 5, 0.253 9)

协同意识权重向量 W_{C2} = (0.358 3, 0.261 6, 0.188 5, 0.191 6)

协同环境权重向量 W_{C3} = (0.330 0, 0.305 8, 0.172 0, 0.192 2)

协同关系权重向量 W_{C4} = (0.225 1, 0.265 7, 0.115 7, 0.393 5)

协同价值权重向量 W_{C5} = (0.217 2, 0.118 8, 0.238 1, 0.150 4, 0.275 5)

采用 MATLAB$_2$01 8b 软件编程计算得出二级指标的评价结果向量 $B=W_C\times R_C$，即:

$$B_1 = W_{C1} \times R_{C1}$$

$$= (0.214\,9,\ 0.201\,3,\ 0.208\,4,\ 0.121\,5,\ 0.253\,9) \times \begin{bmatrix} 0.05 & 0.24 & 0.30 & 0.37 & 0.04 \\ 0.03 & 0.27 & 0.41 & 0.21 & 0.08 \\ 0.05 & 0.38 & 0.36 & 0.19 & 0.02 \\ 0.04 & 0.11 & 0.20 & 0.47 & 0.18 \\ 0.07 & 0.25 & 0.29 & 0.30 & 0.09 \end{bmatrix}$$

$$= (0.049\,837,\ 0.261\,959,\ 0.319\,958,\ 0.294\,657,\ 0.073\,589)$$

$$B_2 = W_{C2} \times R_{C1} = (0.358\,3,\ 0.261\,6,\ 0.188\,5,\ 0.191\,6) \times \begin{bmatrix} 0.06 & 0.28 & 0.41 & 0.20 & 0.05 \\ 0.10 & 0.39 & 0.36 & 0.12 & 0.03 \\ 0.04 & 0.21 & 0.34 & 0.37 & 0.04 \\ 0.05 & 0.30 & 0.33 & 0.26 & 0.06 \end{bmatrix}$$

$$= (0.064\,778,\ 0.299\,413,\ 0.368\,397,\ 0.222\,613,\ 0.044\,799)$$

$$B_3 = W_{C3} \times R_{C3} = (0.330\,0,\ 0.305\,8,\ 0.172\,0,\ 0.192\,2) \times \begin{bmatrix} 0.16 & 0.34 & 0.32 & 0.13 & 0.05 \\ 0.11 & 0.23 & 0.41 & 0.18 & 0.07 \\ 0.04 & 0.10 & 0.32 & 0.28 & 0.26 \\ 0.12 & 0.19 & 0.28 & 0.25 & 0.16 \end{bmatrix}$$

$$= (0.116\,382,\ 0.236\,252,\ 0.339\,834,\ 0.194\,154,\ 0.113\,378)$$

$$B_4 = W_{C4} \times R_{C4}$$

$$= (0.225\,1,\ 0.265\,7,\ 0.115\,7,\ 0.393\,5) \times \begin{bmatrix} 0.10 & 0.21 & 0.29 & 0.32 & 0.08 \\ 0.15 & 0.20 & 0.34 & 0.22 & 0.09 \\ 0.06 & 0.12 & 0.27 & 0.38 & 0.17 \\ 0.03 & 0.17 & 0.43 & 0.27 & 0.10 \end{bmatrix}$$

$$= (0.081\,112,\ 0.181\,190,\ 0.356\,061,\ 0.280\,697,\ 0.100\,940)$$

$$B_5 = W_{C5} \times R_{C5}$$

$$= (0.217\,2,\ 0.118\,8,\ 0.238\,1,\ 0.150\,4,\ 0.275\,5) \times$$

$$\begin{bmatrix} 0.14 & 0.25 & 0.38 & 0.18 & 0.05 \\ 0.09 & 0.24 & 0.39 & 0.22 & 0.06 \\ 0.07 & 0.25 & 0.35 & 0.26 & 0.07 \\ 0.10 & 0.29 & 0.38 & 0.17 & 0.06 \\ 0.14 & 0.18 & 0.36 & 0.19 & 0.13 \end{bmatrix}$$

$$= (0.111\ 377,\ 0.235\ 543,\ 0.368\ 535,\ 0.205\ 051,\ 0.079\ 494)$$

则各二级指标的评价得分：

$$F_1 = B_1 \times E = 100 \times 0.049\ 837 + 80 \times 0.261\ 959 + 60 \times 0.319\ 958 + 40 \times 0.294\ 657 + 20 \times 0.073\ 589 = 58.395\ 96$$

因此上海市公共体育服务协同供给中协同规则的评价数值得分为58.395 96，依据所划分的评价等级与定级标准表明协同规则效能为一般偏下水平。

$$F_2 = B_2 \times E = 100 \times 0.064\ 778 + 80 \times 0.299\ 413 + 60 \times 0.368\ 397 + 40 \times 0.222\ 613 + 20 \times 0.044\ 799 = 62.335\ 16$$

上海市公共体育服务协同供给中协同意识的评价数值得分为62.335 16，依据所划分的评价等级与定级标准表明协同意识效能为一般偏上水平。

$$F_3 = B_3 \times E = 100 \times 0.116\ 382 + 80 \times 0.236\ 252 + 60 \times 0.339\ 834 + 40 \times 0.194\ 154 + 20 \times 0.113\ 378 = 60.962\ 12$$

上海市公共体育服务协同供给中协同环境的评价数值得分为60.962 12，依据所划分的评价等级与定级标准表明协同环境效能为一般水平。

$$F_4 = B_4 \times E = 100 \times 0.081\ 112 + 80 \times 0.181\ 190 + 60 \times 0.356\ 061 + 40 \times 0.280\ 697 + 20 \times 0.100\ 940 = 57.216\ 74$$

上海市公共体育服务协同供给中协同关系的评价数值得分为57.216 74，依据所划分的评价等级与定级标准表明协同关系效能为一般偏下水平。

$$F_5 = B_5 \times E = 100 \times 0.111\ 377 + 80 \times 0.235\ 543 + 60 \times 0.368\ 535 + 40 \times 0.205\ 051 + 20 \times 0.079\ 494 = 61.885\ 16$$

上海市公共体育服务协同供给中协同价值的评价数值得分为61.885 16，依据所划分的评价等级与定级标准表明协同价值效能为一般偏上水平。

相应目标层的模糊综合评价矩阵是：

$$R=\begin{bmatrix}R_1\\R_2\\R_3\\R_4\\R_5\end{bmatrix}=\begin{bmatrix}B_1\\B_2\\B_3\\B_4\\B_5\end{bmatrix}=\begin{bmatrix}0.049\,837 & 0.261\,959 & 0.319\,958 & 0.294\,657 & 0.073\,589\\0.064\,778 & 0.299\,413 & 0.368\,397 & 0.222\,613 & 0.044\,799\\0.116\,382 & 0.236\,252 & 0.339\,834 & 0.194\,154 & 0.113\,378\\0.081\,112 & 0.181\,190 & 0.356\,061 & 0.280\,697 & 0.100\,940\\0.111\,377 & 0.235\,543 & 0.368\,535 & 0.205\,051 & 0.079\,494\end{bmatrix}$$

故：$A=W_B\times R=(0.271\,7,\ 0.160\,5,\ 0.120\,6,\ 0.155\,1,\ 0.292\,1)\times$

$$\begin{bmatrix}0.049\,837 & 0.261\,959 & 0.319\,958 & 0.294\,657 & 0.073\,589\\0.064\,778 & 0.299\,413 & 0.368\,397 & 0.222\,613 & 0.044\,799\\0.116\,382 & 0.236\,252 & 0.339\,834 & 0.194\,154 & 0.113\,378\\0.081\,112 & 0.181\,190 & 0.356\,061 & 0.280\,697 & 0.100\,940\\0.111\,377 & 0.235\,543 & 0.368\,535 & 0.205\,051 & 0.079\,494\end{bmatrix}=$$

$$(0.083\,087,\ 0.244\,627,\ 0.349\,918,\ 0.242\,634,\ 0.079\,734)$$

可得：$F=A\times E=100\times 0.083\,087+80\times 0.244\,627+60\times 0.349\,918$

$$+40\times 0.242\,634+20\times 0.079\,734=60.173\,98$$

那么上海市公共体育服务协同供给整体的评价数值得分为60.173 98，依据所划分的评价等级与定级标准，表明上海市公共体育服务整体协同供给效能为一般水平。

8.3.7 基于三角白化权函数灰色评估分析

根据模糊综合评价所得出的相应结果，为了克服模糊分辨率的弊端，因此在层次分析法的基础上运用三角白化权函数灰色评估法对上海市公共体育服务协同供给的总体状况进行验证性评价。同时构建起三角白化权函数灰色评估的模型，参照灰色理论主要针对信息不完全、样本数较小的研究问题展开分析。灰色评估用于数据收集困难与分析条件不健全的背景下综合考虑每个样本对评估对象的结果影响，使得评估结果尽可能接近实际情况①。而基于白化权函数则是反映灰数对取值范围内不同数值的“偏离”程度，三角白化权函数依据整体的现实环境参照所属的同类对象来以此确定。采用定量化的描述方式刻画数据点隶属于对应灰类的程度，要确定评估的灰类也就是确立评估灰类的等级数、灰数以及白化函数，在现实问题的情况下三角白化权函数［记为$f(x)$］一般分为以下三类：上灰类白化权函数、中灰类白化权函数、下灰类白化权函数②。其函数图像如图 8.1、图 8.2、图 8.3 所示。

其中，上灰类白化权函数的表达式为：

$$f_1(d_{ij})=\begin{cases}1,\ d_{ij}\in[0,\ d_1]\\ \dfrac{2d_1-d_{ij}}{d_1},\ d_{ij}\in[d_1,\ 2d_1]\\ 0,\ d_{ij}\notin[0,\ 2d_1]\end{cases}$$

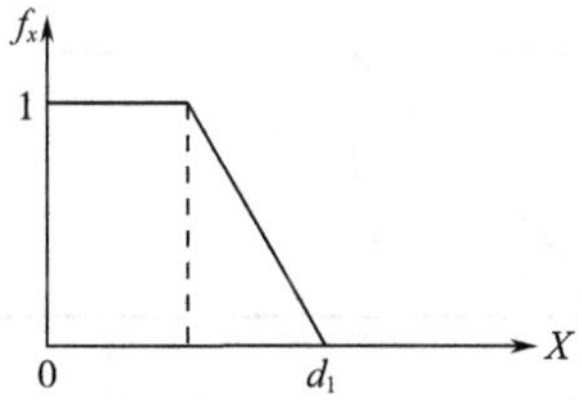

图 8.1　上灰类白化权函数图

中灰类白化权函数的表达式为：

$$f_2(d_{ij})=\begin{cases}d_{ij}/d_2,\ d_{ij}\in[0,\ d_2]\\ \dfrac{2d_2-d_{ij}}{d_2},\ d_{ij}\in[d_2,\ 2d_2]\\ 0,\ d_{ij}\notin[0,\ 2d_2]\end{cases}$$

① 王俊杰．基于区间灰数的白化权函数聚类模型及其应用研究［D］．南京：南京航空航天大学，2014：2-5.

② 亚志博．基于灰色理论的衡水配电网建设工程综合评价研究［D］．保定：华北电力大学，2013：18-25.

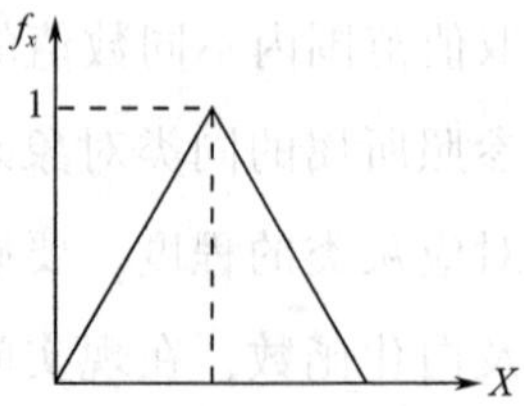

图 8.2　中灰类白化权函数图

下灰类白化权函数的表达式为：

$$f_3(d_{ij}) = \begin{cases} d_{ij}/d_3, & d_{ij} \in [0,\ d_3] \\ 1, & d_{ij} \in [d_3,\ \infty] \\ 0, & d_{ij} \notin [0,\ \infty] \end{cases}$$

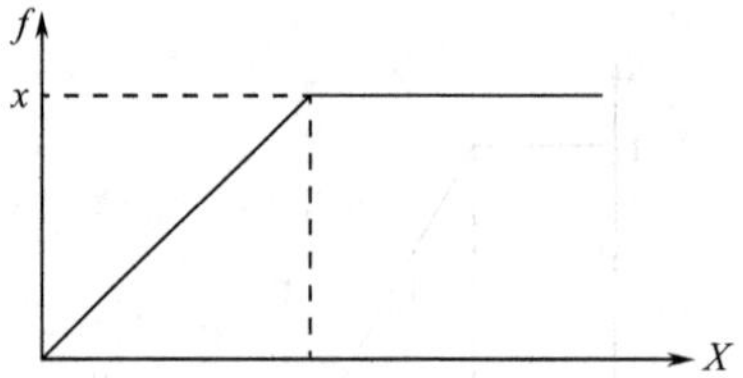

图 8.3　下灰类白化权函数图

本研究组织该领域的若干专家对上海市公共体育服务协同供给相关情况进行评判打分，各专家的编号为 $P(P = 1,\ 2,\ \cdots,\ n)$，则依据专家对不同指标的评估结果所构成的评估矩阵为 D 。

$$D = \begin{bmatrix} d_{11} & d_{12} & \cdots & d_{1n} \\ d_{21} & d_{22} & \cdots & d_{2n} \\ \cdots & \cdots & \cdots & \cdots \\ d_{m1} & d_{m2} & \cdots & d_{mn} \end{bmatrix}$$

矩阵中 n 为专家的数量，m 为指标的个数。研究将依照上海市公共体育服务协同供给的现实情况以及各个评估指标的属性特征将评估的等级划分为五级，由低到高依次为低、较低、中等、较高、高，分别对各个等级进行赋值为1、2、3、4、5，同时设有介于两者之间的评估数值为1.5、2.5、3.5、4.5，以此设计专家的调查评分问卷（见附录二中的问卷E），特邀业内12位专家（科研院所、政府部门、市场企业、社会组织各3位专家）对其进行打分，从而所得到的评估数值如表8.18所示。

表8.18　三角白化权函数灰色评估的专家评分结果

指标/专家	1	2	3	4	5	6	7	8	9	10	11	12
C_{11}	2	1.5	2	1	1.5	2.5	1	1	1.5	2	1.5	2
C_{12}	3	1	3	3	3	1	2	2	2	3	3.5	3
C_{13}	1.5	2	1	1.5	1	1	2.5	2	2	1	2	2
C_{14}	1	2	1.5	2	3.5	2	1	3	1	1.5	1	1.5
C_{15}	2	2	2.5	2.5	3	1	2	1.5	2	2	1	1.5
C_{21}	1	3	3	2	3	2.5	1.5	3	2	2	2.5	2
C_{22}	3.5	1	2	3.5	1	2	3	1	2.5	3	3	4
C_{23}	1.5	2	2	1.5	3	2	2	1.5	2	1	1.5	2
C_{24}	3	3.5	4	2.5	3	3	3	2.5	3	3.5	2.5	4
C_{31}	1	2	1	1.5	2.5	3	2.5	2.5	1	1	3	3.5
C_{32}	3	1	2.5	2.5	1	3	1.5	1.5	1	2.5	1.5	1
C_{33}	1.5	1.5	1	3	2.5	2	2	1.5	2.5	4	2.5	3
C_{34}	3	2	3.5	2	1.5	3	3.5	1.5	2	2.5	2.5	2.5
C_{41}	1.5	3	2.5	2	1.5	3	2.5	4.5	1.5	1	3	2.5
C_{42}	1.5	3.5	4	3.5	3	3.5	3	3	2	2.5	3.5	1
C_{43}	3	1.5	3.5	3	4	1.5	3	3.5	4	2.5	3	3.5
C_{44}	1	3	3	1	2.5	3	1.5	3	2.5	1	1.5	3
C_{51}	3	1.5	1	2	2	2.5	1	3.5	4	4	1	3
C_{52}	3	3	3.5	2.5	2	2.5	2	4.5	3	3.5	1.5	2.5
C_{53}	1	1.5	2.5	2	3	4	1.5	3.5	2	1.5	3	3
C_{54}	4	1	3	2.5	3	1.5	1	1	3	3.5	1	2.5
C_{55}	1.5	1	2.5	1.5	2	2	1	2	1	1.5	1	2.5

由此本研究确定为5个评估灰类，序号为$e(e=1, 2, 3, 4, 5)$，分别表示“低”“较低”“中等”“较高”“高”，相对应的灰数与白化权函数见表8.19。

表8.19 灰类评估等级数及白化权函数

评价灰类 e		灰类 $\otimes e$	白化权函数 $fe(c_{ijk})$
$e=1$	低	$\otimes 1 \in [0, 1, 2]$	$f_1(d_{ik}) = \begin{cases} 1, d_{ik} \in [0, 1] \\ 2-d_{ik}, d_{ik} \in [1, 2] \\ 0, d_{ik} \notin [0, 2] \end{cases}$
$e=2$	较低	$\otimes 2 \in [0, 2, 4]$	$f_2(d_{ik}) = \begin{cases} d_{ik}/2, d_{ik} \in [0, 2] \\ \frac{4-d_{ik}}{2}, d_{ik} \in [2, 4] \\ 0, d_{ik} \notin [0, 4] \end{cases}$
$e=3$	中等	$\otimes 3 \in [0, 3, 6]$	$f_3(d_{ik}) = \begin{cases} d_{ik}/3, d_{ik} \in [0, 3] \\ \frac{6-d_{ik}}{3}, d_{ik} \in [3, 6] \\ 0, d_{ik} \notin [0, 6] \end{cases}$
$e=4$	较高	$\otimes 4 \in [0, 4, 8]$	$f_4(d_{ik}) = \begin{cases} d_{ik}/4, d_{ik} \in [0, 4] \\ \frac{8-d_{ik}}{4}, d_{ik} \in [4, 8] \\ 0, d_{ik} \notin [0, 8] \end{cases}$
$e=5$	高	$\otimes_5 \in [0, 5, \infty]$	$f_5(d_{ik}) = \begin{cases} d_{ik}/5, d_{ik} \in [0, 5] \\ 1, d_{ik} \in [5, \infty] \\ 0, d_{ik} \notin [0, \infty] \end{cases}$

结合 $MATLAB_2 01$ 8b 的软件编程利用白化权函数计算得出各指标的专家评分属于第e个评估灰类的白化权如下（表8.20至表8.41）。

表 8.20 指标 C_{11} 专家评分属于第 e 个评价灰类的白化权

C_{11}	灰类 1（低）	灰类 2（较低）	灰类 3（中等）	灰类 4（较高）	灰类 5（高）
专家 1	0.000	1.000	0.667	0.500	0.400
专家 2	0.500	0.750	0.500	0.375	0.300
专家 3	0.000	1.000	0.667	0.500	0.400
专家 4	1.000	0.500	0.333	0.250	0.200
专家 5	0.500	0.750	0.500	0.375	0.300
专家 6	0.000	0.750	0.833	0.625	0.500
专家 7	1.000	0.500	0.333	0.250	0.200
专家 8	1.000	0.500	0.333	0.250	0.200
专家 9	0.500	0.750	0.500	0.375	0.300
专家 10	0.000	1.000	0.667	0.500	0.400
专家 11	0.500	0.750	0.500	0.375	0.300
专家 12	0.000	1.000	0.667	0.500	0.400

表 8.21 指标 C_{12} 专家评分属于第 e 个评价灰类的白化权

C_{12}	灰类 1（低）	灰类 2（较低）	灰类 3（中等）	灰类 4（较高）	灰类 5（高）
专家 1	0.000	0.500	1.000	0.750	0.600
专家 2	1.000	0.500	0.333	0.250	0.200
专家 3	0.000	0.500	1.000	0.750	0.600
专家 4	0.000	0.500	1.000	0.750	0.600
专家 5	0.000	0.500	1.000	0.750	0.600
专家 6	1.000	0.500	0.333	0.250	0.200
专家 7	0.000	1.000	0.667	0.500	0.400
专家 8	0.000	1.000	0.667	0.500	0.400
专家 9	0.000	1.000	0.667	0.500	0.400
专家 10	0.000	0.500	1.000	0.750	0.600
专家 11	0.000	0.250	0.833	0.875	0.700
专家 12	0.000	0.500	1.000	0.750	0.600

表 8.22 指标 C_{13} 专家评分属于第 e 个评价灰类的白化权

C_{13}	灰类 1（低）	灰类 2（较低）	灰类 3（中等）	灰类 4（较高）	灰类 5（高）
专家 1	0.500	0.750	0.500	0.375	0.300
专家 2	0.000	1.000	0.667	0.500	0.400
专家 3	1.000	0.500	0.333	0.250	0.200
专家 4	0.500	0.750	0.500	0.375	0.300
专家 5	1.000	0.500	0.333	0.250	0.200
专家 6	1.000	0.500	0.333	0.250	0.200
专家 7	0.000	0.750	0.833	0.625	0.500
专家 8	0.000	1.000	0.667	0.500	0.400
专家 9	0.000	1.000	0.667	0.500	0.400
专家 10	1.000	0.500	0.333	0.250	0.200
专家 11	0.000	1.000	0.667	0.500	0.400
专家 12	0.000	1.000	0.667	0.500	0.400

表 8.23 指标 C_{14} 专家评分属于第 e 个评价灰类的白化权

C_{14}	灰类 1（低）	灰类 2（较低）	灰类 3（中等）	灰类 4（较高）	灰类 5（高）
专家 1	1.000	0.500	0.333	0.250	0.200
专家 2	0.000	1.000	0.667	0.500	0.400
专家 3	0.500	0.750	0.500	0.375	0.300
专家 4	0.000	1.000	0.667	0.500	0.400
专家 5	0.000	0.250	0.833	0.875	0.700
专家 6	0.000	1.000	0.667	0.500	0.400
专家 7	1.000	0.500	0.333	0.250	0.200
专家 8	0.000	0.500	1.000	0.750	0.600
专家 9	1.000	0.500	0.333	0.250	0.200
专家 10	0.500	0.750	0.500	0.375	0.300
专家 11	1.000	0.500	0.333	0.250	0.200
专家 12	0.500	0.750	0.500	0.375	0.300

表 8.24 指标 C_{15} 专家评分属于第 e 个评价灰类的白化权

C_{15}	灰类 1（低）	灰类 2（较低）	灰类 3（中等）	灰类 4（较高）	灰类 5（高）
专家 1	0.000	1.000	0.667	0.500	0.400
专家 2	0.000	1.000	0.667	0.500	0.400
专家 3	0.000	0.750	0.833	0.625	0.500
专家 4	0.000	0.750	0.833	0.625	0.500
专家 5	0.000	0.500	1.000	0.750	0.600
专家 6	1.000	0.500	0.333	0.250	0.200
专家 7	0.000	1.000	0.667	0.500	0.400
专家 8	0.500	0.750	0.500	0.375	0.300
专家 9	0.000	1.000	0.667	0.500	0.400
专家 10	0.000	1.000	0.667	0.500	0.400
专家 11	1.000	0.500	0.333	0.250	0.200
专家 12	0.500	0.750	0.500	0.375	0.300

表 8.25 指标 C_{21} 专家评分属于第 e 个评价灰类的白化权

C_{21}	灰类 1（低）	灰类 2（较低）	灰类 3（中等）	灰类 4（较高）	灰类 5（高）
专家 1	1.000	0.500	0.333	0.250	0.200
专家 2	0.000	0.500	1.000	0.750	0.600
专家 3	0.000	0.500	1.000	0.750	0.600
专家 4	0.000	1.000	0.667	0.500	0.400
专家 5	0.000	0.500	1.000	0.750	0.600
专家 6	0.000	0.750	0.833	0.625	0.500
专家 7	0.500	0.750	0.500	0.375	0.300
专家 8	0.000	0.500	1.000	0.750	0.600
专家 9	0.000	1.000	0.667	0.500	0.400
专家 10	0.000	1.000	0.667	0.500	0.400
专家 11	0.000	0.750	0.833	0.625	0.500
专家 12	0.000	1.000	0.667	0.500	0.400

表 8.26　指标 C_{22} 专家评分属于第 e 个评价灰类的白化权

C_{22}	灰类 1（低）	灰类 2（较低）	灰类 3（中等）	灰类 4（较高）	灰类 5（高）
专家 1	0.000	0.250	0.833	0.875	0.700
专家 2	1.000	0.500	0.333	0.250	0.200
专家 3	0.000	1.000	0.667	0.500	0.400
专家 4	0.000	0.250	0.833	0.875	0.700
专家 5	1.000	0.500	0.333	0.250	0.200
专家 6	0.000	1.000	0.667	0.500	0.400
专家 7	0.000	0.500	1.000	0.750	0.600
专家 8	1.000	0.500	0.333	0.250	0.200
专家 9	0.000	0.750	0.833	0.625	0.500
专家 10	0.000	0.500	1.000	0.750	0.600
专家 11	0.000	0.500	1.000	0.750	0.600
专家 12	0.000	0.000	0.667	1.000	0.800

表 8.27　指标 C_{23} 专家评分属于第 e 个评价灰类的白化权

C_{23}	灰类 1（低）	灰类 2（较低）	灰类 3（中等）	灰类 4（较高）	灰类 5（高）
专家 1	0.500	0.750	0.500	0.375	0.300
专家 2	0.000	1.000	0.667	0.500	0.400
专家 3	0.000	1.000	0.667	0.500	0.400
专家 4	0.500	0.750	0.500	0.375	0.300
专家 5	0.000	0.500	1.000	0.750	0.600
专家 6	0.000	1.000	0.667	0.500	0.400
专家 7	0.000	1.000	0.667	0.500	0.400
专家 8	0.500	0.750	0.500	0.375	0.300
专家 9	0.000	1.000	0.667	0.500	0.400
专家 10	1.000	0.500	0.333	0.250	0.200
专家 11	0.500	0.750	0.500	0.375	0.300
专家 12	0.000	1.000	0.667	0.500	0.400

表 8.28 指标 C_{24} 专家评分属于第 e 个评价灰类的白化权

C_{24}	灰类 1（低）	灰类 2（较低）	灰类 3（中等）	灰类 4（较高）	灰类 5（高）
专家 1	0.000	0.500	1.000	0.750	0.600
专家 2	0.000	0.250	0.833	0.875	0.700
专家 3	0.000	0.000	0.667	1.000	0.800
专家 4	0.000	0.750	0.833	0.625	0.500
专家 5	0.000	0.500	1.000	0.750	0.600
专家 6	0.000	0.500	1.000	0.750	0.600
专家 7	0.000	0.500	1.000	0.750	0.600
专家 8	0.000	0.750	0.833	0.625	0.500
专家 9	0.000	0.500	1.000	0.750	0.600
专家 10	0.000	0.250	0.833	0.875	0.700
专家 11	0.000	0.750	0.833	0.625	0.500
专家 12	0.000	0.000	0.667	1.000	0.800

表 8.29 指标 C_{31} 专家评分属于第 e 个评价灰类的白化权

C_{31}	灰类 1（低）	灰类 2（较低）	灰类 3（中等）	灰类 4（较高）	灰类 5（高）
专家 1	1.000	0.500	0.333	0.250	0.200
专家 2	0.000	1.000	0.667	0.500	0.400
专家 3	1.000	0.500	0.333	0.250	0.200
专家 4	0.500	0.750	0.500	0.375	0.300
专家 5	0.000	0.750	0.833	0.625	0.500
专家 6	0.000	0.500	1.000	0.750	0.600
专家 7	0.000	0.750	0.833	0.625	0.500
专家 8	0.000	0.750	0.833	0.625	0.500
专家 9	1.000	0.500	0.333	0.250	0.200
专家 10	1.000	0.500	0.333	0.250	0.200
专家 11	0.000	0.500	1.000	0.750	0.600
专家 12	0.000	0.250	0.833	0.875	0.700

表 8.30 指标 C_{32} 专家评分属于第 e 个评价灰类的白化权

C_{32}	灰类 1（低）	灰类 2（较低）	灰类 3（中等）	灰类 4（较高）	灰类 5（高）
专家 1	0.000	0.500	1.000	0.750	0.600
专家 2	1.000	0.500	0.333	0.250	0.200
专家 3	0.000	0.750	0.833	0.625	0.500
专家 4	0.000	0.750	0.833	0.625	0.500
专家 5	1.000	0.500	0.333	0.250	0.200
专家 6	0.000	0.500	1.000	0.750	0.600
专家 7	0.500	0.750	0.500	0.375	0.300
专家 8	0.500	0.750	0.500	0.375	0.300
专家 9	1.000	0.500	0.333	0.250	0.200
专家 10	0.000	0.750	0.833	0.625	0.500
专家 11	0.500	0.750	0.500	0.375	0.300
专家 12	1.000	0.500	0.333	0.250	0.200

表 8.31 指标 C_{33} 专家评分属于第 e 个评价灰类的白化权

C_{33}	灰类 1（低）	灰类 2（较低）	灰类 3（中等）	灰类 4（较高）	灰类 5（高）
专家 1	0.500	0.750	0.500	0.375	0.300
专家 2	0.500	0.750	0.500	0.375	0.300
专家 3	1.000	0.500	0.333	0.250	0.200
专家 4	0.000	0.500	1.000	0.750	0.600
专家 5	0.000	0.750	0.833	0.625	0.500
专家 6	0.000	1.000	0.667	0.500	0.400
专家 7	0.000	1.000	0.667	0.500	0.400
专家 8	0.500	0.750	0.500	0.375	0.300
专家 9	0.000	0.750	0.833	0.625	0.500
专家 10	0.000	0.000	0.667	1.000	0.800
专家 11	0.000	0.750	0.833	0.625	0.500
专家 12	0.000	0.500	1.000	0.750	0.600

表 8.32 指标 C_{34} 专家评分属于第 e 个评价灰类的白化权

C_{34}	灰类 1（低）	灰类 2（较低）	灰类 3（中等）	灰类 4（较高）	灰类 5（高）
专家 1	0.000	0.500	1.000	0.750	0.600
专家 2	0.000	1.000	0.667	0.500	0.400
专家 3	0.000	0.250	0.833	0.875	0.700
专家 4	0.000	1.000	0.667	0.500	0.400
专家 5	0.500	0.750	0.500	0.375	0.300
专家 6	0.000	0.500	1.000	0.750	0.600
专家 7	0.000	0.250	0.833	0.875	0.700
专家 8	0.500	0.750	0.500	0.375	0.300
专家 9	0.000	1.000	0.667	0.500	0.400
专家 10	0.000	0.750	0.833	0.625	0.500
专家 11	0.000	0.750	0.833	0.625	0.500
专家 12	0.000	0.750	0.833	0.625	0.500

表 8.33 指标 C_{41} 专家评分属于第 e 个评价灰类的白化权

C_{41}	灰类 1（低）	灰类 2（较低）	灰类 3（中等）	灰类 4（较高）	灰类 5（高）
专家 1	0.500	0.750	0.500	0.375	0.300
专家 2	0.000	0.500	1.000	0.750	0.600
专家 3	0.000	0.750	0.833	0.625	0.500
专家 4	0.000	1.000	0.667	0.500	0.400
专家 5	0.500	0.750	0.500	0.375	0.300
专家 6	0.000	0.500	1.000	0.750	0.600
专家 7	0.000	0.750	0.833	0.625	0.500
专家 8	0.000	0.000	0.500	1.125	0.900
专家 9	0.500	0.750	0.500	0.375	0.300
专家 10	1.000	0.500	0.333	0.250	0.200
专家 11	0.000	0.500	1.000	0.750	0.600
专家 12	0.000	0.750	0.833	0.625	0.500

表 8.34 指标 C_{42} 专家评分属于第 e 个评价灰类的白化权

C_{42}	灰类 1（低）	灰类 2（较低）	灰类 3（中等）	灰类 4（较高）	灰类 5（高）
专家 1	0.500	0.750	0.500	0.375	0.300
专家 2	0.000	0.250	0.833	0.875	0.700
专家 3	0.000	0.000	0.667	1.000	0.800
专家 4	0.000	0.250	0.833	0.875	0.700
专家 5	0.000	0.500	1.000	0.750	0.600
专家 6	0.000	0.250	0.833	0.875	0.700
专家 7	0.000	0.500	1.000	0.750	0.600
专家 8	0.000	0.500	1.000	0.750	0.600
专家 9	0.000	1.000	0.667	0.500	0.400
专家 10	0.000	0.750	0.833	0.625	0.500
专家 11	0.000	0.250	0.833	0.875	0.700
专家 12	1.000	0.500	0.333	0.250	0.200

表 8.35 指标 C_{43} 专家评分属于第 e 个评价灰类的白化权

C_{43}	灰类 1（低）	灰类 2（较低）	灰类 3（中等）	灰类 4（较高）	灰类 5（高）
专家 1	0.000	0.500	1.000	0.750	0.600
专家 2	0.500	0.750	0.500	0.375	0.300
专家 3	0.000	0.250	0.833	0.875	0.700
专家 4	0.000	0.500	1.000	0.750	0.600
专家 5	0.000	0.000	0.667	1.000	0.800
专家 6	0.500	0.750	0.500	0.375	0.300
专家 7	0.000	0.500	1.000	0.750	0.600
专家 8	0.000	0.250	0.833	0.875	0.700
专家 9	0.000	0.000	0.667	1.000	0.800
专家 10	0.000	0.750	0.833	0.625	0.500
专家 11	0.000	0.500	1.000	0.750	0.600
专家 12	0.000	0.250	0.833	0.875	0.700

表 8.36 指标 C_{44} 专家评分属于第 e 个评价灰类的白化权

C_{44}	灰类 1（低）	灰类 2（较低）	灰类 3（中等）	灰类 4（较高）	灰类 5（高）
专家 1	1.000	0.500	0.333	0.250	0.200
专家 2	0.000	0.500	1.000	0.750	0.600
专家 3	0.000	0.500	1.000	0.750	0.600
专家 4	1.000	0.500	0.333	0.250	0.200
专家 5	0.000	0.750	0.833	0.625	0.500
专家 6	0.000	0.500	1.000	0.750	0.600
专家 7	0.500	0.750	0.500	0.375	0.300
专家 8	0.000	0.500	1.000	0.750	0.600
专家 9	0.000	0.750	0.833	0.625	0.500
专家 10	1.000	0.500	0.333	0.250	0.200
专家 11	0.500	0.750	0.500	0.375	0.300
专家 12	0.000	0.500	1.000	0.750	0.600

表 8.37 指标 C_{51} 专家评分属于第 e 个评价灰类的白化权

C_{51}	灰类 1（低）	灰类 2（较低）	灰类 3（中等）	灰类 4（较高）	灰类 5（高）
专家 1	0.000	0.500	1.000	0.750	0.600
专家 2	0.500	0.750	0.500	0.375	0.300
专家 3	1.000	0.500	0.333	0.250	0.200
专家 4	0.000	1.000	0.667	0.500	0.400
专家 5	0.000	1.000	0.667	0.500	0.400
专家 6	0.000	0.750	0.833	0.625	0.500
专家 7	1.000	0.500	0.333	0.250	0.200
专家 8	0.000	0.250	0.833	0.875	0.700
专家 9	0.000	0.000	0.667	1.000	0.800
专家 10	0.000	0.000	0.667	1.000	0.800
专家 11	1.000	0.500	0.333	0.250	0.200
专家 12	0.000	0.500	1.000	0.750	0.600

表 8.38 指标 C_{52} 专家评分属于第 e 个评价灰类的白化权

C_{52}	灰类 1（低）	灰类 2（较低）	灰类 3（中等）	灰类 4（较高）	灰类 5（高）
专家 1	0.000	0.500	1.000	0.750	0.600
专家 2	0.000	0.500	1.000	0.750	0.600
专家 3	0.000	0.250	0.833	0.875	0.700
专家 4	0.000	0.750	0.833	0.625	0.500
专家 5	0.000	1.000	0.667	0.500	0.400
专家 6	0.000	0.750	0.833	0.625	0.500
专家 7	0.000	1.000	0.667	0.500	0.400
专家 8	0.000	0.000	0.500	1.125	0.900
专家 9	0.000	0.500	1.000	0.750	0.600
专家 10	0.000	0.250	0.833	0.875	0.700
专家 11	0.500	0.750	0.500	0.375	0.300
专家 12	0.000	0.750	0.833	0.625	0.500

表 8.39 指标 C_{53} 专家评分属于第 e 个评价灰类的白化权

C_{53}	灰类 1（低）	灰类 2（较低）	灰类 3（中等）	灰类 4（较高）	灰类 5（高）
专家 1	1.000	0.500	0.333	0.250	0.200
专家 2	0.500	0.750	0.500	0.375	0.300
专家 3	0.000	0.750	0.833	0.625	0.500
专家 4	0.000	1.000	0.667	0.500	0.400
专家 5	0.000	0.500	1.000	0.750	0.600
专家 6	0.000	0.000	0.667	1.000	0.800
专家 7	0.500	0.750	0.500	0.375	0.300
专家 8	0.000	0.250	0.833	0.875	0.700
专家 9	0.000	1.000	0.667	0.500	0.400
专家 10	0.500	0.750	0.500	0.375	0.300
专家 11	0.000	0.500	1.000	0.750	0.600
专家 12	0.000	0.500	1.000	0.750	0.600

表 8.40 指标 C_{54} 专家评分属于第 e 个评价灰类的白化权

C_{54}	灰类 1（低）	灰类 2（较低）	灰类 3（中等）	灰类 4（较高）	灰类 5（高）
专家 1	0.000	0.000	0.667	1.000	0.800
专家 2	1.000	0.500	0.333	0.250	0.200
专家 3	0.000	0.500	1.000	0.750	0.600
专家 4	0.000	0.750	0.833	0.625	0.500
专家 5	0.000	0.500	1.000	0.750	0.600
专家 6	0.500	0.750	0.500	0.375	0.300
专家 7	1.000	0.500	0.333	0.250	0.200
专家 8	1.000	0.500	0.333	0.250	0.200
专家 9	0.000	0.500	1.000	0.750	0.600
专家 10	0.000	0.250	0.833	0.875	0.700
专家 11	1.000	0.500	0.333	0.250	0.200
专家 12	0.000	0.750	0.833	0.625	0.500

表 8.41 指标 C_{55} 专家评分属于第 e 个评价灰类的白化权

C_{55}	灰类 1（低）	灰类 2（较低）	灰类 3（中等）	灰类 4（较高）	灰类 5（高）
专家 1	0.500	0.750	0.500	0.375	0.300
专家 2	1.000	0.500	0.333	0.250	0.200
专家 3	0.000	0.750	0.833	0.625	0.500
专家 4	0.500	0.750	0.500	0.375	0.300
专家 5	0.000	1.000	0.667	0.500	0.400
专家 6	0.000	1.000	0.667	0.500	0.400
专家 7	1.000	0.500	0.333	0.250	0.200
专家 8	0.000	1.000	0.667	0.500	0.400
专家 9	1.000	0.500	0.333	0.250	0.200
专家 10	0.500	0.750	0.500	0.375	0.300
专家 11	1.000	0.500	0.333	0.250	0.200
专家 12	0.000	0.750	0.833	0.625	0.500

由此计算所得的评估样本 d_{ij} 在第 e 个灰类的白化函数上的白化权 $f_e(d_{ij})$，则可计算得出评估指标 j 隶属于第 e 个灰类的灰色评估权向量。即样本在第 e 个灰类白化权的全局和为：

$$a_{je} = \sum_{i=1}^{n} f_e(d_{ij})$$

样本的灰类全局和为：

$$a_j = \sum_{e=1}^{5} \sum_{i=1}^{n} f_e(d_{ij})$$

则各个评估指标隶属于某一灰类的灰度统计值为：

$$r_{je} = \frac{a_{je}}{a_j}$$

那么可得每个指标的灰色评估权向量为：$r_j = (r_{j1}, r_{j2}, \cdots, r_{j5})$，$j = 1, 2, \cdots, m$。

由此属于高层级的一级指标 B_i 的 k 个二级指标的评估灰类向量构成了灰色评估矩阵为 R_i：

$$R_i = \begin{bmatrix} r_1 \\ r_2 \\ \vdots \\ r_k \end{bmatrix} = \begin{bmatrix} r_{11} & r_{12} & \cdots & r_{15} \\ r_{21} & r_{22} & \cdots & r_{25} \\ \vdots & \vdots & & \vdots \\ r_{k1} & r_{k2} & \cdots & r_{k5} \end{bmatrix}$$

通过系列运算所得指标的灰色评估矩阵如下：

$$R_1 = \begin{bmatrix} 0.1693 & 0.3133 & 0.2202 & 0.1651 & 0.1321 \\ 0.0625 & 0.2264 & 0.2966 & 0.2303 & 0.1842 \\ 0.1693 & 0.3133 & 0.2202 & 0.1651 & 0.1321 \\ 0.1857 & 0.2701 & 0.2251 & 0.1773 & 0.1418 \\ 0.0983 & 0.3113 & 0.2512 & 0.1884 & 0.1507 \end{bmatrix}$$

$$R_2 = \begin{bmatrix} 0.0472 & 0.2752 & 0.2883 & 0.2163 & 0.1730 \\ 0.0967 & 0.2015 & 0.2740 & 0.2377 & 0.1902 \\ 0.0992 & 0.3308 & 0.2426 & 0.1819 & 0.1455 \\ 0.0000 & 0.1609 & 0.3218 & 0.2874 & 0.2299 \end{bmatrix}$$

$$R_3 = \begin{bmatrix} 0.1470 & 0.2369 & 0.2559 & 0.2001 & 0.1601 \\ 0.1819 & 0.2481 & 0.2426 & 0.1819 & 0.1455 \\ 0.0807 & 0.2582 & 0.2690 & 0.2179 & 0.1743 \\ 0.0316 & 0.2603 & 0.2892 & 0.2327 & 0.1862 \end{bmatrix}$$

$$R_4 = \begin{bmatrix} 0.0798 & 0.2394 & 0.2713 & 0.2275 & 0.1820 \\ 0.0474 & 0.1739 & 0.2950 & 0.2687 & 0.2150 \\ 0.0314 & 0.1569 & 0.3033 & 0.2824 & 0.2259 \\ 0.1275 & 0.2232 & 0.2763 & 0.2072 & 0.1658 \end{bmatrix}$$

$$R_5 = \begin{bmatrix} 0.1151 & 0.2055 & 0.2576 & 0.2343 & 0.1874 \\ 0.0156 & 0.2182 & 0.2962 & 0.2611 & 0.2089 \\ 0.0805 & 0.2333 & 0.2735 & 0.2293 & 0.1834 \\ 0.1468 & 0.1958 & 0.2610 & 0.2202 & 0.1762 \\ 0.1863 & 0.2964 & 0.2202 & 0.1651 & 0.1321 \end{bmatrix}$$

以此对二级指标的综合评估，将其结果标记为 B_i，那么：

$$B_i = W_i \times R_i = (b_{i1}, b_{i2}, b_{i3}, b_{i4}, b_{i5}),\ i = 1, 2, 3, 4, 5$$

其中，$b_{ie} = \sum_{j=1}^{n} w_{ij} r_{je}$，$W_i$ 是一级指标 B_i 中各二级指标的权重向量，由综合评估结果所构成一级指标对于各评估灰类的灰色评估权矩阵 B 为：

$$B = \begin{bmatrix} B_1 \\ B_2 \\ \vdots \\ B_5 \end{bmatrix} = \begin{bmatrix} b_{11} & b_{12} & \cdots & b_{15} \\ b_{21} & b_{22} & \cdots & b_{25} \\ \vdots & \vdots & & \vdots \\ b_{51} & b_{52} & \cdots & b_{55} \end{bmatrix}$$

而从上文中已知指标权重向量 W_i 的数值，那么通过计算得到一级指标的灰色评估矩阵为：

$$B_1 = W_1 \times R_1 = (0.1318, 0.2900, 0.2440, 0.1856, 0.1485)$$

$$B_2 = W_2 \times R_2 = (0.0609, 0.2445, 0.2824, 0.2290, 0.1832)$$

$$B_3 = W_3 \times R_3 = (0.1241, 0.2485, 0.2605, 0.2039, 0.1631)$$

$$B_4 = W_4 \times R_4 = (0.0844, 0.2061, 0.2833, 0.2368, 0.1895)$$

$$B_5 = W_5 \times R_5 = (0.119\,4,\ 0.237\,2,\ 0.256\,2,\ 0.215\,1,\ 0.172\,1)$$

即

$$B = \begin{bmatrix} 0.131\,8 & 0.290\,0 & 0.244\,0 & 0.185\,6 & 0.148\,5 \\ 0.060\,9 & 0.244\,5 & 0.282\,4 & 0.229\,0 & 0.183\,2 \\ 0.124\,1 & 0.248\,5 & 0.260\,5 & 0.203\,9 & 0.163\,1 \\ 0.084\,4 & 0.206\,1 & 0.283\,3 & 0.236\,8 & 0.189\,5 \\ 0.119\,4 & 0.237\,2 & 0.256\,2 & 0.215\,1 & 0.172\,1 \end{bmatrix}$$

随后接着对一级指标进行综合评估运算，结果记为 R：

$$\begin{aligned} R = W \times B &= (R_1,\ R_2,\ R_3,\ R_4,\ R_5) \\ &= (0.271\,7,\ 0.160\,5,\ 0.120\,6,\ 0.155\,1,\ 0.292\,1) \times \\ &\quad \begin{bmatrix} 0.131\,8 & 0.290\,0 & 0.244\,0 & 0.185\,6 & 0.148\,5 \\ 0.060\,9 & 0.244\,5 & 0.282\,4 & 0.229\,0 & 0.183\,2 \\ 0.124\,1 & 0.248\,5 & 0.260\,5 & 0.203\,9 & 0.163\,1 \\ 0.084\,4 & 0.206\,1 & 0.283\,3 & 0.236\,8 & 0.189\,5 \\ 0.119\,4 & 0.237\,2 & 0.256\,2 & 0.215\,1 & 0.172\,1 \end{bmatrix} \\ &= (0.108\,5,\ 0.249\,3,\ 0.261\,8,\ 0.211\,3,\ 0.169\,1) \end{aligned}$$

参照评估计算的结果 R，可将指标所属的灰类等级由不同的划分原则而确定，本研究结合各灰类的分值情况，由此运算综合评估的值 S：

$$S = R \times E^T$$

E 为各个灰类等级的赋值向量，即 $E = (1,\ 2,\ 3,\ 4,\ 5)$。

则：

$$S = (0.1085,\ 0.2493,\ 0.2618,\ 0.2113,\ 0.1691) \times \begin{bmatrix} 1 \\ 2 \\ 3 \\ 4 \\ 5 \end{bmatrix} = 3.0832$$

因此利用所构建的三角白化权函数灰色评估模型得出上海市公共体育服务协同供给整体评估分值为 3.083 2，依据相应的赋值等级可判断协同供给为中等效能水平。由此可与模糊综合评价中所得出的一般水平相呼应，评估结果与实际情况基本吻合，因此在具有一定经验积累的基础上可通过完善治理方式持续加强上海市公共体育服务协同供给的组织建设。

8.4 上海市公共体育服务协同供给评价结果分析

上海市公共体育服务协同供给的整体与各个分类评判结果处于一般中等以及一般偏上或偏下水平。上海市相对全国较早施行了公共体育服务体系的建设工作，近几年政府部门相关文件的颁布出台，推动了公共体育服务的多元协同运作。《上海市基本公共服务体系“十三五”规划》与《上海市体育改革发展“十三五”规划》都曾提出要加大社会力量参与公共服务与体育事业改革当中，转变政府部门的职能，由原先的直接供给逐渐开始变为重视制定行业标准、组织资源服务、进行资金补贴等方式的间接合作供给，公共体育服务的协同合作供给得以发挥①。同时《上海市全民健身实施计划（2016—2020年）》明确提到要坚持政府、市场、社会的“三轮驱动”，发挥好各自的主体优势作用，要求政府部门做到政策制定与监督管理；市场起到资源配置的决定性作用，扩大体育服务与产品供给的内容与范围；社会组织发挥引导、交流、培训、项目普及等“桥梁”承接作用②。《健康上海行动（2019—2030年）》也强调了要加强多部门合作、全社会参与的相关基本工作原则，建设“以人民为中心”的服务型城市健康保障体系③。上海市在一系列政策红利的助力下，以构建全球著名体育城市为目标，尽可能满足市民多样化的体育健身需求，从供给侧的视角全面提高政府部门、市场和社会组

① 刘灿．上海市全民健身公共服务标准化研究［D］．上海：上海体育学院，2018：1-5.

② 上海市人民政府关于印发《上海市全民健身实施计划（2016-2020年）》的通知［J］．上海：上海市人民政府公报，2016（23）：11-15.

③ 上海市人民政府．上海市健康促进委员会关于印发《健康上海行动（2019—2030年）》的通知［EB/OL］．［2019-09-19］http：//www.shanghai.gov.cn/nw2/nw2314/nw2319/nw12344/u26aw62691.html.

织的协同合作供给力度。但在上海规划发展的进程中，由于受到客观因素的牵制，公共体育服务协同供给的运行还存在一些发展瓶颈与行动弊端，离协同供给高效能水平还有一定的差距。通过调研访谈与分析评价专家认为在协同供给过程中，权责划分与平等互动维度还未得到有效建立，市场与社会组织的自主能力还有待增强，协同规则和协同关系等相关问题应值得深入探讨。

8.4.1 上海市公共体育服务协同供给整体评价结果分析

由模糊综合评价和三角白化权函数灰色评估所得出的分值依次为60.173 98与3.083 2，可知上海市公共体育服务整体协同供给情况为一般及中等水平，这表明政府部门、市场与社会组织在协同合作供给公共体育服务过程中取到了相应的成绩，同时也存在亟须解决的问题。上海市公共体育服务协同供给是在政府部门的主导下，主要通过购买服务、经费补贴、委托管理、特许经营、合作伙伴关系等方式实现的。以连续几年实施运作的上海城市业余联赛为例，凭借市场及社会力量的充分融入，吸引众多市民参与到公共体育服务的过程当中，满足了不同人群不同层级的体育健身需求，完成“三轮驱动”的运转模式，使得政府部门的职能角色逐步转换，市场与社会组织的“鲶鱼效应”得到相应激发，且深入开发街道（乡镇）、区、市三级全民健身体系，每个层级又横向覆盖了社区、企事业单位、学校等单位，体现出全民参与公共体育活动的特点，充分贯彻落实了全民健身国家战略，推动了全民健身与全民健康深度融合。

上海市近些年随着经济快速发展率先提出构建体育社会组织枢纽式管理新模式，拓展政府购买体育社会组织服务，倡导市场、社会组织多效融合以提供群众体育活动服务，积极探索在同领域、同性质的体育社会组织之间设立枢纽。上海市体育相关政府部门开展工作试验点，在体育行政部门与民众层级之间设立管理载体，且由行政部门与社会团体组织分级双重托管，将民间组织的需求及时反馈给政府部门，在此之间促成有机联合的公共体育服务供给组织网络，凝聚更多的体育企业、社会团体组织与市民共同参与。虽然上海市在枢纽式管理中进行了实践与探索，但在体系上还未完全形成具体的管理制度。政府、市场、社会三方的相互横纵向关系还有待理顺，有关公共体育服务合作项目的规范化也需要加强，为此可借助上海市公共体育服务平台深化服务监督，逐步构建行业自省、社会监督、政府查验的多维监管体系。

此外，上海市较为重视社区公共体育服务的实施供给，主要由上海社区体育协会负责相关服务内容的“配送”，在获取政府部门与体育行政机构的政策与资源支持后，基于合作共赢的原则与其他体育社会组织、市场企业、科研院校等单位展开供给操作①。上海公共体育服务合作共识和决策过程基本达成一致，协同供给公共体育服务的运作模式已具备良好执行基础，但在具体运作进程中，多数市场单位与社会组织依旧对政府部门过度依赖，部分企业和体育社会团体的能力还达不到公共体育服务协同运行标准。体育企业除在一些公共体育服务领域中可适当发挥赛事组织、提供运动设备外，其他大多只能以赞助冠名等外围合作方式展开，市场还未能完全真正起到资源配置的决定性作用，“相对独立平等”的协同合作关系模式有待加强。总体而言，上海市公共体育服务协同供给的运作平台、环境与基础保障已基本成形，但相关协同制度的规范建设与合作理念的价值趋同还需要得到持续优化。

8.4.2 上海市公共体育服务协同供给分类评价结果分析

上海市正逐步加快“放管服”的深化改革，努力实施管办与政社分离，强调明确各单位的职责定位，加大对体育行业的管理水平。但笔者通过实地走访调研发现，体育企业参与公共体育服务供给的规范程度不够、可持续性以及契约精神不强，并且多部门主体在进行公共体育服务协同供给时未能准确找准自身的定位，政社、政企之间权责划分不清晰的现象时有发生，行动越位、错位以及行政干预情况依旧存在，协同供给主体之间的相互监督程度

① 祝良，李建国，孟欢欢．创新社会治理背景下上海市社区体育健身俱乐部的实践经验与转型思路［J］．体育科研，2018，39（4）：34-39.

较弱。前文对此类相关的协同规则的评分结果为58.395 96，略低于一般水平线。此外政府部门虽然连续几年出台了《上海市体育类社会团体专项资金奖励意见》，以委托第三方评估机构的评价方式推动体育社会组织参与公共体育服务规范化建设①，但一些体育社会组织的自身制度建设不完善，导致其参与公共体育服务协同供给的专业性和职业化水平较低，未来还需强化对协同供给运行方式与供给主体制度建设的监管力度，以此推动协同规则效能的提升。

在公共体育服务多元供给主体协同运作过程中，协同的意识动机是推动合作执行的基本动力。前文协同意识效能的评分为62.335 16，显示上海市公共体育服务协同供给意识尚可。当下上海市各级政府部门、市场和社会组织所融入的供给协调机制可较好地调动不同主体的合作积极性，关联主体间的互动信心得到加强。比如，由跳绳爱好者与有关单位自下而上组成的上海市跳绳协会（SJRA），在上海市体育总会和市社团管理局的支持引导下，设立并完善了协会章程与工作标准，主动与上海市各学校、企业以及社区深入开展培训指导、赛事策划、活动表演、对外交流等相关内容的合作，获得了良好的社会效应②。但此类合作是建立在组织自身实力健全发展基础之上的，目前一些小微体育企业和社会组织虽有相应的协同理念意识，但还未能很好地融入公共体育服务协同操作过程当中，其合作发展空间和执行决策的能力有待提升，众多供给主体还需增加对未来协同合作发展的战略意识。

协同环境是公共体育服务协同供给顺畅运行的客观必要条件。上海市针对体育事业发展出台了系列的政策文件，大多数的行政机构、企业单位、体育社会组织可以合理采纳政策文件中的方案要求，展开公共体育服务不同内容的协同合作，协同供给的相关资金使用也可以做到公开透明。例如，由上海市社区体育协会进行体育运动配送经费按照每个社区 1 万元的配额进行分发，主要用于支付体育运动培训的课程费用，通常是讲座每人每次 800 元，

---

① 让公共体育服务更多元（体坛观澜）[N]. 人民日报，2018-10-18（13）.

② 韩耀刚. 上海市花样跳绳协会第二届会员大会在我校召开［EB/OL］.［2018-12-24］. http://www.sus.edu.cn/info/1007/16990.htm.

技能授课每人每次 200 元，依次进行定期结算支付。此外，上海市体育局给予参与中标的体育俱乐部每年 2 万元的资金补助以开展社区体育联盟比赛，由上海市体育社区协会完成审核立项，并提供比赛运作指导、赛事裁判与志愿者服务等协作内容①。随着政府信息的公开，社区体育配送网络、“965365”公共体育咨询热线、公共体育资源电子地图等一系列相关公共体育信息化服务进行了快速完善，但从对协同环境效能的评分结果60.962 12来看，协同的关联环境依旧有较大的提升空间。分析表明，当下多数中小型供给单位科学信息技术的协同运作程度仍然不高，关联公共体育服务人才的合作领域也还不够宽泛，基层人力资源流动性较大而且普遍以中老年人为主，暂未形成全面的公共体育服务协同供给人才体系。

基于网络状组织结构的公共体育服务协同供给运作强调协同主体相互信任、理解、互惠关系。上海市公共体育服务供给的协同关系效能评判得分为 57.216 74，表明还处于一般偏下水平。在调研中发现协同供给运行的过度依赖现象较为严重；部分工作人员的思想观念未能很好地适应新型公共体育服务协同供给发展模式，一些社会组织和企业依旧存在“等、靠、要”的情况，合作伙伴关系没有全面实现；协同供给主体间的相对平等关系有所倾斜，不对等的协同合作机制未得到有效改善。很多单项体育协会与体育社团组织还处于各层级政府部门的下级单位之中，企业的行动空间较为狭窄，所以还存有市场与社会组织为政府部门“打工”的局面。然而由于此类非均衡式传递机制使得供给主体之间的协同信息沟通总体有序顺畅，相关的服务内容信息可以获得及时反馈，利益关联主体的信任与理解包容程度处于平稳发展状态，未来还需充分拓展合作关系以及多元化的协同路径，促进上海市公共体育服务协同供给的良性竞争。

公共体育服务协同供给主体的相关合作通常是按照所签订的合同来执行供给服务的，应遵循对应的合约条款与操作细则。调研与评价结果显示，上

---

① 祝良，张伟．社会体育组织参与公共体育服务的模式、机制及经验研究：以上海市社区体育协会为例［J］．山东体育学院学报，2017，33（1）：6-11.

海市总体情况合格，但存在少部分供给主体由于管理负责人员的变更而导致协同合作项目没能持续运行的情况。在协同运作的机制影响下各个参与供给主体的成本节约与自身权益得到了内部保障，外部关联资源的协同使用还有可深入的空间。不过也会时常出现社会组织与企业依靠公共体育资源而形成“寡头垄断”的局面，为了避免这种局面的产生，一些城区街道依据不同公共体育服务特征从而差异化配置协同供给资源，以此提高供给主体之间的合作效率。凭借此类相对稳态的协调机制可使得公共体育服务供给的协同价值以多元形式体现，让协同溢出效应获得实现，因此未来还需强化上海市公共体育服务协同供给的目标与价值导向，才能在复杂多变的供给环境中改善合作关键点以促进全过程协同供给的发展。

8.5 本章小结

本章主要基于网络化治理理论对上海市的公共体育服务协同供给开展实证评价研究。首先，从利益相关者理论出发对上海市公共体育服务协同供给主体进行识别与界定，介绍了上海市公共体育服务发展的总体概况，从政府部门、市场与社会组织三个维度识别公共体育服务协同供给相关联的单位机构；其次，依次阐述了上海市公共体育服务协同供给评价的思路、方法及数据处理说明，在遵循科学客观评价原则下展开协同供给的实证评价，即先采用层次分析法确立评价的层级关系，构建两两比较的判断矩阵，将通过一致性检验的比较结果进行拟合汇总，获得各个指标的权重分值，然后运用模糊综合评价法确定评价的标准论域，建立模糊关系的隶属度矩阵进行协同供给的综合评价，分别得出各分类指标评价的数值为 58.395 96、62.335 16、60.962 12、57.216 74、61.885 16，整体协同供给评价得分为 60.173 98，因此认为上海市公共体育服务协同供给评价的结果为一般水平，同时选取三角白化权函数灰色评估法对协同供给展开验证性分析，所得整体评估的分值为 3.083 2（中等水平），获得与模糊综合评价结果大体一致的结论；最后，依照实地走访调研和评价结果对上海市公共体育服务协同供给的运作内容展开探讨与分析。本章是全书的实证主体操作部分，根据上一章所构建的网络化治理下公共体育服务协同供给指标体系展开对上海市公共体育服务协同供给总体情况的实证评价，为提出网络化治理下公共体育服务协同供给创新发展路径及实施策略提供支持。

9

网络化治理下公共体育服务协同供给的创新发展路径

9.1 网络化治理下公共体育服务协同供给的创新发展理念

基于公共体育服务协同供给的理论与实证研究，将网络化治理引入协同供给的运作机制当中，可推动政府部门职能的转换，突破行政机构对公共体育服务的协调与监管困境，让市场与社会组织等供给主体充分发挥各自机制的优势作用，从而形成“政府—市场—社会”三轮协同驱动公共体育服务供给运作的结构态势，并以相应的网络化组织原则加强供给主体之间责任、关系、资源等要素的协同供给，以最大程度体现公共体育服务协同供给的组织创新价值。尤其是在类似上海市协同资源存储量较大的区域环境中，网络化治理作为要素禀赋的助推装置，更加容易催生资源优化配置从而促进公共体育服务协同供给效能价值的创造。

9.1.1 网络化治理下公共体育服务协同供给创新发展的目标与原则

网络化治理下公共体育服务的协同供给模式是建立一种权责分明、平等合作、互助互惠的弹性网络创新结构，达成公共体育服务多元供给主体协商共治的新发展格局。在保障各参与方自身利益的同时，此模式运用协同合作机制打破碎片化供给局面，整合促成公共体育价值资源的最优化配置，满足人民群众对体育锻炼的最切实需求。此外，公共体育服务的协同供给创新是要按一定准则与原则实施运作的。首先，协同供给主体之间的相互信任关系是合作的基础原则，也是网络化治理的根本协调机制，消除供给主体相关优势资源的排他性，起到降低交易成本的作用。其次，网络化治理中有效的沟通共享渠道会使多元供给主体形成凝聚集合体，可推动相关公共体育政策、资金、技术、人才等协同资源环境的交叉运用，促进公共体育服务供给主体之间的良性互动。再次，由于各个公共体育服务供给主体的职能与利益方向不同，各自职能定位与调和原则的参照至关重要；政府部门寻求政绩与公信力的提升，市场企业谋求利润，社会组织追求其特殊价值与公共存在感；网络化治理强调的行动协调原则是实现公共体育服务协同供给价值的保障，可以强化供给主体行为目标的趋同性。最后，公共体育服务协同供给运作是在一定的规范内实施开展的，权责划分与信息对称所遵循的相对平等原则是网络化治理进程的必然安排，也是助推各协同要素发挥实际效能的重要体现。

9.1.2 网络化治理下公共体育服务协同供给创新发展的外延

目前社会的发展呈现多元化趋势，内外部治理逐渐开始要应对更多宽泛而又复杂的局面①。结合我国公共体育事业发展的特征，人民日益增长的体育需求应与更高效的公共体育服务供给相呼应。传统单一供给模式的弊端倒逼公共体育服务协同供给合作模式的组织构建，双边或多方维度的联合塑造也需要“善治”机理，以解决众多不合理因素②，网络化治理机制在公共体育服务供给方式的转换中得以嵌入，并在供给主体的合作过程中发挥资源整合等多种功能效应，强化各主体间的协调、信任、目标、责任等关系。网络化治理下的公共体育服务协同供给创新发展也将呈现出相应弹性组织形态。首先，要明晰供给主体的权责关系与分担机制，明确各方的相关边界问题，保持长期合作的稳定态势，梳理供给参与主体的利益导向，依据其不同的特点划分好对应的责任风险承担内容，化解协同供给中的分歧与冲突，实现集体行为的目标一致性；其次，在协商联盟制度下，公共体育服务协同供给的规则边界会起到较为关键的约束作用，规则的设立确保供给主体行动的限定关系，深化协同供给体系的标准建设，注重对供给主体采取惩罚与激励措施，

---

① 张京祥，陈浩．空间治理：中国城乡规划转型的政治经济学［J］．城市规划，2014，38（11）：9-15.

② 李兵．基于善治理论的体育公共服务供给侧改革研究［J］．南京体育学院学报（社会科学版），2016，30（4）：54-60.

提高不同参与方的融入积极性；最后，在实际协同供给运行中，关系渠道的疏通与联络作为网络化治理的中心环节，将会对公共体育服务的协同供给起到黏合作用，改进后的反馈循环形式会推进协同供给主体的责任落实，“闭环思维”的完善也会优化供给方的准入与退出机制，最大限度发挥公共体育服务协同供给的弹性网络结构效能。

9.2　网络化治理下公共体育服务协同供给的创新发展要素

传统单一的公共体育服务供给渠道无法充分满足人民群众对体育的多样化需求，因而产生多元协同的集体福利行为。根据福利多元主义理论分析，公共体育服务的多元福利供给单位主要来自政府部门、市场及社会组织等几大要素主体，并形成政府提供保障福利、市场提供技术福利、社会组织提供机会福利的三角福利模型。由此与民众关联集合所形成的多边共生福利体系在网络化治理机制的映衬推动下实现创新突破，公共体育服务协同供给不再完全依靠上传下达机械式的科层制运行手段，而是在更宽广的场域内通过特点定位发挥各自不同的核心优势功效。

9.2.1　以人民群众的体育健身需求为协同导向——中心要素

公共体育服务事业的发展要始终贯彻“以人民为中心”的思想理念，将人民群众的实际体育健身需求作为主要出发点和落脚点。要有效提高公共体育服务供给的效率，因此人民群众的多元化体育健身切实需求是公共体育服务协同供给系统的主要序参量对象，并且应起到中心支配作用，同样也影响公共体育服务协同供给的导向，所以在公共体育服务供给主体协同操作进程中务必要深入当地人民群众，了解地区人民群众的实际体育诉求，展开客观的体育健身需求的内容调查，选择最恰当的公共体育服务协同供给方式。同时要让人民群众更多地参与到协同供给政策的制定过程中来，契合人民群众对公共体育服务的多元化期待，通过协调合作尽可能缩小公共体育服务供给的城乡差距，维护供给内容与项目上的层次平衡。以大众实际体育需求为协同供给的导向可使政府部门、市场与社会组织摆脱碎片化供给的困扰，保证多元供给主体在正确的协同轨道上有序运行。此外要强化公共体育服务协同供给过程的民主监督，突出有关民众意见的表达与反馈机制，扩大表达途径，收集民众的合理体育服务诉求和建议，适度调整公共体育服务协同供给的行动决策。

9.2.2 以政府部门的组织引导监督为协同基础——主导要素

在公共事业发展的领域中，由于存在非竞争性与非排他性特质，政府通常作为公共服务和公共管理的组织者与引导者，满足群众对公共利益的追求①。在网络化治理下强调公共体育服务多元供给主体的互动协商合作，政府部门在公共体育服务的协同供给中处于主导地位，需要支持与指引其他供给主体，并与其形成相辅相成的立体网络组织结构。政府以参与者的身份同市场、社会组织等多元供给主体达成良好的合作伙伴关系，在合作界限里发挥“元治理”的功效，摆脱体制内部的行动局限性，推动各级行政机构由资源直接提供者转换到资源监督调和者，不断完善公共体育服务协同供给的操作流程和行为方式，满足民众对公共体育服务的差异化需求。此外，在网络化治理中政府部门要对不同供给主体强化政策与法律规则的督导监管，完善公共体育服务协同供给的绩效评估标准，为相应的市场与社会组织供给主体提供必要的政策倾斜，维护公共体育服务供给的协同秩序，积极组织培育协同参与者，规范多方供给资源的协调配置，提升协同过程中的信息对称效应，控制好公共体育服务协同供给系统的整体导向。

① 姜晓萍，陈朝兵．公共服务的理论认知与中国语境［J］．政治学研究，2018（6）：2-15，126.

9.2.3 以市场企业的责任效率运作为协同载体——充分要素

市场主体在公共体育服务协同供给过程中占据关键地位，通常在公共事务“政府失灵”状态下市场会发挥至关重要的作用。作为公共体育服务一种有效的供给渠道源，市场供给主体的参与能带动相关组织发挥协同竞争的优势机制，可提高公共体育服务协同供给的生产效能。绝大多数的市场主体参与公共体育服务协同供给的任务与目标以获取利润为主，市场企业的营利性质决定了其所提供的服务产品大多为准公共体育产品，介于纯公共体育产品与私人体育产品之间，构成了公共体育服务供给主体间的效率化与竞争化形式。不过由于市场主体参与的趋利性等因素，要通过法律法规的监督以确保公共体育服务协同供给的合理合法性。此外市场主体在参与公共体育服务供给的同时，也应注重自身的责任行为意识，发挥自身的资源优势，提供行业技术经验，做好公共体育服务协同供给的资源配置载体。网络化治理下市场主体也要受到政府部门与社会大众的监督，形成以公共体育利益为目标的服务责任体系，与其他公共体育服务供给主体共同打造新型协同合作的治理框架模型，公共体育服务供给“命运共同体”将持续创新协同供给的运行模式。

9.2.4 以社会组织的灵活多元配置为协同纽带——调节要素

社会组织的产生源于社会功能活动，随社会自然演变而形成正式性的群体组织形式，具有普遍化、制度化、目标化等结构特点①。社会组织是除政府与市场以外的第三方供给主体，在整个公共体育服务协同供给运行中起到调节平衡的作用，有效补充了服务供给的空白地带。社会组织的运作不以营利为目的，与基层大众的实际体育生活相关联，能反映出人民群众的基本体育需求，其公益、志愿、自治等多种属性可以在协同供给的过程中体现公正公

① 赖佩媛．社会组织在中国国家治理中的作用研究［D］．北京：中共中央党校，2016：12-19.

平，可将公共体育资源高效灵活配置，拉近政府与市场的组织关系，大大降低公共体育服务协同供给的成本。在网络化治理下，社会组织与其他供给主体组成多边网络关系，以信任互动为前提开展供给合作，在合作中形成制衡力量、相互理解支持，通过协调促进合作供给目标的利益实现。同时社会组织具有一定的专业及自愿属性，单项体育协会、民间体育团体、体育基金会等社会组织可利用专业技术、行业资金和人力保障，提高公共体育服务协同供给的产品质量，自发组织的服务行动也更加有利于协同供给主体之间平等互惠关系的形成。

9.3 网络化治理下公共体育服务协同供给的创新发展思路

公共服务的协同供给在网络化治理下转换了原有运作思路，规避传统模式中合作敏锐度不高、供给时滞性等现象，加强协同供给参与主体的行动积极性，具有更加快速敏捷的机制反应能力，形成了多元主体的一致性供给目标。在推行公共体育服务协同供给创新过程中，要依靠网络化治理机制深入做好协同规则的设计与执行、协同意识的驱使与激励、协同环境的培育与契合、协同关系的促进与维护、协同价值的拓展等相关工作，顺应协同创新发展规律，构建多元供给网络的组织体系结构，最优化满足民众的体育利益需求，实现公共体育服务价值的最大化。

9.3.1 夯实公共体育服务协同供给的管理规则

公共体育服务协同供给规则的完善直接关乎供给运行的效率，为此要从制度层面构建一个合理的网络合作框架，应按照目标导向、质量保证、成本节约、体系创新等原则设计协同供给的合作实施方案，丰富协同供给管理流程方式，克服供给主体责任落实困境，厘清协同参与者之间的关系，明确各自权责分配情况。政府部门应明确自身职能，做好公共体育服务协同供给的事务监督管理工作，将执行操作者的角色交给市场与社会。参与公共体育服务协同供给的企业与社会组织要巩固内部管理水平，提升自身的协作能力。此外各个供给主体也要在协同制度中依据合作的规范秩序开展实施运作，强化行业监督准则，降低协作违规风险，避免出现越权干涉与推卸责任的现象，让公共体育服务的协同供给主体在规则边界内运行活动，健全网络化治理的安全保障机制。

9.3.2 激发公共体育服务协同供给的动机

协同意识是公共体育服务协同供给的动力，高效的协同反应需要供给主体有跨部门的网络行动意识，意识的驱动在于供给网络体系的协调平衡。除纵向管理外要适当延伸公共体育服务协同供给的横向合作分支，合理放宽协同参与准入机制，提高供给主体之间良性竞争水平，调动更多协同资源融入公共体育服务的合作供给领域中。要进一步通过法律规范体育行政机构、体育企业单位、体育非营利组织等群体参与公共体育服务供给的协同行为意识，并明确协同参与的准入资质与合作内容等要素，对符合政策的供给主体给予税收优惠与财政补贴，管理机构应依据协同供给结果定期展开表彰奖赏与问责处罚，激发公共体育服务供给的合作规范意识，增强主体间的合作信心与协调能力，共同达成公共体育服务协同供给运作的目标。

9.3.3 营造公共体育服务协同供给的资源环境

资源环境要素是促进公共体育服务协同供给发展的必要条件，也是保障公共体育服务协同供给主体和谐共生的基础。要从法律政策层面持续优化公共体育服务体系制度建设，完善社会力量参与公共体育服务协同供给的监管标准，提高对政策的协同贯彻执行能力，依法维护各供给合作方的对等权益。不断拓宽协同供给的融资渠道，加大合作项目专项资金的扶持力度，同时要确保公共体育服务协同供给财政运作的相对独立性。运用分布式数字技术、信息化网络平台等方式，深化公共体育服务协同供给主体之间的沟通，提升供给合作的办事效率。此外可创建地方公共体育服务供给的协同创新孵化基地，促进人才队伍的建设及培育，适时开展对项目合作人员的轮岗制度，使其熟悉协同供给的流程环节与操作，培养满足公共体育服务协同供给创新需要的复合型人才。

9.3.4 优化公共体育服务协同供给的组织关系

公共体育服务协同供给的运行涉及多个参与机构，需要维护平衡好各供给合作方的权益，保持良好的协同组织关系。不同协同供给主体要及时明确利益的表达诉求，参照责任内容合理分担公共体育服务供给的协同操作风险，以平等协商原则化解相关合作分歧与冲突，将协同合作过程中的“负和博弈”转向为“正和博弈”。每个合作项目也可设立协同供给小组，以专门解决合作供给过程中遇到的问题，推动公共体育服务供给的协同网络关系构建，减少交流联络的成本，增加互利互惠的多元供给合作渠道，全面提高各个供给方之间的沟通水平，加强相互信任与理解程度，扩大信息对称性，防止“囚徒困境”的出现，并稳固协同合作关系，实现各供给主体优势资源的互助共享，使得公共体育服务协同供给的网络组织体系更富有弹性。

9.3.5 实现公共体育服务协同供给的多元价值

公共体育服务协同供给运作将发挥不同供给主体的特征优势，打破各自供给碎片化的运作状态，整合资源达成公共体育服务协同供给的创新模式，满足逐渐提升的群众体育多样化需求。为更广泛实现协同的多元价值，还要增强制度保障功效，完善公共体育服务协同供给项目的顶层设计。从多个维度把控好协同运行的内容进度，在相应流程环节上降低协同成本，丰富协同供给整体效能的绩效评估手段，对规模较小、能力较弱的参与主体开展扶持引导，加强对诚信度不足、协同意识不够的供给单位实施管控监督，以协同整体的循环运作进而联动各供给参与主体的自身建设。此外，不同区域要依据当地具体的社会经济环境，合理谋划协同供给的参与主体与服务内容，体现合作供给组织灵活与应变的网络弹性机制，协调公平与效率的正确价值导向，以此全面提升公共体育服务协同供给的创新发展。

9.4 网络化治理下公共体育服务协同供给的创新发展策略

公共体育服务协同供给的创新发展以网络化治理为驱动，在破除传统分割式供给形式的同时也着力解决多元供给主体协同运行不畅等问题，构建多边网络的协调组织体系，并以人民群众的实际体育健身需求为中心目标，推动政府部门、市场和社会组织等多元供给主体更为合理的协同参与公共体育服务运作。为促进新型公共体育服务协同供给模式的长期可持续发展，可从理念、制度、渠道、能力、保障五大层面加快公共体育服务协同供给的创新培育，重塑及优化协同供给的网状化运作方式。基于沟通与信任、权责与标准、信息与资源、协作与选择、监督与评价，提出公共体育服务协同供给的创新发展策略，全面打造协同共治的创新性格局。

9.4.1 践行公共体育服务协同供给的创新理念

网络化治理下的公共体育服务协同供给转变更新了原先较为机械式的合作供给模式，并在协同合作的机制范畴内进行了“由分块到整体”“由配合到协商”“由命令式管理到服务式治理”等形式调整，协同关系与配合程度的改善促使公共体育服务新型合作供给理念发生变化，符合公共体育服务协同供给的运行规律。首先，在网络化治理下要及时了解人民群众对体育的真实需求意愿与内容偏好，以此为目标打造公共体育服务协同供给的关联利益集合体，让更多的民众加入协同供给的网络体系中，达成相对平等的服务供给理念；其次，要在协同合作系统中倡导互利互惠、协商共赢的价值观念，开展公共体育服务协同供给项目的精神文化建设，培育各供给主体之间深度信任关系，协同供给方也要积极转换工作思路、遵守规章制度，提升各层级单位公信力与诚信度，可通过咨询会、协商会等形式完成参与方之间的对话谈判，获取集体认可后的统一行动方案；最后，各协同供给主体还应形成共同价值理念，规避由于文化差异与站位不同而产生的行为分歧，一定程度上加强合作的理解与兼容程度，提高公共体育服务协同供给活动的凝聚力和向心力。

9.4.2 规范公共体育服务协同供给的创新制度

公共体育服务的各个协同供给主体在网络化治理下以公共体育利益为目标而展开多边合作。由于不同供给参与方对于利益的追求各不一致，因此应在制度层面明确其权责对等关系，对供给主体的活动行为、参与范围、实施规模等要素予以内容划分，明确自身协同供给的任务分配与功能定位。首先，各个协同供给参与主体都应该建立起相应的部门权责清单制度，明确公共体育服务供给的职能责任。政府部门主要负责标准与政策的制定，组织协调好公共体育服务协同供给项目的引导、准入、审查、扶持、评估等保障工作，在实际操作过程中要避免过多的行政干预；市场与社会组织要不断改善协同参与公共体育服务的生产方式，从资金、技术、人力、信息层面保证公共体育服务供给的质量与效率。其次，要进一步完善公共体育服务协同供给的法律法规制度，通过统一立法强化各供给参与主体的职能标准，规范公共体育服务协同供给运作、监管准则等内容，维护协同供给参与机构的相关权益。最后，各供给主体在加强紧密联络的同时也要适当保持独立自主性，并建立公共体育服务协同供给的分权制衡机制，对超出权限边界的行为要予以问责处罚，依据不同功能定位情况展开职责关系区分，防止协同供给过程中的交叉与错位现象。

9.4.3 扩充公共体育服务协同供给的创新渠道

网络化治理下的公共体育服务协同供给信息资源的整合利用并非是简单的收集与叠加，而是将资源进行模块化协调配置，构成信息共享的有机网络体系。跨部门的合作联系要求构建新型信息环境与信息系统[①]，因此拓展公共体育服务协同供给的信息资源渠道至关重要。首先，要保证信息渠道的顺畅秩序，公共体育服务协同供给单一项目中要建立统一的执行标准，健全供给主体之间的信息公开与共享机制，增强体育领域信息资源的可靠性；其次，财政资金是公共体育服务协同供给创新的必要支撑力量，要持续改善协同供给中财政支付转移结构，按照地区公共资源和协同参与的实际情况调整支付投入的次序与比重，要加大优惠政策吸纳更多的外围资本，完善协同供给经费的筹措机制，保障公共体育服务协同供给的财政资源配置；最后，要积极采用信息化的工作方式，通过不同供给主体的电子信息门户实现资源整合与分享，创建公共体育服务协同供给的资源信息平台，让更多的供给合作伙伴以跨行业、跨部门的方式实施优势资源的组织协调，对协同供给的决策内容、行动路径、资源范畴实施“网格包络”管理模式，形成快速匹配与互动反馈的稳态结构，促进公共体育服务协同供给的信息数字化运作。

9.4.4 加强公共体育服务协同供给的创新能力

公共体育服务协同供给创新的主要任务是要从供给侧提升协作供给的效能，以满足群众对体育锻炼的需求。要以公共体育福利最大化原则加强协同供给的高质量发展，提高各个供给主体的参与协作能力，破除公共体育服务供给的寡头垄断模式，扩大行业内良性竞争势态。首先，公共体育服务协同供给的参与主体应不断在专业运作、网络融入、合作供给等方面强化实际操作，完善机构内部的体制机制建设，定期对工作人员开展继续教育培训，深化参与机构与个体的组织创新，提高公共体育服务协同供给核心优势；其次，公共体育服务协同供给的竞争机制应适时融入市场竞争战略的管理方式，在政府行政单位发挥主导的作用下提供公共体育服务，应采取优胜劣汰的原则选取协作伙伴，以降低合作成本及优化服务供给品质；最后，公共体育服务

---

① 曾维和．后新公共管理时代的跨部门协同：评希克斯的整体政府理论［J］．社会科学，2012（5）：36-47.

的各个参与主体除了要提高协同行动效率外，还要与外部社会环境和文化形态紧密契合，选择适合的合作伙伴因地制宜实行协同供给内容运作，增进社会民众对政府体育主管部门、企业及非营利组织的价值认同，凸显公共体育服务协同供给的社会效益。

9.4.5 巩固公共体育服务协同供给的创新保障

公共体育服务协同供给的监督评价会起到机制保障作用，也是促进协同供给长效发展的前提条件。应在公共体育服务协同供给中建立过程监督体系，对政府部门、市场企业、社会组织等协同供给主体实施监管与绩效评估，及时反馈和矫正其协同供给的运作轨迹，助推不同供给主体的高效合作。首先，要集合系统内外部的监督管理力量，形成网络状立体监管模式，管理机构要合理灵活运用检查、座谈、调研、评议、暗访等监督方式，也可采用外部第三方机构独立督查形式，以维护利益关联体的自身权益；其次，要强调公共体育服务协同供给过程中相关政务、事务、财政、人员等要素的规范透明，采取科学的评价手段、制定完善的评价标准，建立动态的管理测评系统与查询机制，并在协同供给的投入成本、行为意识、实施效果、价值溢出等方面进行细则评估，参照评估结果对供给参与机构或个体实施奖励惩戒，完善退出机制的行动保障；最后，要设立公共体育服务协同供给监督的公示制度，加强多边协商、投票、审议等民主化监督，保证事前、事中、事后全流程的系统监管，达成由各方参与的多元监管体系，确保公共体育服务协同供给稳定可持续的健康运行发展。

9.5 本章小结

本章主要提出网络化治理下公共体育服务协同供给的创新发展路径。首先，以网络化治理下公共体育服务协同供给的创新发展理念为切入点，阐明了促成公共体育价值资源的最优化配置，满足人民群众对体育健身的最切实需求的目标，及信任合作、有效沟通、协调行动、权责对应等相关原则，并对公共体育服务协同供给创新发展的外延与形态进行论述，强调协同供给的弹性网络结构效能；其次，对网络化治理下公共体育服务协同供给的创新发展要素展开探讨，依次以人民群众的体育健身需求为协同导向、以政府部门的组织引导监督为协同基础、以市场企业的责任效率运作为协同载体、以社会组织的灵活多元配置为协同纽带，分别作为中心要素、主导要素、充分要素、调节要素进行分析；再次，构建了网络化治理下公共体育服务协同供给的创新发展思路，分别从协同的管理规则、动机意识、资源环境、组织关系、多元价值五大方面展开深入分析；最后，提出网络化治理下公共体育服务协同供给的创新发展策略，通过协商沟通与行为信任、明晰任务权责与参与标准、整合系统信息与优质资源、优化网络协作与伙伴选择、推进立体监督与过程评价等方式，创新升级协同网络组织结构，促进公共体育服务协同供给的持续发展。

10

结论与展望

10.1 主要研究结论

协同是将两个或两个以上的单元组合协调，按照一致目标行动而形成的一种资源交互作用。公共体育服务的协同供给是以人民日益增长的体育需求为中心，多元供给主体完成优势资源协作的运行过程，嵌入网络化治理体系可有效推进公共体育服务协同供给机制的创新与发展，加强协同供给主体之间的权责分明、信任互惠的合作伙伴关系，达成公共体育服务供给的弹性组织网络。本书依据公共体育服务的属性、协同供给创新的特性、网络化治理的系统性对公共体育服务协同研究理论进行探讨与辨析，叙述了我国公共体育服务供给机制的发展与变迁，梳理了国外公共体育服务协同供给发展的特点，深入探讨公共体育服务协同供给的内在逻辑，并分析网络化治理下公共体育服务协同供给模式的内涵、要素与机理，从而构建起协同供给的指标模型，同时以上海市为例进行了公共体育服务协同供给的实证研究，提出网络化治理下公共体育服务协同供给的创新发展路径。基本结论如下：

第一，厘清网络化治理、公共体育服务、公共服务协同创新等相关内容的研究状况。①依次获取结构功能主义、网络治理运行机制、网络化治理在公共服务中的作用与意义等相关概念；了解群众体育相关政策的制定、公共体育服务供给的内容与模式等有关范式；起底协同创新的基础理论、公共服务的区域协同创新、公共服务协同绩效等关联研究内容。②梳理了新公共服务理论、公共治理理论、制度变迁理论、协同学理论、福利多元主义理论，认为网络化治理有助于加强参与供给主体间的合作，提高公共体育服务的运作效率，优化资源结构配置，并贴附于社会现实发展情境下，促进国家治理体系与治理现代化在体育领域进一步深化，推动政府部门、市场与社会组织三大主体在公共体育服务供给过程中相辅相成、相互协作、补充渗透，可解决协同供给内在运作机制等相关问题，构建公共体育服务供给的协同创新网络组织。

第二，对新中国成立以来公共体育服务供给机制的演化与变迁进行论述。①公共体育服务是助推体育事业发展与提升人民健康水平的关键要素，在演化过程中供给主体、供给方式、供给内容、供需关系等特征发生了明显的变化，认为行政体制的管理改革、经济水平的快速提升、社会组织的发展壮大、民众增长的体育需求是我国公共体育服务供给机制变迁的主要动力。②按照政策、历史事件、社会经济的发展等因素将我国公共体育服务的供给机制嬗变划分为政府单一供给建立、部门合作供给初探、市场嵌入供给萌发、多元混合供给发展这四个历史演变阶段。目前我国公共体育服务供给机制朝着多层、多元、多维方向前行，同时也面临着相应的聚力困境与向上瓶颈，其中包括：服务供需不平衡，缺少合理的表达机制；供给权责不清晰，缺乏明确的定位分工；监督管理不完善，缺失标准的评价体系等。公共体育服务供给多维网络的协同互动模式是未来发展的必然趋势。

第三，总结国外公共体育服务协同供给的特征经验，得出对我国公共体育服务协同供给发展的启示。①选取美国、英国、日本、澳大利亚这四个具有代表意义的国家进行公共体育服务分析，探索其协同供给模式的相关内容，总结出服务的最终目标都是以满足群众对体育服务与产品需求为导向。②国外公共体育服务协同供给运作的必要条件与共性特征有：以制度创新发挥非政府部门的供给效能，多渠道拓展公共体育服务合作伙伴关系，明确公共体育服务协同供给的权责边界，协同驱动公共体育服务供给的行为意识，重视公共体育服务协同供给的监督评价等。③对我国公共体育服务协同供给运行的启示：提升公共体育服务协同供给主体的自身能力与制度建设，丰富公共体育服务协同供给模式与网络组织框架，健全公共体育服务协同供给之间的功能定位与规则边界，强化公共体育服务协同供给主体的行动意愿与竞争机制，创新公共体育协同供给的监督管理体系与评价标准系统。

第四，探求公共体育服务协同供给的形成理由、影响因素和实现机制等内在逻辑。①从条件性、必要性、可行性三个维度探析公共体育服务协同供给的形成理由，分析认为各个公共体育服务供给单元的优势资源相互协同效应须大于各单元资源的协同成本，这是协同供给所成立的基本条件，在多元协同合作的关系中满足不同供给的主体利益、寻求各方利益的平衡交互点，有利于协同关系中构建协同耦合机制。②政治环境、经济水平、科学技术、人文环境等外部宏观要素与沟通合作、意识理念、专业水准、监督激励等内部微观要素将影响公共体育服务协同供给模式的运行操作。③协同供给的参与者组合为利益相关整体，以民众实际公共体育服务需求为合作目标，强化法律政策、管理制度、体系环境等客观要素，并依照组织协调机制、表达决策机制、沟通共享机制、监督评价机制、激励保障机制等几大方面从而实现公共体育服务协同供给的顺畅运作。

第五，辨析网络化治理下公共体育服务协同供给模式的内涵、要素与机理。①通过网络化治理可构建一种平等互惠、责任互信、规范互助的公共体育服务协同合作供给体系，依据其“自组织”网络结构可协调合作供给间的关系，提高供给主体的参与动机意识，减少公共体育服务供给合作中的交易成本，巩固协同行动决策的执行力度，从而提升公共体育服务协同供给的运作效率。②以网络化治理理论将公共体育服务协同供给运作具体化、效能化，整合不同行动者利益偏好与组织策略。公共体育服务协同供给运行的秩序应符合网络化治理的规则要求，规则边界下的协同观念是公共体育服务供给主体合作的前提，协同意识的契合关系会增强供给针对性，供给主体之间合作信心也会激励各参与方的目标动机行为。客观协调环境是决定公共体育服务协同供给水平的关键条件，供给主体相互间的理解信任是公共体育服务网络关系持续发展的重要保障。

第六，构建了网络化治理下公共体育服务协同供给的指标模型，并以此对上海市公共体育服务的协同供给进行评价。①采用德尔菲法确定指标体系，最终得出由 5 个一级指标 22 个二级指标所组成的协同供给指标模型，同时从动能、组织、评估、决策等四个方面对所构架的协同供给指标模型进行效用分析，致力于推动公共体育服务协同供给的多元高效应用。②选取上海市为研究评价对象，采取层次分析法、模糊综合评价法、三角白化权函数灰色评估法对其进行公共体育服务协同供给的实证评价，结果显示上海市的公共体育服务协同供给为中等水平。总体而言，上海市的公共体育服务协同供给运作平台与基础保障已基本成形，但制度规则的建设以及合作理念的认同需要持续深化，一部分供给主体的自身实力还需要加强，协同执行决策的能力还有待提升，未来需充分拓展合作关系以及多元化的协同路径，明确上海市公共体育服务协同供给的目标定位与价值导向。

第七，提出网络化治理下公共体育服务协同供给的创新发展路径。①网络化治理的嵌入将推动公共体育服务运行模式的协调与转化，促使协同供给主体可充分发挥各自的优势资源作用，达成协商共治的创新发展格局。②为构建政府提供保障福利、市场提供技术福利、社会组织提供机会福利的三角福利模型，促使与民众关联的公共体育服务多边共生福利体系的创新突破，确立了中心要素、主导要素、充分要素、调节要素这四大协同供给创新的核心要素。③明确网络化治理下公共体育服务协同供给创新发展的主要思路：夯实公共体育服务协同供给的管理规则，激发公共体育服务协同供给的动机，营造公共体育服务协同供给的资源环境，优化公共体育服务协同供给的组织关系，实现公共体育服务协同供给的多元价值。④基于沟通与信任、权责与标准、信息与资源、协作与选择、监督与评价等维度建立公共体育服务协同供给创新发展策略，打造包括理念、制度、渠道、能力、保障五大层面的公共体育服务协同供给的创新格局。

10.2 研究的不足之处

本研究探讨了公共体育服务协同供给的相关问题，将网络化治理模式嵌入公共体育服务协同供给中从而创新了组织结构，探析了国内外公共体育服务供给模式的运作特点，剖析了公共体育服务协同供给的内涵机制，构建了网络化治理下公共体育服务协同供给的指标体系，并以上海市为研究案例分析了公共体育服务协同供给的现实状况，提出了公共体育服务协同供给模式创新发展的思路与策略。尽管研究具有一定的理论与实践价值，但由于个人能力和客观环境的约束以及资源条件的限制，本研究还存在一定的局限性，主要体现在：

第一，理论分析的内容局限于文献资料整理与分析，实地调查较为欠缺，尤其在国外公共体育服务协同供给运作模式分析的论述部分，仅对相关文献进行梳理与归纳，未能深入实地进行调研，所得出的结果或许较为片面。

第二，在实证研究部分所收集和掌握的信息资源宽度可能不够，相关数据分析的计量与统计或许还存在不足之处。

第三，网络化治理下公共体育服务协同供给的创新模式更加偏向于经济发达区域。而在我国偏远落后地区，由于市场和社会组织的不健全，协同供给的条件还不具备，所以其目前的供给模式还是应以政府供给为主，但未来公共体育服务的协同供给将会是大势所趋，网络化治理必将发展成为主要运作模式。

10.3 未来研究的展望

本研究将网络化治理嵌入公共体育服务协同供给实践，旨在促进政府部门、市场与社会组织等多元供给主体协同参与到公共体育服务的运作中，推动公共体育服务各个供给主体平等互惠、协同高效合作运行，从而提高公共体育服务的供给效率，满足广大人民群众的多样化体育需求。未来的研究还可继续延伸与拓展：

第一，随着国家治理体系与治理能力现代化的逐步提升，为更加贴合我国现实社会的发展要求，依据具体研究对象的不同，除网络化治理外还包括整体性治理、多中心治理、数字治理等可运用在公共体育领域的治理理论体系。譬如在政府部门内部的各个纵向与横向单位通过整体性治理模式而符合服务型政府建设的选择，整合梳理上下层级关系与部门关系，或采用“合作—竞争”的多中心治理模式使得政府、企业、非营利组织等参与主体在相互合作的过程中发挥各自优势力量，以及在现代科学技术发展背景下运用数字治理手段针对公共体育服务网络平台、大数据技术、人工智能等领域进行更广泛的探索。这些研究的最终目的都是为了提高公共体育服务供给的水平与质量，满足人民对体育的多样化现实需求，实现社会和谐、民众幸福的美好愿望。

第二，在公共体育服务内部进行协同操作有利于资源优势的协调整合，提升公共体育服务的运作效能。对于公共体育服务的外部协同领域还有继续可拓展的研究范畴。尤其在目前国家大力发展城市集群、区域一体化的背景下，长三角、珠三角、京津冀等区域的生产布局不断优化，与此相关的区域公共体育服务协同创新发展值得深入探讨。全民健身与全民健康的协同研究将全面助推“大健康”理念的优先发展策略，促进卫生、体育等多部门与市场、社会组织等多元供给主体强化全民健身的共同战略部署，达成体医结合、运动康养等新型融合体的创新发展模式。更加宽泛的深究领域还可涉及群众体育、竞技体育、体育产业之间的纽带协同等，从而在新时代中国特色社会主义思想指引下谱写公共体育事业发展的新篇章。

参考文献

［1］ 科赫，谢裕伟．黑格尔逻辑学中否定的自关联［J］．世界哲学，2014（6）：26-42，160.

［2］ 李慎明．正确认识和科学把握中国特色社会主义新时代社会主要矛盾：学习党的十九大报告的体会［J］．世界社会主义研究，2018，3（2）：4-15，94.

［3］ 王莉，孟亚峥，黄亚玲，等．全民健身公共服务体系构成与标准化研究［J］．北京体育大学学报，2015，38（3）：1-7.

［4］ 刘红建，孙庆祝，陈家起．改革开放以来我国城乡体育政策法规的变迁与启示：兼谈政策法规视角下城乡体育一体化发展［J］．西安体育学院学报，2013，30（2）：144-149.

［5］ 朱亚成．关于《体育发展“十三五”规划》的若干探讨［J］．南京体育学院学报（社会科学版），2016，30（3）：85-92.

［6］ 张红学．社会治理视域下我国公共体育服务发展模式与优化策略的研究［J］．沈阳体育学院学报，2016，35（4）：43-47.

［7］ 王志文，沈克印．我国全民健身公共服务的整体性治理研究［J］．沈阳体育学院学报，2017，36（4）：19-24.

［8］ 张洪巧，何子张，朱查松．基于空间治理的国土空间规划强制性内容思考：从城市总体规划强制性内容实效谈起［J］．规划师，2019，35（13）：21-27.

［9］ 赵祖雪．网络化治理：公共部门的新形态：公共管理的新时代［J］．

现代商贸工业，2018，39（28）：153-154.

［10］唐永干，王正伦．古希腊体育的民主政治使命：读亚里士多德《政治学》有感［J］．体育文化导刊，2004（2）：73-75.

［11］吴永金，陆小聪．扭曲的身体与自然的体育：卢梭体育教育观的整体面向［J］．体育学刊，2018，25（2）：1-8.

［12］李传奇，李海燕，张震．身体的觉醒与挺立：从尼采的身体哲学到顾拜旦的奥林匹克哲学［J］．体育学刊，2017，24（3）：1-5.

［13］陈斌，韩会君．公共体育服务概念的科学认识：基于术语学的视阈［J］．广州体育学院学报，2015，35（2）：7-11.

［14］金涛，张凤彪，周超．我国公共体育服务供给困境及原因分析［J］．北京体育大学学报，2013，36（12）：30-37.

［15］姜晓萍，吴菁．国内外基本公共服务均等化研究述评［J］．上海行政学院学报，2012，13（5）：4-16.

［16］刘有升，陈笃彬．基于复合系统协同度模型的跨境电商与现代物流协同评价分析［J］．中国流通经济，2016，30（5）：106-114.

［17］Osborne. 新公共治理?：公共治理理论和实践方面的新观点［M］．包国宪等译．北京：科学出版社，2016.

［18］朱德米．网络状公共治理：合作与共治［J］．华中师范大学学报（人文社会科学版），2004（2）：5-13.

［19］诸大建，李中政．网络治理视角下的公共服务整合初探［J］．中国行政管理，2007（8）：34-36.

［20］姚引良，刘波，汪应洛．地方政府网络治理与和谐社会构建的理论探讨［J］．中国行政管理，2009（11）：91-94.

［21］周悦．我国公共服务的网络治理研究［J］．管理观察，2015（24）：52-70.

［22］娄成武，谷民崇．基于“三圈网络治理”模型的公共服务体系复杂性分析［J］．行政论坛，2014，21（3）：16-21.

［23］于翠平，曹文杰．网络治理视角下公共服务供给模式研究［J］．理论观察，2013（6）：21-24.

［24］崔莉，李洪山，李静．网络治理视角下地方政府公共服务能力研究［J］．商业时代，2012（7）：99-100.

［25］刘波，李科，杨阳．基于网络治理视角的地方政府购买公共服务研究［J］．经济与管理研究，2014（12）：88-95.

［26］许莉，万春．基于网络治理理论的小城镇公共服务供给研究［J］．金融教育研究，2017，30（5）：59-65.

［27］罗云川，阮平南．公共文化服务网络治理：主体、关系与模式［J］．图书馆建设，2016（1）：28-32，38.

［28］唐鸣，陈鹏．网络化治理背景下社区公共服务供给探究［J］．新疆师范大学学报（哲学社会科学版），2017，38（3）：82-88，2.

［29］吴春梅，张彬彬．网络治理机制与农村公共服务多元供给主体的合作研究［J］．求实，2012（10）：93-96.

［30］郇昌店，张琮．我国公共体育服务概念的辨析：兼与范冬云先生商榷［J］．西安体育学院学报，2011，28（3）：305-308.

［31］肖林鹏．论我国公共体育服务供给的基本问题［J］．体育文化导刊，2008（1）：10-12.

［32］斯密．国民财富的性质和原因的研究：下册［M］．郭大力，王亚南，译．北京：商务印书馆，1972：251-254.

［33］狄骥．公法的变迁：法律与国家［M］．郑戈，译．沈阳：辽海出版社，1999：53.

［34］庇古．福利经济学［M］．北京：华夏出版社，1999：127-659.

［35］福尔德瓦里．公共物品与私人区［M］．郑秉文，译．北京：经济管理出版社，2011.

［36］萨瓦斯．民营化与公司部门的伙伴关系［M］．北京：中国人民大学出版社，2002：69.

[37] 希尔顿．体育发展：政策、过程与实践 [M]．北京：北京体育大学出版社，2007：71-73.

[38] 周兰君．美国大众体育管理方式管窥 [J]．体育学刊，2010，17 (9)：45-49.

[39] 岳建军．美国《国民体力活动计划》研究及启示 [J]．中国体育科技，2015，51 (2)：126-134.

[40] 斯托尔特，迪特默，布兰韦尔．体育公共关系组织传播管理 [M]．易剑东，王晓禹，谢敏等译．沈阳：辽宁科学技术出版社，2008：51.

[41] 周爱光．日本体育政策的新动向：《体育振兴基本计划》解析 [J]．体育学刊，2007 (2)：16-19.

[42] 日本体育指导实务研究会监修．体育振兴基本计划．体育指导实务必携 [M]．东京：行政出版社，2002.

[43] 戴健，张盛，唐炎，等．治理语境下公共体育服务制度创新的价值导向与路径选择 [J]．体育科学，2015，35 (11)：3-12，51.

[44] 武东海．多中心治理视阈下创新公共体育服务供给模式研究 [J]．武汉体育学院学报，2013，47 (5)：36-40.

[45] 张宏，陈琦．我国公共体育服务不同供给主体的职责划分 [J]．广州体育学院学报，2013，33 (2)：4-7.

[46] 程华，戴健．长三角地区公共体育服务的分层供给 [J]．体育学刊，2017，24 (2)：57-63.

[47] 史小强，戴健．新时代全民健身公共服务绩效结构模型的构建与实证研究：基于"以人民为中心"价值取向的量度 [J]．体育科学，2018，38 (3)：12-26.

[48] 蒋宏宇，李理．公共体育服务多元供给中的政府责任及其实现路径 [J]．湖南科技大学学报（社会科学版），2018，21 (4)：165-171.

[49] 姜同仁．我国公共体育服务供给现状与结构优化对策 [J]．上海体育学院学报，2015，39 (3)：1-7.

[50] 李新文，陈清，向剑锋．大数据时代体育公共服务供给的改革向度与路径之选［J］．武汉体育学院学报，2018，52（8）：20-24.

[51] 熊彼特．经济发展理论：对于利润、资本、信贷、利息和经济周期的考察［M］．何谓，易家详译．北京：商务印书馆，1991.

[52] 马捷，张云开，蒲泓宇．信息协同：内涵、概念与研究进展［J］．情报理论与实践，2018，41（11）：12-19.

[53] 马雪松．结构、资源、主体：基本公共服务协同治理［J］．中国行政管理，2016（7）：52-56.

[54] 田培杰．协同治理概念考辨［J］．上海大学学报（社会科学版），2014，31（1）：124-140.

[55] 李斯特．政治经济学的国民体系［M］．北京：商务印书馆，1997：23.

[56] 程鹏，栾峰．提升特大城市公共基础设施服务水平策略研究：基于协同创新五维模型［J］．现代城市研究，2016（11）：71-76，116.

[57] 李映辉，黄蕾．社会网络的社区服务协同创新机制建构与运行［J］．东南学术，2016（1）：103-109.

[58] 赵曼丽．公共服务协同供给研究：基于共生理论的分析框架［J］．学术论坛，2012，35（12）：38-41.

[59] 毛汉英．京津冀协同发展的机制创新与区域政策研究［J］．地理科学进展，2017，36（1）：2-14.

[60] 段铸．创新驱动下京津冀协同发展研究［J］．经营与管理，2018（6）：98-100.

[61] 叶春森．云计算和大数据环境下社会公共服务的区域协同战略［A］//中国软科学研究会．第十一届中国软科学学术年会论文集（上）．北京：中国软科学研究会，2015：6.

[62] 郝利玲．我国公共体育服务多元供给的协同创新模式及推进路径［J］．上海体育学院学报，2017，41（6）：54-58，65.

[63] 朱毅然．协同创新：我国农村公共体育服务供给模式新发展［J］．阜阳师范学院学报（自然科学版），2014，31（1）：63-71.

[64] 郑娟，郑志强．公共体育服务协同供给：基于演化博弈的分析框架［J］．中国体育科技，2017，53（2）：100-106.

[65] 何继新，杨鹏，高亚君．城市社区公共物品多主体协同供给影响因素分析：基于626例样本的实证研究［J］．广州大学学报（社会科学版），2015，14（11）：40-49.

[66] 刘卫平．城乡统筹发展中社会协同治理能力与绩效评价：基于湖南长沙、邵阳两市城乡社会协同治理的实证分析［J］．邵阳学院学报（社会科学版），2016，15（4）：25-37.

[67] 艾晓玉．科技服务供给协同效应研究［D］．南昌：南昌大学，2016.

[68] 陈世海，戴珩．县域公共文化服务协同创新研究：以江苏省张家港市为例［J］．上海文化，2014（8）：20-30.

[69] 万伟．多元协同视角下贵州坡地经济发展中的公共服务供给模式研究［D］．贵阳：贵州大学，2015.

[70] 程婷．城乡一体化背景下的县域农村公共服务协同供给机制研究［D］．南昌：江西财经大学，2015.

[71] 王姣．浅析新公共服务理论的精神本质及在我国的应用［J］．成都行政学院学报，2018（5）：40-46.

[72] 杨风娇．新公共服务理论视角下大学资产管理改革创新研究［D］．北京：首都经济贸易大学，2018：8-10.

[73] 辛静．新公共服务理论评析［D］．长春：吉林大学，2008：20-25.

[74] 曾本伟．共建共享视域下中国城市基层治理现代化的内在逻辑与实践路径［D］．长春：吉林大学，2017：31-32.

[75] 崔运武．论公共治理视角下我国PPP问题的成因及应对［J］．中国行政管理，2019（1）：53-59.

［76］程进，周冯琦．基于制度变迁的我国生态系统绩效管理研究［J］．江汉论坛，2018（12）：48-52.

［77］马得勇．历史制度主义的渐进性制度变迁理论：兼论其在中国的适用性［J］．经济社会体制比较，2018（5）：158-170.

［78］王一帆．居站分离对西安市社区治理的价值与路径研究［D］．西安：西北大学，2018：13-14.

［79］刘洋．基于协同学 F-AHP 熵模型的烟草 TPL 供应商协同研究［D］．济南：山东大学，2006：11-13.

［80］哈肯．协同学：大自然构成的奥秘［M］．凌复华，译．上海：上海世纪出版集团．2005.

［81］胡伟．企业发展模式：协同学进化的观点［M］．北京：经济管理出版社，2011：35-36.

［82］张士华．基于协同学理论的跨境电商协同网络和演化路径探究［J］．商业经济研究，2018（3）：84-87.

［83］范钰淼．福利多元主义视角下的农村居家养老模式探究［J］．湖北农业科学，2018，57（19）：143-148.

［84］同春芬，张越．福利多元主义理论研究综述［J］．社会福利，2018（5）：8-13.

［85］曹婧柔．福利多元主义视角下我国城市养老模式研究［D］．南京：南京大学，2016：13-18.

［86］宋浩．我国体育公共服务多元主体合作供给的困境与出路［J］．广州体育学院学报，2018，38（6）：30-32.

［87］张凤彪，姚依丹．“健康中国”战略下公共体育服务供给方式研究［J］．湖南工业大学学报（社会科学版），2017，22（4）：27-31.

［88］李智，邹新娴．我国体育公共服务供给现状及路径选择［J］．运动，2017（1）：3-4.

［89］申顺发，赵强，郭学英．供给侧改革背景下体育公共服务体系的主

要问题与模型构建［J］. 体育文化导刊，2018（9）：17-21，27.

［90］曹可强．论政府公共体育服务供给的需求导向：以上海市为例［J］. 成都体育学院学报，2011，37（11）：1-4.

［91］田宝山，田燏甲，郭修金，等．公共体育服务市场供给的方式选择、角色定位及机制实现［J］. 山东体育学院学报，2016，32（2）：23-28.

［92］汪文奇，金涛，冯岩．新时代体育社会组织参与体育治理的机遇、困境与策略行动［J］. 武汉体育学院学报，2018，52（11）：12-17.

［93］董新军，易锋．"互联网+"时代社区公共体育服务供给侧改革研究［J］. 体育文化导刊，2018（2）：43-46，57.

［94］金涛．我国公共体育服务发展的历史考察［J］. 体育成人教育学刊，2018，34（2）：71-75，95.

［95］王军棉．我国公共体育服务的市场化改革研究［J］. 经济研究导刊，2017（15）：30-31.

［96］陈丛刊，陈宁．论我国体育社会组织发展新的历史方位［J］. 体育科学，2018，38（9）：78-87.

［97］沈克印．政府与体育社会组织协同治理的地方实践与推进策略：以常州市政府购买公共体育服务为例［J］. 武汉体育学院学报，2017，51（1）：12-19.

［98］来博．多元供给模式下我国公共体育服务供给侧结构性改革研究［J］. 广州体育学院学报，2018，38（1）：34-37.

［99］李超，尹何韵杰，聂冠华，等．供给侧改革视角下我国公共体育服务供求矛盾消解研究［J］. 三峡大学学报（人文社会科学版），2018，40（3）：111-114.

［100］唐宇钧，石扬唐诗．我国公共体育服务供给困境的突破策略研究［J］. 当代教育论坛，2017（5）：93-98.

［101］蒋宏宇，李理．公共体育服务多元供给中的政府责任及其实现路径［J］. 湖南科技大学学报（社会科学版），2018，21（4）：165-171.

［102］李凤芝，索烨，刘玉．美国公共体育服务社会化改革及启示研究［J］．沈阳体育学院学报，2016，35（2）：19-25.

［103］徐士韦，肖焕禹，谭小勇．体力活动：美国国家健康政策之要素：基于美国健康公民战略的考察［J］．上海：上海体育学院学报，2014，38（1）：25-30.

［104］史小强．美国公共体育服务体系研究［D］．上海：上海体育学院，2014：28-31.

［105］马德浩，季浏．英国、美国、俄罗斯公共体育服务的发展方式［J］．体育学刊，2016，23（3）：66-72.

［106］谢叶寿，阿英嘎．英国政府购买公共体育服务的实践与启示［J］．体育与科学，2016，37（2）：66-70.

［107］陈丛刊，卢文云，陈宁．英国公共体育服务供给体系建设的经验与启示［J］．成都体育学院学报，2012，38（1）：28-32.

［108］周涛，张凤华，苏振南．美英日城市社区体育公共服务建设经验及其对我国的启示［J］．体育与科学，2012，33（4）：69-74.

［109］高峰．二战后日本公共体育政策变化特征及影响［J］．体育文化导刊，2018（6）：52-57.

［110］王占坤．发达国家公共体育服务体系建设经验及对我国的启示［J］．体育科学，2017，37（5）：32-47.

［111］沈娟．日本社会体育发展的特征、问题及对中国的启示［J］．南京体育学院学报（社会科学版），2016，30（6）：34-39.

［112］王暐琦．日本政府购买公共体育服务经验及启示［J］．喀什大学学报，2017，38（3）：68-72，93.

［113］马敏航，韩震．美国与澳洲公共体育政策分析［J］．体育文化导刊，2014（8）：27-30.

［114］李屹松．澳大利亚政府购买体育培训服务的经验与启示［J］．北京体育大学学报，2018，41（1）：34-42.

[115] 孟宪欣．澳大利亚促进体育参与政策的历程、特征与启示［J］. 吉林体育学院学报，2016，32（2）：40-45.

[116] 俞琳，曹可强．国外公共体育服务的制度安排［J］. 上海体育学院学报，2013，37（5）：23-26.

[117] 王伯超，范冬云，王伟超．发达国家体育公共服务改革的背景及启示［J］. 上海体育学院学报，2010，34（3）：6-9，18.

[118] 刘玉．体育公共服务市场化改革：发达国家经验及借鉴［J］. 北京体育大学学报，2012，35（11）：6-10.

[119] 曹可强，俞琳．论体育公共服务供给主体的多元化［J］. 体育学刊，2010，17（10）：22-25.

[120] 万文博，王政，蔡朋龙，靳宝铭．江苏省政府培育体育社会组织的实践及路径优化［J］. 体育学刊，2019，26（5）：56-63.

[121] 程华，戴健，赵蕊．发达国家大众体育政策评估的特点及启示：以美国、法国和日本为例［J］. 沈阳体育学院学报，2016，35（3）：36-41.

[122] 王浩，李新春，沈正平．城市群协同发展影响因素与动力机制研究：以淮海城市群为例［J］. 南京社会科学，2017（5）：17-25.

[123] 果硕．养老服务中多元主体合作机制研究［D］. 长春：长春工业大学，2018：13-18.

[124] 刘玉，方新普．社会转型期我国体育利益的分化与和谐［J］. 体育学刊，2009，16（7）：37-41.

[125] 陈荟芳，温步瀛．基于协同创新理论的电气工程专业研究生创新创业教育研究［J］. 河北工程大学学报（社会科学版），2017，34（4）：127-129.

[126] 刘军胜．旅游需求与目的地供给耦合的演进过程与机制研究［D］. 西安：陕西师范大学，2017：25-33.

[127] 张春合．“管办分离”背景下的中国体育管理多中心治理问题研究［J］. 体育与科学，2015，36（5）：69-73.

［128］ 由文华，侯军毅，何胜．学校体育场馆服务模式的创新研究［J］．西安体育学院学报，2017，34（1）：55-59.

［129］ 解学梅，徐茂元．协同创新机制、协同创新氛围与创新绩效：以协同网络为中介变量［J］．科研管理，2014，35（12）：9-16.

［130］ 应松年．加快法治建设促进国家治理体系和治理能力现代化［J］．中国法学，2014（6）：40-56.

［131］ 刘亮，王鹤，庞俊鹏，等．全面深化改革背景下我国体育治理结构问题厘析与改革路径研究［J］．天津体育学院学报，2015，30（4）：351-356.

［132］ 郭修金，戴健．政府购买体育社会组织公共体育服务的实践、问题与措施：以上海市、广东省为例［J］．上海体育学院学报，2014，38（3）：7-12.

［133］ 张晓微．我国体育社会组织承接政府购买服务的研究［D］．苏州：苏州大学，2015：20-28.

［134］ 陈天昊．在公共服务与市场竞争之间法国行政合同制度的起源与流变［J］．中外法学，2015，27（6）：1641-1676.

［135］ 王名，蔡志鸿，王春婷．社会共治：多元主体共同治理的实践探索与制度创新［J］．中国行政管理，2014（12）：16-19.

［136］ 于一，于航．对完善我国公共体育服务执法体系的思考［J］．山东体育科技，2018，40（3）：12-15.

［137］ 于善旭．论《中华人民共和国体育法》修改的基本路向［J］．天津体育学院学报，2011，26（5）：369-373.

［138］ 段晓霞．论我国政府采购制度的完善路径［D］．长春：吉林大学，2014：52-61.

［139］ 杨国庆，刘红建，郇昌店．新时代我国青少年体育公共服务体系建设研究［J］．北京体育大学学报，2018，41（4）：9-15.

［140］ 陈喜强．处理好政府与市场、企业和社会组织的关系［J］．广西

大学学报（哲学社会科学版），2003（4）：10-11.

［141］齐超．社会组织参与体育公共服务供给的现实困境及路径选择：来自上海的启示［J］．天津体育学院学报，2016，31（3）：252-258.

［142］焦长庚，戴健．公共体育服务 PPP 模式发展：政府与私营部门的功能定位与权责划分［J］．体育学刊，2018，25（4）：35-41.

［143］王小娟．农村公共体育服务协同创新理论构建与应用［D］．杭州：浙江大学，2018：16-26.

［144］赵西．论我国地方政府部门间关系的协调与整合：整体性治理理论视角［D］．北京：首都经济贸易大学，2013：37-42.

［145］王志文，沈克印．我国全民健身公共服务的整体性治理研究［J］．沈阳体育学院学报，2017，36（4）：19-24.

［146］汪文奇，金涛．从“结构化割裂”到“嵌入式治理”：重构新时代我国体育治理中的政社关系［J］．武汉体育学院学报，2019，53（7）：12-18.

［147］唐刚，彭英．多元主体参与公共体育服务治理的协同机制研究［J］．体育科学，2016，36（3）：10-24.

［148］张再生，白彬．新常态下的公共管理：困境与出路［J］．中国行政管理，2015（3）：38-42.

［149］何继新，贾慧．城市社区公共物品网络治理中多维冲突对供给绩效的影响［J］．天津城建大学学报，2019，25（3）：204-210.

［150］刘波，王力立，姚引良．整体性治理与网络治理的比较研究［J］．经济社会体制比较，2011（5）：134-140.

［151］朱建清．试论科学发展观与体育发展方式的转变［J］．体育科学，2010，30（7）：62-70，96.

［152］范如国．复杂网络结构范型下的社会治理协同创新［J］．中国社会科学，2014（4）：98-120，206.

［153］吴瑞坚．网络化治理视角下的协调机制研究：以广佛同城化为例

[J]. 城市发展研究，2014，21（1）：108-113.

[154] 曾宇航. 大数据背景下的政府应急管理协同机制构建[J]. 中国行政管理，2017（10）：155-157.

[155] 何继新，李莹. 公共服务供给“共建共享”的创新转向：一个网络化治理论纲[J]. 长白学刊，2017（1）：55-62.

[156] 孙哲，戴红磊，于文谦. 我国体育社会组织培育路径研究：基于社会治理的视角[J]. 西安体育学院学报，2018，35（1）：43-47.

[157] 徐娜. 从共谋到协同治理：一个治理体系现代化的演进路径：以武陵山区W镇政府组织架构调整为例[J]. 湖北民族学院学报（哲学社会科学版），2019，37（5）：86-93.

[158] 岳文娜. 基于协同治理视角下政府公共服务职能履行的创新研究[D]. 长沙：湖南师范大学，2017：13-16.

[159] 李国. 城市社区公共体育服务系统非平衡演进研究[D]. 南京：南京师范大学，2014：129-132.

[160] 张炜，费小燕，肖云，等. 基于多维度评价模型的区域创新政策评估：以江浙沪三省为例[J]. 科研管理，2016，37（S1）：614-622.

[161] 汪锦军. 构建公共服务的协同机制：一个界定性框架[J]. 中国行政管理，2012（1）：18-22.

[162] 金绍荣，尹凯，龙思橼. 农村土地流转中的“三益协同”推进目标及实现路径[J]. 农村经济，2018（6）：24-31.

[163] 孙付华. 绿色GDP核算跨部门协同机制：理论框架与推进路径[J]. 河南大学学报（社会科学版），2018，58（5）：67-75.

[164] 杨海涛. 城市社区网格化管理研究与展望[D]. 长春：吉林大学，2014：23-27.

[165] 陈旭. 协同治理视阈下城市社区多元主体间关系研究[D]. 长春：吉林大学，2016：36-40.

[166] 范永茂，殷玉敏. 跨界环境问题的合作治理模式选择：理论讨论

和三个案例［J］. 公共管理学报，2016，13（2）：63-75，155-156.

［167］王佼 . 输电工程造价指标构建及指标值预测研究［D］. 沈阳：辽宁大学，2018：39-40.

［168］卞飞 . 企业 ERP 项目投资效率评价研究［D］. 济南：山东大学，2018：25.

［169］王薇 . 远程开放教育实践教学基地评价体系构建的实证研究［D］. 南昌：江西师范大学，2017：37-38.

［170］王春枝，斯琴 . 德尔菲法中的数据统计处理方法及其应用研究［J］. 内蒙古财经学院学报（综合版），2011，9（4）：92-96.

［171］马利红，王彩霞 . 基础教育阶段英语学科素养测评指标体系的构建：基于德尔菲法的研究［J］. 中国考试，2019（2）：25-31.

［172］曹妍，朱瑞芳，韩世范 . 应用德尔菲法构建护理论文创新性评价指标体系［J］. 护理研究，2017，31（17）：2101-2103.

［173］张凯宇，谭晓东，谢玉，等 . 应用改良德尔菲法确定湖北省健康城市建设评估指标体系权重［J］. 公共卫生与预防医学，2019，30（1）：41-45.

［174］程琮，刘一志，王如德 . Kendall 协调系数 W 检验及其 SPSS 实现［J］. 泰山医学院学报，2010，31（7）：487-490.

［175］邬晓燕，程苹 . 基于利益相关者视角的科技风险认知与规制［J］. 北京交通大学学报（社会科学版），2012，11（4）：75-80.

［176］上海市人民政府新闻办公厅，上海市统计局 . 上海概况 2019［M］. 上海：上海世纪出版集团，2019：6-29.

［177］上海市体育局 . 图解《2018 年上海市全民健身发展报告》［EB/OL］.［2019-09-19］. http://tyj.sh.gov.cn/General/SubInfoPublicDetail/789a61da-2d3d-49ae-a381-07300cf9cfdf.

［178］袁浩 . 上海市体育局在打造城市业余联赛的过程中采用了政府、社会和市场三方协作办赛的新模式：开放办赛理念值得推广［N］. 工人日报，

2018-05-01（8）.

［179］黄晓薇. 县级人大监督效能提升研究［D］. 昆明：云南大学，2013：9-10.

［180］张熹. 济南市行政效能监察评价问题研究［D］. 济南：山东大学，2013：21-23.

［181］马雁军. 政府绩效定量评估体系研究［D］. 天津：天津大学，2007：16-19.

［182］钱洁. 论社会公共安全协同供给［D］. 南京：南京大学，2013：58-61.

［183］苗郁. 军事装备效能评估方法的相关分析［J］. 科技经济导刊，2018，26（7）：242.

［184］毕文豪，张安，王安丽. 基于模糊综合评价的光电对抗装备效能评估［J］. 火力与指挥控制，2013，38（4）：60-63.

［185］王化中，强凤娇. 三角白化权函数灰色聚类决策下中小企业信用评价模型构建［J］. 企业经济，2014（4）：89-92.

［186］孙建华. 嵩山世界地质公园生态旅游资源评价与可持续发展研究［D］. 北京：中国地质大学，2014：50-55.

［187］李晓娟. Y 高职院校会计专业学生职业能力提升研究［D］. 咸阳：西北农林科技大学，2015：25-26.

［188］杜文超. 基于模糊层次分析法的融创中国财务风险预警研究［D］. 石家庄：河北师范大学，2018：23-26.

［189］何德文，黄真谛. 基于模糊综合评价法的重大工程项目社会风险评价［J］. 统计与决策，2013（10）：53-56.

［190］王俊杰. 基于区间灰数的白化权函数聚类模型及其应用研究［D］. 南京：南京航空航天大学，2014：2-5.

［191］亚志博. 基于灰色理论的衡水配电网建设工程综合评价研究［D］. 北京：华北电力大学，2013：18-25.

[192] 刘灿. 上海市全民健身公共服务标准化研究 [D]. 上海：上海体育学院，2018：1-5.

[193] 上海市人民政府关于印发《上海市全民健身实施计划（2016-2020年）》的通知 [A]. 上海市人民政府公报，2016（23）：11-15.

[194] 上海市人民政府. 上海市健康促进委员会关于印发《健康上海行动（2019—2030年）》的通知 [A/OL]. [2019-09-19]. http：//www.shanghai.gov.cn/nw2/nw2314/nw2319/nw12344/u26aw62691.html.

[195] 祝良，李建国，孟欢欢. 创新社会治理背景下上海市社区体育健身俱乐部的实践经验与转型思路 [J]. 体育科研，2018，39（4）：34-39.

[196] 让公共体育服务更多元（体坛观澜）[N]. 人民日报，2018-10-18（13）.

[197] 韩耀刚. 上海市花样跳绳协会第二届会员大会在我校召开 [EB/OL]. [2018-12-24]. http：//www.sus.edu.cn/info/1007/16990.htm.

[198] 祝良，张伟. 社会体育组织参与公共体育服务的模式、机制及经验研究：以上海市社区体育协会为例 [J]. 山东体育学院学报，2017，33（1）：6-11.

[199] 张京祥，陈浩. 空间治理：中国城乡规划转型的政治经济学 [J]. 城市规划，2014，38（11）：9-15.

[200] 李兵. 基于善治理论的体育公共服务供给侧改革研究 [J]. 南京体育学院学报（社会科学版），2016，30（4）：54-60.

[201] 姜晓萍，陈朝兵. 公共服务的理论认知与中国语境 [J]. 政治学研究，2018（6）：2-15，126.

[202] 赖佩媛. 社会组织在中国国家治理中的作用研究 [D]. 北京：中共中央党校，2016：12-19.

[203] 曾维和. 后新公共管理时代的跨部门协同：评希克斯的整体政府理论 [J]. 社会科学，2012（5）：36-47.

[204] 高建玲.《"健康中国2030"规划纲要》起草背景及其群众体育

社会效应解读［J］. 广州体育学院学报，2019，39（5）：1-6.

［205］陶媛. 网络化治理视野下地方政府教育职能转变研究［D］. 上海：华东师范大学，2015：17-21.

［206］GOLDSMITH S，EGGERS W D. Governing by Network：The New Shape of the Public Sector［M］. Boston：Harvard University Press，2004：32-37.

［207］CARRINGTON，SCOTT J，WASSERMAN S. Models and Methods in Social Network Analysis［M］. New York：Cambridge University Press，2005：19-23.

［208］MOORE M. Public value as the focus of strategy［J］. Australian Journal of Public Administration，1994（3）：296-303.

［209］OSTROM E. A Behavioral approach to the rational choice theory of collective action［J］. American Political Science Review，1998（1）：1- 22.

［210］PROVAN K G，KENIS P. Modes of network governance：structure，management and effectiveness［J］. Journal of Public Administration Research and Theory，2008，18（2）：229- 252.

［211］CASEY D K，LAWLESS J S. The parable of the poisoned pork：network governance and the 2008 Irish pork dioxin contamination［J］. Regulation & Governance，2011，5（3）：333.

［212］FLYNN N. Public Sector Management：Performance Management and Public Satisfaction in the Public Sector in the United Kingdom［M］. 5th ed. Upper Saddle River：Prentice Hall UK imited，2002：53-59.

［213］O'TOOLE L J，MEIER K J. Public management in intergovernmental networks：matching structural networks and managerial networking［J］. Journal of Public Administration Research and Theory，2004，14（4）：469.

［214］EDELENBOS J，KLIJIN E－H. Trust in complex decision－making networks：a theoretical and empirical exploration［J］. Administration& Society，2007（1）：25-49.

[215] SAMUELSON P A. The pure theory of publicexpenditure [J]. The review of economics and statistics, 1954: 387-389.

[216] OATES W E. Fiscal federalism [M]. New York: Harcourt Brace Jovanovich, 1972: 35.

[217] HOBSON J A. The Crisis of Liberalism: New Issues of Democracy [M]. P. S. King & Son, 1909: 173-175.

[218] GIDRON B, KRAMER R M, SALAMON L M. Government and the third sector: emerging relationships in welfare states [J]. Croatian Journal of Social Policy, 1995, 22.

[219] AUDIT COMMISSION. Public sports and recreation facilities: making them fit for the future [R]. London: Audit Commission, 2006.

[220] SPORT ENGLAND. Performance measurement for the development of sport-A good practice guide for local authorities [M]. London: 2001.

[221] HANSEN P, WIDÉN G. The embeddedness of collaborative information seeking in information culture [J]. Journal of Information Science, 2017.

[222] NARDONE A M G. The determinants of university-industry collaboration in food science in Italy [J]. Food Policy, 2012, 37 (6): 710-718.

[223] LEYDESDROFF L. The mutual information of University - Industry - government Relations: An Indicator of the triple helixdynamics [J]. Scient metrics, 2003, (58): 445-467.

[224] JOSHUA A C. Innovation Management: The Missing Link in Productivity [J]. Management Review, 1979, 68 (6): 25-30.

[225] GLOOR P A. Swarm Creativity: Competitive Advantage through Collaborative Innovation Networks [M]. New York: Oxford University Press, 2006.

[226] HARRISON F. Exploring the effects of working for endowments on behavior in standard economic games [J]. Plos One, 2011, 6 (16): 23-41.

[227] GUPTA S, MALTZ E. Interdependency, dynamism, and variety network

modeling to explain knowledge diffusion at the fuzzy front end of innovation [J]. Journal of Business Research, 2015 (3): 1-14.

[228] GILSING V, BEKKERS R, FREITAS B, et al. Differences in technology transfer between science based and development based industries: Transfer mechanisms and barriers [J]. Tenchnovation, 2011, 31 (12): 638-647.

[229] DREJER A. How can we define and understand competencies and their development? [J]. Technovation, 2001, 45 (21): 135-146.

[230] BLOCH C, BUGGE M M. Public sector innovation: From theory to measurement [J]. Structural change and economic dynamics, 2013, 27 (6): 133-145.

[231] KEAST R, BROWN K, MANDELL M. Getting the right mix: unpacking integration meanings and strategies [J]. International Public Management Journal, 2007, 10 (1): 9-33.

[232] BLAND T, BRUK B, KIM D, et al. Enhancing public sector innovation: examining the network: innovation relationship [J]. Public Sector Innovation Journal, 2010, 15 (3): 1-25.

[233] SCHULZE A, BROJERDI G J C. The effect of the distance between partners' knowledge components on collaborative innovation [J]. European Management Review, 2012, 9 (2): 85-98.

[234] HENRY N. Is Privatization Passé? The case for competition and the emergence of intersectoral administration [J]. Public Administrative Review, 2002, 62: 374-378.

[235] MARK F. Public Law and Private Finance: Placing the Private Finance Initiative in a Public LawFrame [M]. Oxford: Clarendon Press, 1999: 145-168.

[236] HARRIS K, ADAMS A. Power and discourse in the politics of evidence in sport for development [J]. Sport Management Review, 2016, 19 (2) .

[237] 文部科学省：スポーツ立国戦略 [EB/OL]. [2015-08-26].

http：//www. mext. go. jp/a_ menu/sports/rikkoku/1297182. htm.

［238］ GREEN M，COLLINS S. Policy，politics and path dependency：sport development in australia and finland ［J］. Sport Management Review，2008，11 （3）.

［239］ GREEN M. Governing under advanced liberalism：sport policy and the social investment state ［J］. Policy Sciences，2007，40 （1）：55-71.

［240］ GALLAT H. Antitrust law and public alternatives for professional sports leagues ［J］. Labor Law Journal，2003 （3）：166-179.

［241］ GRATTON C，TAYLOR P. Economics of sport and recreation ［M］. London：E&FN SPON，2000：39-42.

［242］ STEWART B，NICHOLSON M，SMITH A，et al. Australian Sport-Better by Design? The Evolution of Australian Sport Policy ［M］. Routledge，2004：25-29.

［244］ RHODES R A W. Understanding governance：policy networks，governance，reflexivity and accountability ［M］. Open University Press，1997：51-52.

附录1 访谈提纲

“公共体育服务协同供给研究”访谈提纲

访谈编号：________　　被访谈人员姓名：________

访谈日期/时间：________　　访谈地点：________

职务：________　　联系方式：________

所属机构/部门名称：________

1. 您认为我国公共体育服务供给的演化与变迁是如何推进的？

2. 您认为目前我国公共体育服务供给运行发展的瓶颈有哪些？

3. 对于我国可能所存在的公共体育服务供给“碎片化”现象应如何治理才能提高供给的有效性？

4. 您认为公共体育服务协同供给的具体内涵是什么？其发展目标应该包括哪些内容？

5. 您认为哪些国家或地区的公共体育服务协同供给模式是值得借鉴的？

6. 您认为当前在公共体育服务领域中各参与主体协同供给的关键要素环节包括哪些？

7. 您认为能够影响和形成公共体育服务协同供给模式的现实环境与实现机制是什么？

8. 您认为应如何通过合理的网格化管理方式促进公共体育服务协同供给运作？

9. 您认为针对于公共体育服务协同供给的指标体系所包含的内容应该有哪些？

10. 您认为应该如何在新型治理体系下创新及完善公共体育服务协同供给的发展路径与提升策略？

附录 2　调查问卷

问卷 A　网络化治理下公共体育服务协同供给指标体系的构建调查（第一轮）

尊敬的各位专家：

您好！我正在进行关于网络化治理下公共体育服务协同供给问题的研究。该研究涉及到治理与公共体育服务协同供给的相关问题，需要构建一个科学的和具有应用价值的理论指标体系，在此需要您的帮助。网络化治理是在传统由上而下的直线纵向管理方式外，更加强调水平横向的合作伙伴式网络状结构，以此针对公共体育服务的协同供给运作机理进行创新与发展，同时体现指标体系的应用评价作用。本人在访谈、文献经验总结及理论研究辨析的基础上，初步确定了协同规则、协同意识、协同环境、协同关系、协同价值 5 个指标范畴，并据此延伸出相应的细则指标。希望您能抽出一点宝贵时间，对我初步构建的指标体系予以进一步的评判筛选，只需按照您的理解在对应的选项处划“√”即可，您也可以对该指标体系指出需要修改或补充的地方，问卷的各指标说明附在表格后方。您的建议对我构建该指标体系非常重要，再次恳请您帮助和指导，并对您的帮助表示衷心地感谢！

表 A.1　第一轮一级指标征求意见情况

一级指标 B	重要性					判断依据				熟悉程度				
	非常重要	比较重要	一般重要	不太重要	非常不重要	实践经验	理论分析	同行了解	直觉	非常熟悉	比较熟悉	一般熟悉	不太熟悉	非常不熟悉
协同规则 B_1														
协同意识 B_2														

续表

一级指标B	重要性					判断依据				熟悉程度				
	非常重要	比较重要	一般重要	不太重要	非常不重要	实践经验	理论分析	同行了解	直觉	非常熟悉	比较熟悉	一般熟悉	不太熟悉	非常不熟悉
协同环境 B_3														
协同关系 B_4														
协同价值 B_5														
备注：对指标的修改建议														

各一级指标说明：

B_1 协同规则：是指在公共体育服务协同供给各参与主体对于协同具有清晰的边界规定，需要受到一定的规则管控。其中的二级指标包括：协同方案的设计、权责定位与划分、协同的风险分担、相互审查监督、法律约束、管理模式等内容。

B_2 协同意识：是指公共体育服务协同供给的各参与主体对协同具有相对意愿的指向性。其中的二级指标包括：目标与需求的共同意识、寻求协同合作意识、承担责任意识、信心与认定意识、激励动机意识、合作目标的一致性等内容。

B_3 协同环境：是指在参与公共体育服务协同供给的过程中各供给参与主体影响相互合作提升供给效率的协同环境因素。这其中又包括内部协同环境与外部协同环境，二级指标包括：制度政策执行、金额资本运作、文化理念认知、科学技术使用以及人力资源管理等内容。

B_4 协同关系：是指参与公共体育服务协同供给主体间的沟通、信任、协调、依赖、包容等关联程度。其中的二级指标包括：协同过程中话语权与平等地位、交流的通畅性、相互信任与依赖彼此、相互理解和包容等内容。

B_5 协同价值：指各供给参与主体相互协同提供公共体育服的内容价值体现及应用性检验。其中的二级指标包括：协同决策获取支持程度、持续协同的参与、协同合约的遵守、自身利益的保障、实施成本的节约、协同资源的使用、预期的目标收益等内容。

表A.2　第一轮二级指标征求意见情况

二级指标C	重要性					判断依据				熟悉程度				
	非常重要	比较重要	一般重要	不太重要	非常不重要	实践经验	理论分析	同行了解	直觉	非常熟悉	比较熟悉	一般熟悉	不太熟悉	非常不熟悉
协同运作方案设计的完备性 C_{11}														

续表

二级指标 C	重要性					判断依据				熟悉程度				
	非常重要	比较重要	一般重要	不太重要	非常不重要	实践经验	理论分析	同行了解	直觉	非常熟悉	比较熟悉	一般熟悉	不太熟悉	非常不熟悉
协同操作秩序的规范性 C_{12}														
协同风险分担的公平性 C_{13}														
协同过程的互相监督程度 C_{14}														
法律对于协同主体的行为约束程度 C_{15}														
协同权利与责任的定位清晰程度 C_{16}														
协同管理模式的合理程度 C17														
协同供给目标与需求的共同意识 C_{21}														
主动寻求他方协同合作的意识 C_{22}														
相互协同的信心与认定意识 C_{23}														
协同责任承担意识 C_{24}														
协同主体行动激励动机意识 C_{25}														
协同谋划未来发展的目标意识 C_{26}														
政策执行环境协同程度 C_{31}														

续表

二级指标C	重要性					判断依据				熟悉程度				
	非常重要	比较重要	一般重要	不太重要	非常不重要	实践经验	理论分析	同行了解	直觉	非常熟悉	比较熟悉	一般熟悉	不太熟悉	非常不熟悉
金融资本环境协同程度 C_{32}														
文化理念环境协同程度 C_{33}														
科学技术环境协同程度 C_{34}														
人力资源环境协同程度 C_{35}														
话语权与对立平等程度 C_{41}														
信息交流的通畅程度 C_{42}														
相互不可替代程度 C_{43}														
相互理解包容程度 C_{44}														
协同参与的信任程度 C_{45}														
协同矛盾冲突的化解程度 C_{46}														
协同实施的及时反馈程度 C_{47}														
协同决策获得他方支持程度 C_{51}														
持续参与协同供给的意愿程度 C_{52}														

续表

二级指标 C	重要性					判断依据				熟悉程度				
	非常重要	比较重要	一般重要	不太重要	非常不重要	实践经验	理论分析	同行了解	直觉	非常熟悉	比较熟悉	一般熟悉	不太熟悉	非常不熟悉
遵循协同合约的运行实施程度 C_{53}														
自身权益得到相对的保障程度 C_{54}														
协同对于成本节省的程度 C_{55}														
协同关联资源的利用程度 C_{56}														
协同预期收益目标达成程度 C_{57}														
备注：对指标的修改建议														

各二级指标说明：

C_{11}协同运作方案设计的完备性：在协同操作前所制定方案设计的可行性、全面性与完整性。

C_{12}协同操作秩序的规范性：在协同实施的过程中，遵照一定的协同行为规范、按照相关制度有秩序的开展公共体育服务协同供给行为。

C_{13}协同风险分担的公平性：协同供给项目实施中各个参与主体对于风险发生承担的公平、公正、透明程度。

C_{14}协同过程的互相监督程度：协同的各个供给参与方之间相互审查、监督、反馈的程度。

C_{15}法律对于协同主体的行为约束程度：现有法律政策对于公共体育服务协同供给主体的规范指引和行为约束程度。

C_{16}协同权利与责任的定位清晰程度：各个参与主体对于自身的权利与责任有明确清晰的功能定位和职责划分界限。

C17 协同管理模式的合理程度：在公共体育服务协同供给运行所采取的管理模式对于实际操作的适应性与合理程度。

C_{21}协同供给目标与需求的共同意识：协同的供给整体目标与各个公共体育服务供给主体的自我需求导向的相似意识。

C_{22}主动寻求他方协同合作的意识：供给参与主体可以积极主动寻求其他各方协同供给公共体育服务的机遇，以此采取协同行动措施的意识。

续表

二级指标C	重要性					判断依据				熟悉程度				
	非常重要	比较重要	一般重要	不太重要	非常不重要	实践经验	理论分析	同行了解	直觉	非常熟悉	比较熟悉	一般熟悉	不太熟悉	非常不熟悉

C_{23}相互协同的信心与认定意识：公共体育服务协同供给参与主体对彼此之间的合作信心与认可。

C_{24}协同责任承担意识：公共体育服务各协同供给参与主体对自身应该承载的那部分责任具有担当意识。

C_{25}协同主体行动激励动机意识：在公共体育服务协同供给过程中，各参与主体对具体协同执行的激励意识。

C_{26}协同谋划未来发展的目标意识：各个公共体育服务协同供给参与主体共同谋划与执行未来协同发展内容的目标一致性。

C_{31}政策执行环境协同程度：公共体育服务协同供给主体对于制度政策的协同操作实施情况。

C_{32}金融资本环境协同程度：公共体育服务协同供给主体对于金融资本的合作运用情况。

C_{33}文化理念环境协同程度：公共体育服务协同供给主体对于文化理念的相互认知与理解情况。

C_{34}科学技术环境协同程度：公共体育服务协同供给主体对于科学技术的协同采纳情况。

C_{35}人力资源环境协同程度：公共体育服务协同供给主体对于人才资源管理与人力协同运转情况。

C_{41}话语权与对立平等程度：在公共体育服务协同供给实施过程中各参与主体的话语权状况与地位相对平等程度。

C_{42}信息交流的通畅程度：各个供给参与主体之间沟通交流的信息通畅性。

C_{43}相互不可替代程度：各个供给参与主体之间合作提供公共体育服务时的相互资源依赖性、持续不可替代程度。

C_{44}相互理解包容程度：各个供给参与主体之间对于彼此理解、宽容的程度。

C_{45}协同参与的信任程度：各个供给参与主体之间相互信任的程度。

C_{46}协同矛盾冲突的化解程度：在协同操作过程中，各个供给参与主体面对相互存在矛盾的化解能力。

C_{47}协同实施的及时反馈程度：在公共体育服务协同供给实施过程中各参与主体有无及时对其他合作方反馈相关操作信息。

C_{51}协同决策获得他方支持程度：在公共体育服务协同供给实施过程中参与主体做出执行决策时是否能获得其他协同各方的支持与保障。

C_{52}持续参与协同供给的意愿程度：各个供给参与主体是否可以战略持久性参与公共体育服务协同供给的意愿程度。

C_{53}遵循协同合约的运行实施程度：各个供给参与主体是否能有效遵循所签订的合约方案予以计划实施的进程情况。

续表

二级指标 C	重要性					判断依据				熟悉程度				
	非常重要	比较重要	一般重要	不太重要	非常不重要	实践经验	理论分析	同行了解	直觉	非常熟悉	比较熟悉	一般熟悉	不太熟悉	非常不熟悉
C_{54}自身权益得到相对的保障程度：在公共体育服务协同供给实施过程中参与主体是否可以满足自身的权益程度。 C_{55}协同对于成本节省的程度：协同供给的实施是否能够节约单个主体实际运作的成本。 C_{56}协同关联资源的利用程度：在公共体育服务协同供给实施过程中参与主体对于相关资源所采取的协同使用情况。 C_{57}协同预期收益目标达成程度：各个供给参与主体对于原先预期收益目标所达成的满意程度。														

问卷 B　网络化治理下公共体育服务协同供给指标体系的构建调查（第二轮）

尊敬的各位专家：

您好！我正在进行关于网络化治理下公共体育服务协同供给问题的研究。该研究涉及治理与公共体育服务协同供给的相关问题，需要构建一个科学的和具有应用价值的理论指标体系，在此需要您的帮助。通过了第一轮的指标筛选，分别删除了“协同风险分担的公平性 C_{13}、协同供给目标与需求的共同意识 C_{21}、主动寻求他方协同合作的意识 C_{22}、协同责任承担意识 C_{24}、文化理念环境协同程度 C_{33}、协同矛盾冲突的化解程度 C_{46}、协同实施的及时反馈程度 C_{47}、协同决策获得他方支持程度 C_{51}、持续参与协同供给的意愿程度 C_{52}”等相应指标；合并“相互理解包容程度 C_{44}”与“协同参与的信任程度 C_{45}”两个指标，改为指标“相互信任与理解包容程度 C_{44}”，除此之外还对一些指标的语言描述和排序做了相应的修改。希望您能再次抽出一点宝贵时间，对我所修正的指标体系予以进一步的评判筛选（第二轮），只需按照您的理解在对应的选项处划“√”即可，您也可以对该指标体系指出需要修改或补充的地方，问卷的各指标说明附在表格后方。您的再次建议对我构建该指标体系非常重要，并对您的一直帮助表示衷心的感谢！

表 B.1 第二轮一级指标征求意见情况

一级指标 B	重要性					判断依据				熟悉程度				
	非常重要	比较重要	一般重要	不太重要	非常不重要	实践经验	理论分析	同行了解	直觉	非常熟悉	比较熟悉	一般熟悉	不太熟悉	非常不熟悉
协同规则 B_1														
协同意识 B_2														
协同环境 B_3														
协同关系 B_4														
协同价值 B_5														
备注：对指标的修改建议														

各一级指标说明：

B_1 协同规则：是指在公共体育服务协同供给各参与主体对于协同具有清晰的边界规定，需要受到一定的规则管控。其中的二级指标包括：协同方案的设计、权责定位与划分、协同的风险分担、相互审查监督、法律约束、管理模式等内容。

B_2 协同意识：是指公共体育服务协同供给的各参与主体对协同具有相对意愿的指向性。其中的二级指标包括：目标与需求的共同意识、寻求协同合作意识、承担责任意识、信心与认定意识、激励动机意识、合作目标的一致性等内容。

B_3 协同环境：是指在参与公共体育服务协同供给的过程中各供给参与主体影响相互合作提升供给效率的协同环境因素。这其中又包括内部协同环境与外部协同环境，二级指标包括：制度政策执行、金额资本运作、文化理念认知、科学技术使用以及人力资源管理等内容。

B_4 协同关系：是指参与公共体育服务协同供给主体间的沟通、信任、协调、依赖、包容等关联程度。其中的二级指标包括：协同过程中话语权与平等地位、交流的通畅性、相互信任与依赖彼此、相互理解和包容等内容。

B_5 协同价值：指各供给参与主体相互协同提供公共体育服的内容价值体现及应用性检验。其中的二级指标包括：协同决策获取支持程度、持续协同的参与、协同合约的遵守、自身利益的保障、实施成本的节约、协同资源的使用、预期的目标收益等内容。

表 B.2　第二轮二级指标征求意见情况

二级指标 C	重要性					判断依据				熟悉程度				
	非常重要	比较重要	一般重要	不太重要	非常不重要	实践经验	理论分析	同行了解	直觉	非常熟悉	比较熟悉	一般熟悉	不太熟悉	非常不熟悉
协同方案设计的完备程度 C_{11}														
协同操作秩序的规范程度 C_{12}														
协同过程的互相监督程度 C_{13}														
法律对于协同主体的行为约束程度 C_{14}														
协同权利与责任的定位清晰程度 C_{15}														
协同管理方式的合理程度 C_{16}														
主动解决协同问题的行为意识 C_{21}														
相互协同的信心与认定意识 C_{22}														
协同主体行动激励动机意识 C_{23}														
协同谋划未来发展的目标意识 C_{24}														
公共体育服务法规政策环境协同程度 C_{31}														
公共体育服务金融资本环境协同程度 C_{32}														

续表

二级指标C	重要性					判断依据				熟悉程度				
	非常重要	比较重要	一般重要	不太重要	非常不重要	实践经验	理论分析	同行了解	直觉	非常熟悉	比较熟悉	一般熟悉	不太熟悉	非常不熟悉
公共体育服务科学技术环境协同程度C_{33}														
公共体育服务人力资源环境协同程度C_{34}														
协同话语权与对立平等程度C_{41}														
协同交流沟通的信息通畅程度C_{42}														
相互不可替代程度C_{43}														
相互信任与理解包容程度C_{44}														
遵循合约的协同运作实施程度C_{51}														
自身权益得到相对的保障程度C_{52}														
协同对于成本节省的程度C_{53}														
协同关联资源的利用程度C_{54}														
协同预期收益目标达成程度C_{55}														
备注：对指标的修改建议														

续表

二级指标C	重要性					判断依据				熟悉程度				
	非常重要	比较重要	一般重要	不太重要	非常不重要	实践经验	理论分析	同行了解	直觉	非常熟悉	比较熟悉	一般熟悉	不太熟悉	非常不熟悉

各二级指标说明：

C_{11}协同方案设计的完备程度：在协同操作前所制定方案设计的可行性、全面性与完整性。

C_{12}协同操作秩序的规范程度：在协同实施的过程中，遵照一定的协同行为规范、按照相关制度有秩序的开展公共体育服务协同供给行为。

C_{13}协同过程的互相监督程度：协同的各个供给参与方之间相互审查、监督、反馈的程度。

C_{14}法律对于协同主体的行为约束程度：现有法律政策对于公共体育服务协同供给主体的规范指引和行为约束程度。

C_{15}协同权利与责任的定位清晰程度：各个参与主体对于自身的权利与责任有明确清晰的功能定位和职责划分界限。

C_{16}协同管理方式的合理程度：在公共体育服务协同供给运行所采取的管理模式对于实际操作的适应性与合理程度。

C_{21}主动解决协同问题的行为意识：供给参与主体可以积极主动寻求解决协同供给公共体育服务的问题，以此采取协同行动措施的意识。

C_{22}相互协同的信心与认定意识：公共体育服务协同供给参与主体对彼此之间的合作信心与认可程度。

C_{23}协同主体行动激励动机意识：在公共体育服务协同供给过程中，各参与主体对具体协同执行的激励意识。

C_{24}协同谋划未来发展的目标意识：各个公共体育服务协同供给参与主体共同谋划与运作未来协同发展的目标一致性。

C_{31}公共体育服务法规政策环境协同程度：公共体育服务协同供给主体对于制度政策的协同实施情况。

C_{32}公共体育服务金融资本环境协同程度：公共体育服务协同供给主体对于金融资本的合作运用情况。

C_{33}公共体育服务科学技术环境协同程度：公共体育服务协同供给主体对于科学技术的协同采纳情况。

C_{34}公共体育服务人力资源环境协同程度：公共体育服务协同供给主体对于人才资源管理与人力协同运转情况。

C_{41}协同话语权与对立平等程度：在公共体育服务协同供给实施过程中各参与主体的话语权状况与地位相对平等程度。

C_{42}协同交流沟通的信息通畅程度：各个供给参与主体之间沟通交流的信息通畅性。

续表

二级指标 C	重要性					判断依据				熟悉程度				
	非常重要	比较重要	一般重要	不太重要	非常不重要	实践经验	理论分析	同行了解	直觉	非常熟悉	比较熟悉	一般熟悉	不太熟悉	非常不熟悉

C_{43}相互不可替代程度：各个供给参与主体之间合作提供公共体育服务时的相互资源依赖性、持续不可替代程度。

C_{44}相互信任与理解包容程度：各个供给参与主体之间对于彼此信任、理解、宽容的程度。

C_{51}遵循合约的协同运行实施程度：各个供给参与主体是否能有效遵循所签订的合约方案予以计划实施的进程情况。

C_{52}自身权益得到相对的保障程度：在公共体育服务协同供给实施过程中参与主体是否可以满足自身的权益程度。

C_{53}协同对于成本节省的程度：协同供给的实施是否能够节约单个主体实际运作的成本。

C_{54}协同关联资源的利用程度：在公共体育服务协同供给实施过程中参与主体对于相关资源所采取的协同使用情况。

C_{55}协同预期收益目标达成程度：各个供给参与主体对于原先预期收益目标所达成的满意程度。

问卷 C　网络化治理下公共体育服务协同供给评价指标权重调查问卷

尊敬的各位专家：

您好！我正在进行关于公共体育服务协同供给问题的研究。该研究涉及到公共体育服务协同供给指标权重的确定，在此可能需要您的帮助。希望您能抽出一点宝贵时间，对给定的指标体系中的各指标进行重要程度评分，请采用层次分析法 1~9 进行标度评判（参照表格 C.1 中的重要性对应数值进行打分），以横向与纵向两两比较的方式（只需要填写表格对角线以上右三角部分，表格灰色区域不用填写），通过您的重要程度分析给同级指标赋予相应强度数值（表 C.2~表 C.7），以此将会依据评分标准确立各指标的权重，非常谢谢您的合作与帮助！

表 C.1　元素相对重要性的比例标度

标度	含义
1	两个元素相比同等重要
3	两个元素相比，前者比后者略为重要
5	两个元素相比，前者比后者相当重要
7	两个元素相比，前者比后者明显重要
9	两个元素相比，前者比后者绝对重要
2，4，6，8	上述相邻判断的中间值
倒数	若元素 i 与元素 j 相比的 a_{ij}，则元素 j 与元素 i 相比得 $1/a_{ij}$

表 C.2　一级指标两两重要性打分表

	协同规则 B_1	协同意识 B_2	协同环境 B_3	协同关系 B_4	协同价值 B_5
协同规则 B_1	1				
协同意识 B_2		1			
协同环境 B_3			1		
协同关系 B_4				1	
协同价值 B_5					1

表 C.3　二级指标两两重要性打分表（协同规则）

	协同方案设计的完备程度 C_{11}	协同管理方式的合理程度 C_{12}	协同操作秩序的规范程度 C_{13}	协同过程中互相监督程度 C_{14}	协同权利与责任定位的清晰程度 C_{15}
协同方案设计的完备程度 C_{11}	1				
协同管理方式的合理程度 C_{12}		1			
协同操作秩序的规范程度 C_{13}			1		
协同过程中互相监督程度 C_{14}				1	

续表

	协同方案设计的完备程度 C_{11}	协同管理方式的合理程度 C_{12}	协同操作秩序的规范程度 C_{13}	协同过程中互相监督程度 C_{14}	协同权利与责任定位的清晰程度 C_{15}
协同权利与责任定位的清晰程度 C_{15}					1

表 C.4 二级指标两两重要性打分表（协同意识）

	相互协同的信心与认定意识 C_{21}	主动解决协同问题的行为意识 C_{22}	协同主体行动激励的动机意识 C_{23}	协同谋划未来发展的目标意识 C_{24}
相互协同的信心与认定意识 C_{21}	1			
主动解决协同问题的行为意识 C_{22}		1		
协同主体行动激励的动机意识 C_{23}			1	
协同谋划未来发展的目标意识 C_{24}				1

表 C.5 二级指标两两重要性打分表（协同环境）

	公共体育服务法规政策环境协同程度 C_{31}	公共体育服务金融资本环境协同程度 C_{32}	公共体育服务科学技术环境协同程度 C_{33}	公共体育服务人力资源环境协同程度 C_{34}
公共体育服务法规政策环境协同程度 C_{31}	1			
公共体育服务金融资本环境协同程度 C_{32}		1		

续表

	公共体育服务法规政策环境协同程度 C_{31}	公共体育服务金融资本环境协同程度 C_{32}	公共体育服务科学技术环境协同程度 C_{33}	公共体育服务人力资源环境协同程度 C_{34}
公共体育服务科学技术环境协同程度 C_{33}			1	
公共体育服务人力资源环境协同程度 C_{34}				1

表 C.6　二级指标两两重要性打分表（协同关系）

	协同话语权与对立平等程度 C_{41}	协同交流沟通的信息通畅程度 C_{42}	相互依赖性与不可替代程度 C_{43}	相互信任与理解包容程度 C_{44}
协同话语权与对立平等程度 C_{41}	1			
协同交流沟通的信息通畅程度 C_{42}		1		
相互依赖性与不可替代程度 C_{43}			1	
相互信任与理解包容程度 C_{44}				1

表 C.7　二级指标两两重要性打分表（协同价值）

	遵循合约的协同运作实施程度 C_{51}	协同运行的成本节约程度 C_{52}	协同关联资源的使用程度 C_{53}	自身权益得到相对保障程度 C_{54}	协同预期收益目标达成程度 C_{55}
遵循合约的协同运作实施程度 C_{51}	1				
协同运行的成本节约程度 C_{52}		1			

续表

	遵循合约的协同运作实施程度 C_{51}	协同运行的成本节约程度 C_{52}	协同关联资源的使用程度 C_{53}	自身权益得到相对保障程度 C_{54}	协同预期收益目标达成程度 C_{55}
协同关联资源的使用程度 C_{53}			1		
自身权益得到相对保障程度 C_{54}				1	
协同预期收益目标达成程度 C_{55}					1

问卷 D　上海市公共体育服务协同供给评价调查问卷

尊敬的各位先生/女士：

您好！我正在进行关于上海市公共体育服务协同供给问题的研究。该研究涉及上海市公共体育服务协同供给的相关问题评价，考虑到您是上海市公共体育服务协同供给的参与者之一，在此需要您的帮助，希望您能抽出一点宝贵时间，针对以下问题进行协同供给的客观评判，并依次设有高、较高、一般、较低、低 5 个等级，按照您的理解在对应的选项处划"√"即可，本问卷中的所有问题仅供研究分析使用，将不会涉及您的工作机密与个人隐私，我们也将对有关信息严格保密。衷心感谢您的帮助！

表 D.1　上海市公共体育服务协同供给情况调查表

一、基本情况

1. 您的性别：

(1) 男　(2) 女

2. 您的年龄：

(1) 20~29 岁 (2) 30~39 岁 (3) 40~49 岁 (4) 50~59 岁 (5) 60 岁以上

3. 您的受教育程度：

(1) 初中及以下 (2) 高中 (3) 大专 (4) 本科 (5) 研究生及以上

续表

4. 您的工作年限：

(1) 1 ~5 年 (2) 6 ~10 年 (3) 11 ~15 年 (4) 16 ~20 年 (5) 20 年以上

5. 您所在的单位部门类型：

(1) 政府部门 (2) 市场企业 (3) 社会组织 (4) 科研院所 (5) 其他__________

6. 您对本地区的公共体育服务协同供给相关熟知情况：

(1) 熟知 (2) 较熟知 (3) 一般 (4) 较不熟知 (5) 不熟知

二、问题	高	较高	一般	较低	低
1. 您认为目前设计的协同方案完备程度如何？					
2. 您认为目前协同管理方式的合理程度如何？					
3. 您认为目前协同操作秩序的规范程度如何？					
4. 您认为协同过程中供给主体的相互监督程度如何？					
5. 您认为协同供给主体的各自权利划分与责任定位的清晰度如何？					
6. 您所在的供给主体单位对他方的协同信心与认定意识强度如何？					
7. 您所在的供给主体单位主动解决协同问题的行为意识强度如何？					
8. 您所在的供给主体单位协同动机的激励强度如何？					
9. 您所在的供给主体单位协同谋划未来目标意识强度如何？					
10. 您认为公共体育服务协同供给的法规政策环境如何？					
11. 您认为公共体育服务协同供给的金融资本环境如何？					
12. 您认为公共体育服务协同供给的科学技术环境如何？					
13. 您认为公共体育服务协同供给的人力资源环境如何？					
14. 您所在的供给主体在协同过程中话语权的相对平等程度如何？					
15. 您所在的供给主体在协同过程中信息沟通的顺畅程度如何？					
16. 您认为其他供给主体在协同中的依赖性与不可替代程度如何？					
17. 您认为其他供给主体在协同中的包容性与理解程度如何？					
18. 您所在的供给主体按照合约的协同实施进展程度如何？					
19. 您所在的供给主体在协同过程中的成本节约程度如何？					
20. 您所在的供给主体在协同过程中关联资源的使用程度如何？					
21. 您所在的供给主体在协同过程中自身权益得到保障程度如何？					
22. 您所在的供给主体对协同预期目标的达成程度如何？					

问卷 E 上海市公共体育服务协同供给评价调查问卷（专家版）

尊敬的专家：

您好！我正在进行关于上海市公共体育服务协同供给相关评价的研究分析。由于您在该领域内具有较高的专业水准，在此诚恳的邀请您协助参与研究调查，希望您可以抽出一点宝贵的时间对相应问题进行合理判断，分别参照各个评估指标的细则对目前上海市公共体育服务协同供给情况进行大致的评分，等级依次为低、较低、中等、较高、高，分值相对应为 1、2、3、4、5，以及各个等级的中间数值 1.5、2.5、3.5、4.5，请依据现实的状况对各个问题程度进行打分，您的评分数据结果将会作用于参数的验证性分析，并相对整体研究将起到非常重要的影响，由此希望可以凭借您的专业知识与丰富经验对上海市公共体育服务协同供给进行相应内容的评判，衷心感谢您的大力支持与帮助！

表 E.1 上海市公共体育服务协同供给情况专家调查表

问题	打分
1. 您认为目前协同方案设计的总体完备程度如何？	
2. 您认为目前协同管理方式的总体合理程度如何？	
3. 您认为目前协同操作秩序的总体规范程度如何？	
4. 您认为协同过程中各个供给主体的相互监督程度如何？	
5. 您认为协同供给主体的各自权利划分与责任定位的清晰度如何？	
6. 您认为目前供给主体对他方的协同信心与认定意识强度如何？	
7. 您认为目前供给主体主动解决协同问题的行为意识强度如何？	
8. 您认为目前供给主体协同动机的激励意识强度如何？	
9. 您认为目前供给主体协同谋划未来目标的意识强度如何？	
10. 您认为公共体育服务协同供给的法规政策环境如何？	

续表

问题	打分
11. 您认为公共体育服务协同供给的金融资本环境如何？	
12. 您认为公共体育服务协同供给的科学技术环境如何？	
13. 您认为公共体育服务协同供给的人力资源环境如何？	
14. 您认为各个供给主体在协同过程中话语权的相对平等程度如何？	
15. 您认为各个供给主体在协同过程中信息沟通的顺畅程度如何？	
16. 您认为各个供给主体在协同中的依赖性与不可替代程度如何？	
17. 您认为各个供给主体在协同中的包容性与理解程度如何？	
18. 您认为大体上按照合约的协同供给实施进展程度如何？	
19. 您认为总体上协同供给过程中的成本节约程度如何？	
20. 您认为大致范围内协同供给的关联资源使用程度如何？	
21. 您认为协同过程中各供给主体的自身权益得到保障程度如何？	
22. 您认为大多数协同供给项目的预期目标达成程度如何？	